21世纪高校应用型经管规划教材

营销策划
（第3版）

Marketing Planning

张昊民◉编著

電子工業出版社
Publishing House of Electronics Industry
北京·BEIJING

未经许可，不得以任何方式复制或抄袭本书之部分或全部内容。
版权所有，侵权必究。

图书在版编目（CIP）数据

营销策划 / 张昊民编著. —3 版. —北京：电子工业出版社，2015.1
21 世纪高校应用型经管规划教材
ISBN 978-7-121-22168-2

Ⅰ. ①营… Ⅱ. ①张… Ⅲ. ①营销策划－高等学校－教材 Ⅳ. ①F713.50

中国版本图书馆 CIP 数据核字(2013)第 301550 号

责任编辑：刘露明
文字编辑：王　璐
印　　刷：北京虎彩文化传播有限公司
装　　订：北京虎彩文化传播有限公司
出版发行：电子工业出版社
　　　　　北京市海淀区万寿路 173 信箱　邮编 100036
开　　本：787×980　1/16　印张：17.25　字数：366 千字
版　　次：2005 年 8 月第 1 版
　　　　　2015 年 1 月第 3 版
印　　次：2020 年 7 月第 6 次印刷
定　　价：35.00 元

凡所购买电子工业出版社图书有缺损问题，请向购买书店调换。若书店售缺，请与本社发行部联系，联系及邮购电话：（010）88254888，88258888。
质量投诉请发邮件至 zlts@phei.com.cn，盗版侵权举报请发邮件至 dbqq@phei.com.cn。
本书咨询联系方式：（010）88254199，sjb@phei.com.cn。

前　言

几乎每个成功故事的背后，都有一个精心的策划。起源于军事领域的策划，已渗透到当今社会的政治、经济、外交、文化等方方面面。随着其理论上的不断完善和在实战中屡建奇功，策划正以其巨大的能量和独特的魅力，为世人所崇尚和青睐。

虽然我们不敢轻言我们所处的时代是一个完全依赖策划的时代，但毫无疑问，策划在我们的日常生活中扮演着越来越重要的角色，策划已无处不在，无时不有。

伴随着经济全球化和一体化趋势的日益强劲，特别是我国加入 WTO 以来，我国的企业迎来了前所未有的良好发展机遇，但同样也必须面对更为严峻的全球竞争的挑战。不进则退的竞争游戏法则，容不得我们的企业有任何懈怠和疏忽。市场经济的激烈竞争使企业的营销策划成为时代的宠儿。

成功的企业需要成功的营销，成功的营销需要成功的营销策划，这已成为现代企业发展壮大的普遍共识。

如何做好企业的营销策划工作？理论上有没有基本的规律可以遵循？现实的实战案例能给我们怎样的启示？带着这样的疑问，本书站在当代营销策划发展的前沿，跟踪其发展动态，对当今营销策划理论体系进行了全方位的思考和创新，本着先夯实基础，再拓宽视野的宗旨，强化体系的新颖性、系统性和实用性，针对营销策划的过程，提出全新的营销策划理论体系架构。

本书主体分为两大部分：第 1 部分着重介绍策划和营销策划的基础知识（第 1～3 章），以及策划书的写作与方案营销（第 4～5 章），为读者提供策划书写作的框架纲要和写作技巧指导；第 2 部分着重介绍营销策划实务（第 6～10 章）。各章节充分考虑到初学者和实践者的需要，首先简要讲解基础理论知识，接着着重介绍策划的基本流程和策略方法，并以实战训练与综合案例加以辅助。这一体系的构建有助于我们比较系统、准确地学习与把握营销策划的全过程，循序渐进地导入营销策划的基本理论、实战技巧和方法。

结合在这一领域的长期教学和企业咨询实践，本人深刻地感悟到营销策划不仅是一门科学，更是一门“运筹帷幄，决胜千里”的艺术。营销策划是创造性的思维活动，需要有创造性的想象和灵感。对于如何在这一方面给学习者以系统的训练，本书主要做了以下安排。

（1）理论阐述，简明扼要。全书对营销策划涉及的理论知识都有较为扼要的阐述，并突出内容翔实、文辞精练、深入浅出的特点，便于读者理解、掌握。

（2）逻辑框架，清晰简洁。着重梳理内容的整体脉络，灵活运用三级标题体系和项目符号，避免长段落、大篇幅，穿插使用小案例、实用链接、实用工具和注意点等，以引起读者的注意和兴趣，轻松、牢固地掌握营销策划的基础知识与技能。

（3）案例新颖，注重启发。书中集合了国内外各种全新案例，中国内地企业实例的广泛采用凸显了本土特色，具有极强的可读性和启发性。

（4）突出实战，紧贴时代。我们在每章后都附有相关的案例分析、实训项目等，便于课堂授课或课后理解，更突出营销策划本身的实践性和操作性，有助于读者更好地掌握、运用各种策划技能。营销策划的理论和实践随着时代的发展不断前行，本书的编写也体现了与时俱进的指导方针，广泛吸取和借鉴了国内外同类教材的最新研究成果。

（5）便于教学，易于自学。从章节前的学习目标、关键词引出本章的重点内容和脉络，到章节末的练习题、强化记忆和巩固知识，无不体现出本次修订方便课程教学和课后自学的指导思路。

综上所述，本书不拘泥于理论方面空洞的说教，而是把实践尽可能地融合于理论之中，让实践引出理论的描述，让理论指导实际的运作，从实战的角度力求给读者一种身临其境的感觉。广阔的视野、独到的眼光、敏锐的思维、灵活的构思、高超的策划技巧、完备的背景知识，加上丰富的版面设计，构成了本书修订的综合策划特色。

本书在写作过程中，学习、参考和借鉴了太多的资料，不少在营销策划领域潜心研究的学者给了我太多的启示、太多的精辟见解，让我受益匪浅，书后虽然列出了长长的参考书目，但也不免疏漏，在此向他们表示深深的谢意！

本书由张昊民、张小平、张子奇、柳文文、马君、葛玉辉、陈虹、林丽娟编写。在本书的修订过程中，辛德强、靳代平、马迎霜、王迪、王亚辉、何快舟等为本书的资料收集、校对做了大量的工作，付出了辛勤的劳动，本书的出版还得到电子工业出版社刘露明等编辑的全力支持，在此一并向他们表示感谢！

尽管书中不少内容数易其稿，但难免仍有不尽如人意之处，恳请有关专家、学者和朋友多提宝贵意见。

张昊民
上海大学

目　录

CHAPTER 1

第 1 章　策划概述

“夫用兵之法，全国为上，破国次之……是故百战百胜，非善之善也；不战而屈人之兵，善之善者也。”

——《孙子兵法》

学习目标

☑ 定义策划工作　　☑ 描述策划的方法

☑ 描述策划的种类　　☑ 认识策划的误区

关键词：策划，策划目标，企业策划，政治、外交策划，社会经济策划，军事策划

1.1　从“古今典型案例”看策划

策划是一项复杂的系统工程，古今的策划人充分掌握现实条件，根据策划目标，因地制宜、因时制宜、因人制宜，通过严密的逻辑性思维和丰富的创造性思维活动，得出合理的策划方案，并通过不折不扣的实施，最终达到预期的目标。

1.1.1　从“三分天下”看策划

在三国的乱世中，诸葛亮运用其敏锐的洞察力对天下大势进行了分析，为刘备制定了成就霸业的具体策划：“将军欲成霸业，北让曹操占天时，东让孙权占地利，将军可占人和。先取荆州为家，后即取西川建基业，以成鼎足之势，然后可图中原也。”

最终，一整套“三分天下”的策划方案付诸实施了，后来的史实也印证了其远瞻性和正确性。

案例 1-1　“三分天下”成霸业

在诸葛亮为刘备所作的“隆中对”中，首先为刘备做了充分、全面的时局分析：“自董卓造逆以来，豪杰并起，跨州连郡者不可胜计。曹操比袁绍，则名微而众寡，然操遂能克绍，以弱胜强者，非惟天时，抑亦人谋也。今操已拥百万之众，挟天子以令诸侯，此诚不可与之争锋。孙权据有江东，已历三世，国险而民附，贤能为之用，此可用为援，而不可图也。”

这便是当时总的政治环境。曹操占有天时，孙权占有地利，这二人经过多年的经营，都已有了相当的规模和实力，依当时刘备的实力状况，实在无法与之相提并论。

另外，诸葛亮又为刘备具体分析了荆州和益州的形势及自己具备的优势：“荆州北据汉、沔，利尽南海，东连吴会，西通巴、蜀，此用武之地，非其主不能守；是殆天所以资将军，将军岂有意乎？益州险塞，沃野千里，天府之国，高祖因之以成帝业。今刘璋暗弱，民殷国富，而不知存恤，智能之士，思得明君。将军既帝室之胄，信义著于四海，总揽英雄，思贤如渴，若跨有荆、益，保其岩阻，西和诸戎，南抚彝、越，外结孙权，内修政理；待天下有变，则命一上将将荆州之兵以向宛、洛，将军身率益州之众以出秦川，百姓有不箪食壶浆以迎将军者乎？诚如是，则大业可成，汉室可兴矣。”

评述 “三分天下”的策划最终能成功实施，其原因主要体现在以下几个方面。

（1）对当时政治形势的正确分析。由于对三国时期全国政治形势及各方力量对比的正确认识，同时对荆州、益州在军事、政治上的重要作用和占领的可能性等各方面因素的详尽分析，所以保证了整个策划方案的成功实施。如果没有这种正确的认识和分析，就不会有这样出色的策划方案，更不会成就蜀国的霸业。

（2）对策划方案步骤的详细制定。诸葛亮为刘备制定了具体详细的策划步骤：先取荆州为家，后取西川建基业，最终形成鼎足之势，然后可图中原。

由此可见，一个成功的策划离不开合理、详尽的实施步骤。因为只有分清楚事物发展的轻重缓急，安排好诸要素的时空顺序，抓住问题的关键所在，集中力量先行解决，这样才能趋利避害，顺理成章，以最小投入获得最大产出，以最低代价获得最优效果，从而使整体策划的实施达到事半功倍的效果。

（3）对策划方案的有效实施。这一策划方案既包含总的战略目标，即成霸业，兴汉室，同时也包含分阶段实施的具体目标。后来的史实证明，刘备正是依照这一方案，才最终成为三分天下的一方霸主。

1.1.2 从“中国好声音”看策划

伴随着电视娱乐功能和产业属性的凸显，其营销的重要性日益突出。从几年前《超级女声》的家喻户晓到近两年《中国达人秀》的大获成功，再到一夜爆红的《中国好声音》，各种营销策划方式和手段的运用，可谓让节目锦上添花，尤其是微博营销的广泛运用，推动中国电视告别传统单一的营销模式，进入借助多方资源实现多方共赢的整合营销时代。

案例1-2 “中国好声音”

《中国好声音》自2012年7月13日开播以来，在收视率一路飙升的前提下，赢得业界和普通观众的良好口碑。在“限娱令”的高压下，浙江卫视以其独到的创新精神为中国电视娱乐节目树立了新的风向标。《中国好声音》的收视率从第一期的 1.477 到第五期的 3.310，处于同时段收视之首。

2013 年《中国好声音》的收视率超过 2005 年鼎盛时期的《超级女声》，把喜爱音乐的观众的注意力又重新拉回到音乐产业中来，以至于有人说音乐产业终于又看到了希望！2013 年中秋之夜，《中国好声音》这档斥巨资引自荷兰的电视选秀节目终于结束了 3 个多月的选拔，落下帷幕。《中国好声音》火了，我们都不得不承认，4 位导师麾下的学员们个个爆红，部分学员的演出身价甚至一夜暴涨至 30 万元以上。节目虽然结束了，但是“好声音”的挣钱行动才刚刚开始。实际上，制作方更多的收入来自其他方面，节目本身只是整个产业链的“发动机”。

一时间，大家都在分析和列举其成功的因素和秘诀。其实，《中国好声音》的本质并不新鲜，和先前的《超级女声》、《快乐男声》没太大区别，而“选秀”热的风潮持续这么多年，真正脱颖而出的却屈指可数，这也从另一个角度说明“选秀”歌手早已不是流行乐坛的稀缺品。但是，《中国好声音》通过新颖的操作手段、营销模式、系列炒作等，实现了一个产业链的盈利。这一切都归功于精良的策划。

资料来源：http://blog.sina.com.cn/s/blog_5f2cec9301017i93.html

➘ 评述 “中国好声音”的策划最终能成功实施，其原因主要体现在以下几个方面。

（1）精良的制作——外购版权，引进模式。《中国好声音》的模式起源于荷兰 Talpa 电视制作公司的 The Voice。外购版权引进模式，是国内节目质量急速提升的一个捷径。一个好的节目模式是经过观众和市场检验的，引进加本土化的改造是当下电视节目成功的关键因素，这就保证了策划案整体框架的正确性。

（2）个人主体性的强化制定。《中国好声音》作为引进的国外版权节目，本土化的改造是创作者应该面对的首要问题，除了经过市场验证的节目模式外，创作者加入的中国人重情重义、为梦想努力的情感因素也是该节目成功的关键因素。由此可见，一个成功的节目离不开细致、合理、人性化的策划。

（3）微博营销的成功典范。《中国好声音》以微博作为营销平台，每个粉丝都是潜在营销对象。微博营销是营销策划新手段的应用。

1.2 为什么要进行策划

1.2.1 迎接策划时代的挑战

策划起源于军事领域，但随着理论上的完善和实际操作的成功，迅速走向政治、经济、外交、文化、体育、教育等领域，并呈现加速发展和渗透之势。观察人类社会的每一次进步，哪个不与策划活动密切相关?

纵观当今社会，策划更是以其巨大的能量和独特的魅力为世人所青睐。策划业正以前所未有的速度在世界范围内迅速崛起，蓬勃发展。各类策划纷繁复杂，纵横交错，如商业策划、政治策划、新闻策划、营销策划等。可见，我们正处于一个策划的时代!

我国策划业起步虽晚，但其发展势头十分迅猛，涌现出了一大批优秀的策划人才。2000年，由《人民日报》牵头，评选出了“中国十大策划专家”及部分“最佳策划人”，第一次在中国人民的圣殿——人民大会堂——为策划人举行了加冕颁奖仪式，第一次由全国人大副委员长程思远代表国家领导为获奖的策划人颁了奖。同年，文化部还举办了首届“中国策划艺术博览会”，李鹏做了“促进策划事业的发展，努力做好人才的培养工作”的题词。到2008年，我国已成功举办5届策划专家评选活动，这在很大程度上推动了我国策划事业的发展。

策划已经超出了“点子”的范畴，策划作为一个行业、一种行为、一种工作，已经客观存在。无论在国家机关，还是在企业，策划都已经广泛地渗透进各个层面。

从专业性咨询策划业崛起的规模或速度来看，当首推以美国为首的西方国家。美国在20世纪50年代开始便有了专门从事创意、咨询策划的机构和专业人士。以“脑库”为基础的咨询策划机构遍及美国，咨询策划活动也相应地普及美国社会的各个领域。大至国家政策的产生、组织或集体的社会活动，小至个人的日常生活，都纳入了创意策划。据有关资料记载，美国从事咨询策划业的各类公司机构已超过5 000家，从业人员已超过20万人，年营业收入在45亿美元左右，而且出现了像兰德公司那样的重量级咨询策划机构。

总之，这个世界离不开策划活动，策划已经无处不在，无时不有。

1.2.2 提升企业竞争力

当今企业已经进入大策划时代。策划对企业来说犹如画龙点睛。因此，成功的企业需要成功的营销，成功的营销离不开成功的策划，而不成功的企业更加需要策划，这样才能使之起死回生。

几乎所有的企业都懂得利用天时、地利、人和这些条件来达到经营的目的。但由于缺少整体的策划，胜利要么是可望而不可即，要么是昙花一现。这对企业的长期发展都是不利的。因此，企业需要策划来提升竞争力。

市场经济的激烈竞争使策划迅速成为时代的宠儿。历史上任何一个时期都没有像现今一样重视策划，就连战国时代纵横家们纵横捭阖的策划也不能与之相比。任何活动，只要与成功的策划相结合，其“1+1>2”的效果就会凸显出来。

企业一旦与策划有效结合，就能迅速产生新的生产力。例如，神舟电脑通过价格策划改写了市场格局，以及“王老吉”的“怕上火”定位策划等，这样的例子举不胜举。

1.2.3　实现人生价值

成功的企业离不开策划，同样，成功的人生也需要精心策划。每个人都应该是自己人生的策划大师。只有策划人生，点亮心灯，你才能踏着一个又一个目标走向成功。

人生策划是运用策划理论对人生进行评价、预测、分析，并找到最佳的人生发展途径、方法，使你的智慧潜力得到充分发挥、施展，并以动态的方式对你的人生进行观察、分析，从而进一步调整你的发展状态，成就你更加完美的人生。人生策划需要你具有高瞻远瞩的气度，以非凡的智慧来策划自己的人生，这样才能成为时代的骄子。

历史上那些叱咤风云的人物及那些惊天动地的事情，从来没离开过成功的策划。秦始皇、刘彻、朱元璋、毛泽东等伟人，个个都是策划高手，商业领域的骄子美国微软创始人比尔·盖茨也是如此。

1.3　认识策划

1.3.1　策划的历史渊源

古人云："凡事预则立，不预则废。"预，就是要事先做好准备，并进行必要的策划。由此不难看出，人类的活动是一种有目的的实践活动，其策划思想及实践活动源远流长。

现代考古表明，早在原始群居生活及群猎活动中就遗留着人类有意识地策划的痕迹。由于受到当时技术和认识能力的限制，原始社会人类的生存资源奇缺，加之恶劣的自然条件更迫使人类不得不同自然灾害做殊死搏斗。为了自身的生存，各种各样改变人类生活的策划便应运而生。例如，在野兽经常出没的地方挖陷阱、设埋伏；有时获取的食物多了，就设法把食物储藏起来等。随着生产力的发展，人类个体的生产能力开始出现剩余，这为剥削创造了条件。早期杀戮战俘的做法逐渐被剥削战败部落成员劳动的做法所取代，奴隶由此产生。应该说，剥削的出现基于生产力的发展，但是，最早提出利用战俘的人可以说就是一个早期的策划家。

随着社会的进步与发展，策划的应用日益广泛。特别是进入春秋战国时期之后，策划十分盛行。这一时期，上至君侯贵族、将相公卿，下至学者、谋士乃至平民百姓，都十分重视策划。此时的谋士，如张仪、苏秦等人，以所谓的"纵横家"名噪一时，为各诸侯所器重。和纵横家一样，当时的儒学家、道学家、法学家等，实际上也都是策划家。在战乱不断、竞争激烈的年代，稍有学问的人都千方百计地提出一套自己的治国方案，形成了百家争鸣、百花齐放的学术繁荣局面。百姓和文人学者重视策划研究，王侯将相更是如此。例如，齐桓公提出"尊王攘夷"的口号，称霸中原；勾践卧薪尝胆，用美人计打败吴王夫差，这些都是很典型的策划事例。

实用链接:《三十六计》的应用领域

《三十六计》是以《周易》为依据发展而来的，全书共有 36 条计策，其中有很多我们熟悉的计策，如瞒天过海、暗度陈仓、声东击西、反客为主等。此书集兵家谋略之精华，是各种竞争获胜奇术的汇编，被称为中国谋略学、策划学的渊源之一。目前，它的应用领域不断扩大，在军事、政治、外交、商贸、企业经营、人际关系、个人生活等各个方面，已经取得了可喜的成果。

此外，其他民族的许多具有卓越策划才能的杰出人物，也运用他们的超凡智慧，创造了世界上一个又一个奇迹。例如，堪称世界七大奇迹之一的古埃及金字塔，工程之浩大，巨石之间叠砌的角度、线条等计算之周密，每项都需事先经过周密的策划安排。又如，法国的著名领袖拿破仑驰骋欧洲战场 20 余年，常常奇计迭出，以少胜多，多次战胜英国和欧洲其他国家组成的反法联盟。他在政治和军事上独特的策划思想，也给历史留下了一笔宝贵的遗产。

纵观人类文明史中策划思想和策划实践的发展，往往都集中于政治、军事领域及一些雄伟工程的建设，但还未扩展到其他领域。然而，随着时代的发展，策划也随之发展变化。现代社会中企业间的竞争日益激烈，为了能占据有利地位，求得企业自身的生存和发展，于是现代企业经营中出现了公共关系策划、广告策划、企业形象（Corporate Identity，CI）策划和企业经营策划等多种形式的策划活动，对企业的生产经营和发展起到了极为重要的作用。

世界上最早的公共关系策划实践活动是由著名的公共关系专家艾维 · B · 李开创的。他在美国开办了宣传顾问事务所，公开对外进行公共关系业务咨询。20 世纪 50 年代，爱德华 · 伯纳斯将策划的概念全面引入公共关系领域，并得到了人们的普遍认可。随着公共关系事业的发展，公共关系活动领域大为拓展，已逐渐由个人需求扩展到企业应用，进而进入政治和外交领域，其表现形态也由促进和谐的低级形态逐渐向具有战略意义的系统形态转变。

而作为商业经营的重要手段，广告虽然早已有之，但是将广告策划提高到战略地位加以重视的情况则出现得较晚。20 世纪 60 年代，英国广告专家斯利 · 波利坦首先提出广告策划的思想，之后迅速得到了普及。时至今日，广告策划已经成为商业竞争不可或缺的手段，以至于许多国家都建立了以策划为主体、以创意为中心的广告管理体系。我国的广告策划自 20 世纪 80 年代出现以来，也很快得到了前所未有的发展与普及。2008 年 12 月，在谷歌、百度等知名搜索引擎上搜索，会出现约 1 640 000 项符合广告策划公司的查询结果。

CI 又称 CIS（Corporate Identity System，即企业形象识别系统），是 20 世纪初期社会进

入工业化时代的产物。CI 策划是通过一系列的形象设计，将企业的经营理念、行为规范和视觉识别有序地传达给社会公众，并被社会公众所认知、认同和内化的系统策略。作为当代工业社会“最时髦的竞争战略”，它产生于欧美市场经济，成熟于国际化的市场竞争环境。如 IBM 和可口可乐公司就曾花巨资导入 CI 并取得了令人瞩目的成绩。进入 20 世纪 80 年代后，由欧美经日本、韩国和中国台湾地区传来的 CI 热潮也开始在中国大陆涌现。最早引入 CI 的是广东太阳神集团公司，随后，许多知名企业，如乐百氏、科龙、康恩贝等都加入到 CI 行列中。

目前，策划已经成为人类工作、生活的必备工具，且受到前所未有的重视。策划活动随处可见，行行有策划，事事要策划；策划机构和组织也在不断壮大，并已成为一个独立的行业部门，且越来越凸显其特殊地位；策划已成为一门学科，并形成了一门有理论方法、有实践经验的成熟的专门学科。展望未来，策划、策划学及策划业都将成为人们日常工作、生活、经营等行动必不可少的一部分；策划的作用将越来越大，影响越来越明显，策划知识也将越来越普及，而策划业的前景更是越来越广阔。

1.3.2　策划的含义

我们先对策划的本义做一下理论上的探讨。

策，在《辞源》中有 8 个义项，如马鞭、杖、简、策书、一种文体、占卜用的蓍草等作名词用；“以鞭击马”作动词用；但其最重要、最常用且广泛流传下来的则是“谋略”的意思。

划，在《辞源》中的义项不多。其中，“忽然”这种义项已不多用了，而“割裂”、“筹谋”等义项较为常用，但基本是把“策”和“划”联系起来，作筹谋、策略、谋略、计策、对策等意思解释。

在古代，策划的名词性较强，与现在的计划、计策、计谋、谋略、对策的意思比较接近。而在现代，策划的动词性增强，信息、创意、点子、谋略、目标等要素为其内核，其策划的全面含义可以概括为：如何在全面谋略上指导操作者去圆满地实施对策、计策或计谋，从而达到办事的目的。

早在原始社会，人类就开始了策划活动。原始人围捕野兽就要事先策划确定围捕的目标、范围、人数、方式、工具等。人类这些早期的策划活动，加速了人类脱离动物界的过程，促进了人类文明的发展。

《孙子兵法》中有“多算胜，少算不胜”。《论语》中有“必也临事而惧，好谋而成者也”。《新书・过秦论》中有“深谋远虑，行军用兵之道”。《汉书》中有“运筹帷幄之中，决胜千里之外。”《后汉书・隗嚣传》中有“是以功名终申，策画复得”，这里“画”同“划”。《淮南子・要略》中有“擘画人事之终始者也”，“擘画”即“策划”之意。如此众多的精辟论述确立了策划在中国历史上的理论和实践地位。

那么究竟什么是策划呢？关于策划的概念一直以来没有统一的看法。我们在使用“策划”时，有时只是单纯指实施某一件事时，其独特的想法或特殊的构想，有时则指的是达成某一可实现成果的实施计划。而各个学科的专家对策划也有不同的理解和不同的研究侧重点，其概念界定众说纷纭，可谓“仁者见仁，智者见智”。其有关表述如下。

- 条条大路通罗马，但是最近的路只有一条，策划就是寻找这条路。
- 策划就是对某件事、某个项目有计划、有打算、用计谋，采取策略、谋划，综合实施运行。
- 策划是通过与生产、管理的紧密协调，对广告、营销、公关、新闻等的综合运用，从而使某件事、某个项目达到较好的效果。
- 策划是整合科学，通过全新的理念和思路，对生产力的各种要素、资源重新进行整合，使之产生 1+1>2 的效果，甚至产生原子裂变式的市场效应或经济效益。策划是全部生产力要素的综合，甚至是经济因素、政治因素、社会因素及其他多种因素的综合。
- 日本《策划学》作者高桥认为：策划是为达成一定目的，而组合一些要素以实行计划，是效率、智慧综合的结晶。
- 台湾《企划案》作者郭太泽的观点：策划学自 20 世纪 80 年代风行于日本和东南亚，当时翻译为“企划”，企划与计划不同，企划近似于英文的“strategy”（战略）和“plan”（计划）加在一起表示的意思。“战略”强调要有创意，“计划”则不一定有创意，可以只是做一个一般的计划。郭太泽认为策划比计划要更广泛，更有技术，层次更高，更有战略。
- 我国《策划学》作者陈放认为：策划的核心是“出谋划策”。即从现有的条件出发，根据已经掌握的资料，对未来可能发生的情况做出一定的假设和预期，制定一系列可行的或经过努力可以达到的目标，为实现这一目标而不断设计各种相关方案，并对这些方案进行比较、选择、修改、实施、反馈等一系列的过程。
- 美国哈佛大学《企业管理百科全书》的定义则认为：策划是一种程序，在本质上是一种运用智力的理性行为。基本上所有的策划都是关于未来的事物的，也就是说，策划是针对未来要发生的事情做当前的决策。换言之，策划是找出事物的因果关系，衡度未来可采取之措施，作为目前决策之依据。即策划是事先决定做什么、何时做、如何做、谁来做。策划如同一座桥，它连接着我们目前之地和未来要经过之处。

综上所述，我们可以得出策划的定义：

策划就是策略、谋划，是为达到一定的目标，在调查、分析有关材料的基础上，遵循一定的程序，对未来某项工作或事件事先进行系统、全面的构思、谋划，制定和选择合理可行的执行方案，并根据目标要求和环境变化对方案进行修改、调整的一种创造性的社会活动过程。

1.3.3　策划的要素

策划由策划人、策划目标、策划资源和策划方案四大要素组成。

1．策划人

策划人可以是个体，也可以是某个群体或组织。策划人的水平决定策划的水平，策划人素质的高低、知识的多寡、经验的多少，都直接影响策划成效的优劣。

2．策划目标

策划目标是指策划人所希望达到的预期结果，是策划人把策划的意图具体化后形成的具体的行为目标。它既是策划的出发点和归宿，也是衡量和评价策划效果的标准。无论何种策划，都必须具有鲜明的目的性。没有目标的策划是一种空想、一种幻想，偏离目标的策划是最为糟糕的策划。

3．策划资源

策划资源泛指策划人在策划时，可控制和使用的人力、物力和财力。任何策划活动都必须充分考虑和合理运用现有的资源。

4．策划方案

策划方案是策划人在策划目标的指导下，利用策划资源实施策划的结晶。倘若没有策划方案，策划则不过是转瞬即逝的过眼烟云。

1.4　策划的分类

在了解了策划的历史渊源和含义的基础上，需要进一步了解策划有哪些类型，这样有助于更深入地认识策划，而对不同类别策划的比较研究，也有助于做好策划工作。策划的划分标准很多，根据不同的标准，可以得出如下不同类别体系的策划。

- 按策划内容的不同，可分为活动策划、调研策划、广告策划、营销策划等。
- 按策划体系的不同，可分为总体策划、专项策划、具体操作策划等。
- 按策划主体的不同，可分为国家策划、企业策划、团队策划、个人策划等。

……

上述各划分方式间、各策划类型间并不是绝对泾渭分明，而是存在一定的交叉、重叠关系。为了更清晰地认识策划，本节采用了比较常用的分类方式，即按不同行业对策划进行分类（见图 1-1）。

如图 1-1 中的各种策划，在现实生活中都可以见到实例，其中许多精彩的策划给我们留下了难以磨灭的印象，分别举例说明如下。

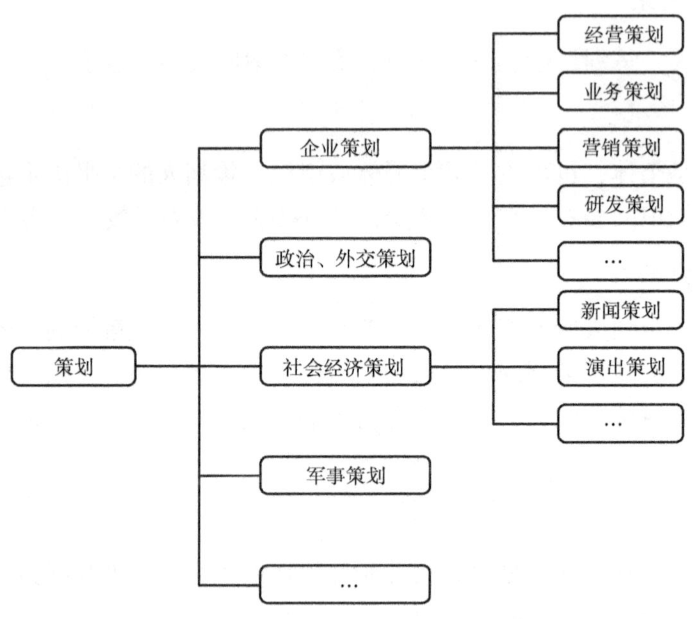

图 1-1　按不同行业对策划进行分类

1.4.1　企业策划

企业策划有时又称商业策划，简称企划，是对企业界进行的各种商业活动的策划，包括营销策划、危机策划、公关策划等。

案例 1-3　加多宝的成功

在与王老吉长达 445 天的官司中，加多宝将其变成一场有战略的品牌营销。在这场没有硝烟的战争中，加多宝输了官司，但赢得了竞争。其成功是其背后强大的销售团队精心策划的结果。下面从 4 个方面论述其运用的策略。

1. 速度取胜——营销策划实施

在快速消费行业，拼的是速度。加多宝的迅猛营销，为其品牌重塑迅速铺路。大概从接到诉讼的第一天起，加多宝便以独立的姿态和战略向王老吉发动攻势。

2011 年 7 月，随着《中国好声音》的热播和“奥运推广”活动的开展，加多宝树立的口碑和重塑品牌的行动全面摊开。

加多宝的“去王老吉化”战略早就开展，在商标争夺大战开展的同时就麻利地为新品牌铺路。从更名到变包装再到转换推广语，从视听传媒、户外灯箱等各个层面进行“地毯式”推广轰炸，到对王牌电视节目投放，层层促进，稳步求成。有数据显示，仅 4 个月，加多宝投入的广而告之用度就高达 4 亿元。

2. 悲情策略——情感维系

扮弱者博怜惜，在持续了一年多的官司中，加多宝不停地饰演着悲情的角色。2012 年 5 月，中国国内经济商业仲裁委员会裁断：要求加多宝终止“王老吉”商标的应用。加多宝随即举办媒体发布会，向参会的 300 多家传媒宣读《加多宝小我声明》，表示“备受繁重攻击”和“深感颓唐与可惜”。无奈悲哀的弱者姿态被淋漓尽致地表现。

3. 万变不离其“宗”——品牌塑造

品牌的中心是产品本身，品牌忠诚度是重塑品牌的至宝之一。所谓万变不离其宗，守住原有消费群体。“正宗”是加多宝重塑品牌的关键词。在加多宝的最新推行词中，继续沿用原来“怕上火喝×××”的经典句式，与之前的差别之处在于“王老吉”换成了“加多宝”，还加之作为夸大的“其时”二字。产品没变，只不过名字改了，还是跟从前一样“正宗”——这是加多宝在流传的信息。

4. 无形胜有形——组合营销

品牌的成功不光靠推广、树口碑，也涵盖了营销、渠道及人力。前者似有形，后者则是有形实力。

大家是否都会在点菜单时遇到这样的现象：你看着菜单点了一罐“王老吉”，服务员给你拿来的却是“加多宝”？这的确是很多消费者最近都会遇见的一件事。目前全国多家超市、商店与餐饮服务机构所售的凉茶产品以加多宝红罐凉茶为主，见证了加多宝的成功。

资料来源：http://www.5199.tv/news/5565

评述　加多宝漫长的商标争夺战和去王老吉化的过程其实是其品牌塑造和推广的过程，其成功离不开精心的营销策划。

1.4.2　政治、外交策划

政治、外交策划是有关政府机构的一些策划活动。例如，在“非典”时期政府部门所采取的一系列控制活动，国外总统的竞选活动等。在社会政治活动中，作为政治领袖，无论推行新政策还是发表演说，或是治国安邦，无不需要精心策划，只有经过深思熟虑的策划和周密的分析，才能取得预期的效果，达到预定的目标。

1.4.3　社会经济策划

社会经济策划是各事业单位所进行的一些策划活动，如赈灾义演、希望工程等，包括新闻策划、演出策划、展览策划等。

1.4.4 军事策划

在古今中外的战场上，流传着许许多多脍炙人口的战争故事。这一个个生动的战例都在某一方面有着不寻常之处。例如，我国比较著名的官渡之战、赤壁之战，以及辽沈、淮海、平津三大战役。在国外，也有如特洛伊战争、十字军东征、诺曼底登陆等流传于世的经典战例。在这些战争中，我们发现了一个共同的规律，即没有哪场战争是侥幸取胜的，都是在统帅的领导下，战前通过充分考虑天时、地利、人和的因素，抓住战争中关键环节，从而以小的代价换取了大的胜利。

1.5 策划的基本方法

策划无固定的方法。构想、点子、创意、谋略、运筹、系统、操作等，都可视为策划的环节，也可视为策划中的基本方法。

1.5.1 构想法

构想法的种类很多，其中有一些具有代表性的，如“拍脑袋”法、点子法、计谋法等。在实践中，大家可以按各自策划的目的，选取适当的方法。

1.“拍脑袋”，拍出大市场

在科学不发达的时候，人们的生活、工作均无所谓方法与技巧，“拍脑袋”成为处理日常事务的一般习惯。即使在今天，“拍脑袋”仍不失为一种好的创意与策划的捷径。

案例 1-4 可口可乐“无意”成功

1885年，美国亚特兰大市业余药剂师潘伯顿，通过无数次试验之后，用柯树叶和柯拉树粒制成了一种有强兴奋作用的健脑药汁，这就是可口可乐。刚开始时销售量太低，这让潘氏大为头疼。一天，一名头痛病人请求当场用药，雇员配药时误将苏打水当做自来水注入瓶中，在雇员的恐慌中，不想病人却立刻好了。潘伯顿受到启发，立即将苏打水作为可口可乐的成分，并在广告中添上“芳醇可口、益气壮神”的宣传语。从此，可口可乐由药剂飞升为风行世界的饮料，销量与日俱增。

➘ 评述 可口可乐是世界上最知名的品牌饮料之一，但它是在这次无意的“事故”中，才崛起成为全球超级大品牌，并且成为美国文化的象征。

2. 点子，点石成金

什么叫“点子”？通常所说的出个主意、拿个办法、说点想法、搞个发明、设计、规划等，都是点子。中国有个成语：点石成金。在策划中，这可以成为现实。人们习以为常的东西、不足为道的事物，在点子思维的指导下，都可能变成价值连城的财富——垃圾变宝、沙石成金，关键在于要有恰到好处的点子。

案例 1-5　自行车轮胎的发明

世界上第一辆自行车在 1817 年前后诞生时，外形粗劣，而且车架和轮子都是木头的，没有轮胎。骑着它十分费劲，还颠簸得十分厉害。人们讥讽这种自行车是“震骨器”。

1887 年，苏格兰有个名叫邓禄普的医生在用橡胶水管给花园里浇花的时候，偶然间发现橡胶管具有弹性。他心中一动：“把这灌满水的橡胶管安到自行车轱辘上，这样便使自行车粘轮有了弹性，不就可以减轻自行车行驶时的颠簸了吗？”

于是，他放下浇花的水管，把自行车推到花园，拆下轮子，量好尺寸，配上橡胶管，灌足水。一遍又一遍地试验，终于成功了！邓禄普用橡胶水管制成了世界上第一个轮胎。轮胎先是灌水，后来又用充气代替了灌水。

“邓禄普轮胎”一下子风靡全球，成了畅销产品。

评述　许多新产品、新项目都是出自偶然的质点碰撞。

1.5.2　创意方法

创意与点子不同，“点子”一般是解决“某一事件”的一个具体的注意“点”，而创意可以是一个点、一条线、一个面、一个体、一个局甚至一连串“局”，并且包括文艺创作、科学发现与幻想等所有的智力活动领域。因此，创意方法是“策划”的起点、前提、核心、精髓。

在人类历史上，的确留下过许多伟大的创意：埃及的奴隶们建造了金字塔、秦始皇指挥修建了万里长城、爱因斯坦创立了相对论、爱迪生发明了电灯……他们都可称为创意大师，他们是掌握了创意方法的成功者。

许多人认为，创意带有一种神秘特质。事实上，揭开创意神秘的面纱，简单地说，创意=条件+方法。任何创意的产生都离不开一个必不可少的前提，这个前提在创意的产生过程中是第一位的。同样，任何创意的产生，都要在产生联想、假设的基础上，用大脑去进行分析、总结、归纳等，只有这样经过反复论证才能产生新的创意，这个过程是智能放大的过程。智能放大在创意的实施与产生过程中是不可缺少的，同时也是关键所在。而创意方法的应用，在社会各方面将会产生许多伟大的策划。千万种新事物的出现、千万种新产品的开发、千万个活动的策划成功、千万倍效益的产生……无不体现了创意的巨大能量。

案例 1-6 脱颖而出的乞讨策划

宣忠的创意工作室开办了已有半年，正经的生意没几个，可净来一些莫名其妙，甚至啼笑皆非的业务。一天，一位衣冠不整、蓬头垢面的老哥上门，说要做策划。

"说来惭愧，我以前也是个老板，做生意赔了，房子也抵了，老婆也跑了，干老板多年，除了有点脾气，什么本事也没有，现在只好以乞讨为生，不过现在乞讨这个行业，门槛太低，竞争太激烈。我想让您帮我出出主意，提高一下我的乞讨业绩。"

"你都混成这样了，还讲究什么业绩？"

"人即使再落魄，也得精益求精，追求卓越吧。"

"那好吧，就冲你这精神，我决定帮助你了。"

那人很高兴："我现在没钱付给您咨询费，等我挣了钱，我再给你，您看我现在应该怎么办？"宣忠思考了一下："您看，您要在乞讨业有所建树。就得先有个品牌。您贵姓？"

"姓李。"

"叫花李，你看这个名字还可以吧？"

"不错，不错，挺好听。"

"你有没有固定经营场所？也就是你有没有固定乞讨的地方？"

"有啊，我一般上午在人民广场，那儿人多，上午站累了，下午我就去散散步，顺便捡捡破烂。我干乞讨这个职业，虽然被人瞧不起，但也属于自由职业者。"

"叫花李，我给你一个建议，你一定要走专业化道路，不要又乞讨又捡破烂，你只有把你的乞讨这个主业做大做强之后，才能多元化经营。况且，干这个，又干那个，品牌不够集中。"

"是，是，我以前就是这样垮掉的。"

"你呢，以后每天就在人民广场守着，手里拿个碗，碗里先放上个块八角的，在里面，立个牌子，上面写上'叫花李'。这样你就与其他乞讨人员不一样了，你已经有了自己的品牌。有了自己的品牌，这还不够，你必须在乞讨方式上与竞争者区别开来，也即你必须差异化经营。让别人觉得你有个性，有特色，就是和别人不同。"

"以后不管什么人给你多少钱，你只能收人家五角。你还像过去一样，面对熙熙攘攘的人流，拿个碗，伸向人群，嘴里做着广告：行行好吧！行行好吧！我估计大多数人连看你一眼都不看，躲着就过去了。这是正常现象，你不要奢望把所有的人都变成你的客户。记住了，我们只为一部分人服务，要找到我们的目标客户群。我相信，肯定会有些人朝你碗里扔个块八角的，这时候，你一定要看清楚是多少钱，如果是五角，就对人家说声谢谢。如果比五角多，例如一元，你不要见钱眼开，你要赶紧把人家叫住，对人家说：'谢谢，我这里只收五角。'然后，你再找给人家五角钱。"

"如果人家给的不足五角，比如两角，你也把人家叫住，对人家说：谢谢您的好意，我这里最低消费就是五角，这两角您还是拿回去吧。"

叫花李有点不明白："啊？照你这个策划，人家给一元，找回五角，人家给两角还不要，我岂不要的更少了？不行，不行。"

"老李，不，叫花李，你听我说，你要想在乞讨业有所突破，就必须按我的话去做，刚开始是有点损失，但你和其他乞讨的不同了。你想想，当你找五角钱给人的时候，那人是什么感觉，估计那人手里拿着那五角钱，站在那得愣一会儿，'怎么回事，要钱的还带找钱的'，回家后他就会把这事宣扬出去。"

"那个给你两角的家伙就更惊诧了，估计当时他就得跟你翻脸：'什么，你有没有搞错，你这还有最低消费？我问问你，你还是叫花子吗？'回去，他也要为你宣传。这些人都免费为你宣传，免费为你做口碑广告，你想想，你的知名度提升了，无形资产就增加了，现在这个年代，是注意力经济年代。你只要聚集了人气，就不愁挣不来钱。"

"真的？那我就试试。"

过了两个星期，叫花李也没有再来，宣忠心里一直想知道策划的效果，于是便来到人民广场找叫花李。一进广场，老远就看到在广场一角围了一群人，挤进去一看，中间果真是叫花李。在他面前，立着一个牌子，上书：著名职业乞讨师叫花李。旁还放着一本无家可归人员登记证。叫花李正忙着收钱，找钱，乞讨事业蒸蒸日上。

评述 大家给叫花李钱，不是因为他值得同情，是因为他这个行为比较有趣。现在是眼球经济，注意力经济，谁个性，谁有特色，谁能吸引大家的目光，谁就能挣的比别人多。简单的现象其实背后都蕴藏着深刻的道理！

1.5.3 运筹方法

古往今来，商战、兵战、政战中的策划，都有运筹学的应用。规划论（包括线性规划、非线性规划、整数规划和动态规划）、图论、决策论、对策论、排队论、存储论、可靠性理论是运筹学的具体内容。

在运筹学中，还有另外一种方法，叫结构重组和区位组合方法。

拿破仑在战争中就知道：3 个法国骑兵不是一个马克木留骑兵的对手，但是组成阵法的 1 500 个法国骑兵，却可以打败 1 500 个马克木留骑兵。这是排队重组产生的奇效。

科技上，结构重组会产生新事物、新商品；销售上，换个地盘或在价码后面添个"0"，都有可能会让滞销的商品立即抢手。

案例 1-7　田忌赛马

战国时期，有个著名的“田忌赛马”的故事：齐国大将军田忌经常与齐威王赛马，每次比赛都输，因为齐威王的一等马比田忌的一等马强，齐威王的二等马比田忌的二等马强，齐威王的三等马比田忌的三等马强。因此，一对一比赛，每次都是齐威王赢田忌输。孙膑闻知后献上一策，让田忌的三等马对齐威王的一等马，让田忌的一等马对齐威王的二等马，让田忌的二等马对齐威王的三等马。结果，田忌先输第一场，却赢了后两场，终于以 2:1 反败为胜。齐威王于是拜孙膑为军师。

评述　田忌赛马是运筹学方法的经典运用。出马是点子，组阵是谋略，概率与组合是战略方法，一不胜而再胜、三胜是关键。以少胜多，以弱胜强，是运筹学发挥的效果。可见，现代数学与经济学研究中的运筹学，不失为策划中的一个奇招。

1.5.4　博弈论方法

博弈方法又称“决策论”，是研究策略博弈的数学理论。它以组合论、概率论和统计学等数学方法分析竞争，使动态系统在复杂的情况下，选择最佳的行为方式。由于竞争双方都在进行策略博弈，所以这种竞争的结果不仅依赖自己的抉择和机会，也依赖参加竞争的所有人的行为。合理地根据那些相互依存的因素进行战略策划，是博弈方法的主题。

在《三国演义》第九十五回中，诸葛亮用空城计吓退司马懿大军的故事就是利用博弈思想进行军事策划的一个经典案例。当时诸葛亮屯兵于阳平，把部队都派去攻打魏军，只留少数老弱残兵在城中，忽然听到魏军大都督司马懿率 15 万大军来攻城。诸葛亮临危不惧，传令大开城门，还派人去城门口洒扫。诸葛亮自己则登上城楼，端坐弹琴，态度从容，琴声不乱。司马懿来到城前，见此情形，心生疑窦，怕城中有伏兵，因此不敢贸然闯进，便下令退兵。后来，此故事在民间盛传为佳话。用博弈的思想分析，诸葛亮之所以可以顺利地演出这场“空城计”，主要原因在于诸葛亮对司马懿的多疑个性非常了解，他充分考虑到了司马懿可能的选择和行为，从而做出了这样一个有魄力的策划。

1.6　走出策划误区

1．策划不是“包治百病”的良方

随着市场竞争的日益激烈，企业在经营与管理中遇到的难题越来越多，一些管理者就把解决问题的希望几乎完全寄托在某些策划者的策划上，这是极其错误和危险的。

事实上，企业自身练功才是最重要的。把希望寄托在策划上不是解决企业长期发展问

题的根本之道。对任何一个在市场中竞争的企业来说，首要任务都是苦练内功。企业自己的综合素质和领导者的综合素质是决定企业成败的关键。因此，作为企业，应该首先关注如何提高整体素质，如何加强企业的市场应变能力与核心竞争能力。

2. 策划不是点子、创意

很多初涉该领域的人认为策划就是“点子”，甚至一些专家也这样认为。其实，“点子”的说法，内涵实在太不规范。策划，包含“出点子”的含义，但绝不仅限于此（见表 1-1）。

表 1-1　策划与点子的对比

策　　划	点　　子
包含点子、面或体	仅仅是一个点子
动词	名词
一系列的过程	一个出发点
结果	中间体

策划离不开点子，点子是创造性思维的结晶，是思维者的灵感火花。然而，“策划”不仅要有点子，还应有具体的实施方案，在某种意义上，后者更重要。一个好点子从产生到获得成功，这中间需要系统地策划。好的点子是策划必不可少的基础与核心，一个杰出的策划往往就包含一个好的点子。正是需要围绕点子进行系统、完整、全面地策划，运用各种手段、方式、方法、计谋，点子才得以实施成功。

3. 策划不是越复杂越好

说到策划，很多人便会想到“策划一定需要复杂的构想”。其实不然，就像演员挑选剧本，然后向观众演出，策划最重要的是要站在受众的立场上，“演出”简单、易懂、有趣的“戏剧”。

相反，如果策划以经济、商业或法律为着眼点来进行构思，或者像专业书籍或论文那样晦涩难懂，而不考虑受众的心理和接受能力，那么就注定不会成功。

4. 策划不是计划

人们常常将策划与计划混为一谈，其实两者存在着很大的差异，策划近似英文 strategy 加 plan，侧重于“策”，它是在外部环境竞争的情况下，为了取得绝对性的胜利而出谋划策。而且，策划的重要一点是要有创新，一个没有创意的策划不能称之为策划，仅仅是人云亦云而已。

计划侧重于“划”，是一种“安排”的意思，也有“打算”的含义。任何一件事情都可以拟订一个计划去执行，按部就班去完成。一个计划可以用多次，但未必有创意，它是一个静态的设计过程。

策划与计划的差异到底有多大，现对比如下（见表 1-2）。

表 1-2 策划与计划对比

策　　划	计　　划
必须有创意	无须创意
范围不确定，没有固定步骤	范围一定，按部就班
掌握原则与方向	处理程序与细节
做什么	怎么去做
灵活多变	一成不变
开创性	保守性
挑战性大	挑战性小
经过长期训练才能提高策划能力	通过短期训练可具备计划能力
侧重于“策”	侧重于“划”

由此可见，策划包括计划。一个成功的策划必须有一个合适的计划来执行，而计划的制定未必需要做一番策划。

5. 策划不是决策、战略

策划不同于决策。决策是对既有的策略和方案进行的选择和确定。通过决策，确定策划方案，然后实施策划。决策之前需要策划的支持，决策之后也需要策划的引导和协调。

策划不同于计谋与战略。计谋是为战胜竞争对手或实现某种特定的目标而设计出来的行动策略，如兵法上的三十六计，就是计谋。计谋是策划的手段，策划包括计谋。计谋是死的、教条式的，即便计谋被灵活加以应用，也只是解决问题的变通办法而已。计谋是一个名词，策划更多地属于动词，计谋需要出谋人，其主体是谋士，策划则更侧重于“出”这一动作。战略是指对全局起决定作用的计划和策略，现代意义上的战略指决定全局的策略，它一般用来研究具有长远意义的问题。策划、决策、战略之间的差异如表 1-3 所示。

表 1-3 策划、决策、战略之间的差异

	策　　划	决　　策	战　　略
预谋性	一定有	不一定有	一定有
创新性	基本有	不一定有	不一定有
研究的问题	不受限制	不受限制	具有长远意义的问题
最主要的研究内容	方案	选择方案	方案
思维方法	强调直觉思维、形象思维与辩证思维	强调逻辑思维	强调逻辑思维与形象思维

6. 策划不是天马行空

有些人认为策划就是天马行空、随意发挥。实际上，这样的策划不是遭到“枪毙”，就是在执行过程中遭遇“滑铁卢”。

从策划的特性可以知道，策划的本质是刻意创新、灵活多变，不受固定模式的约束。在策划的某些环节，尤其是创意阶段，的确可以任意发挥，采用许多方法寻求“点子”，直至产生思想的火花。似乎可以认为此时的策划就是在“天马行空”。然而仅仅这样是完全不够的，策划还必须结合实际情况，脚踏实地地进行分析，这样才能使策划方案具备实用价值。除此之外，策划方案出台后还必须按部就班地实施，有力地执行各个环节。只有这样，才能保证整个策划的成功完成。

本章要点

- 策划就是为达到一定的目标，在调查、分析有关材料的基础上，遵循一定的程序，对未来某项工作或事件事先进行系统、全面的构思、谋划，制定和选择合理可行的执行方案，并根据目标要求和环境变化对方案进行修改、调整的一种创造性的社会活动过程。
- 策划无定式，但可遵循基本方法，如点子方法、创意方法、运筹方法等。
- 明确策划的性质：有创意、有可行性又具有一定的超前性。
- 不要踏进策划误区，策划的本质是创意，但要超越创意。

练习题

（1）试列举你知道的成功策划案例，并思考策划的重要性。

（2）策划只对营利组织具有重要意义吗？非营利组织是否存在策划？

（3）可口可乐的发明来自生活中的偶然发现，经过策划成长为享誉世界的名牌而被人们津津乐道。根据本章内容分析这一现象并思考你在生活中是否遇到过相似的经历，你又是如何处理的？

（4）在平时人们的谈论中，对策划有着种种认识与评价，但其中有一些误解，你发现周围人们对策划的误解主要集中在哪几个方面？结合本章内容，分析比较与教材上的是否一致。

 实训项目：策划与评价

【实训目标】

（1）培养学生创意性思维能力；

（2）培养学生对策划的整体理解；

（3）培养学生分析评价能力；

（4）培养学生沟通能力。

【实训内容与方法】

在一个班级中挑选出10名同学分成A、B两组，剩余的同学当大众评委。

（1）A、B两组，相对而坐，围成圆圈。

（2）首先由A组同学列举政治、军事、商业中比较著名的策划案例，B组同学对此策划案例进行复述（把整体策划情况讲清楚），并进行评价。

（3）全班剩余同学对B组同学的表现进行举手表决，以举手人数作为其分数并对其不足之处进行补充。每人大约8分钟，依次往下轮流。

（4）A、B两组轮换角色，规则如上。

（5）最后统计两组分数进行比较，全班同学写下通过这节实训课对策划的认识与理解。

 经典案例赏析

大卫·奥格威与哈撒韦衬衫

1951年，缅因哈撒韦（Hathaway）衬衫厂的老板埃勒顿·杰蒂找到刚开业三年的奥美广告公司创意总监大卫·奥格威。他对奥格威说："我们准备做广告了，我们的广告预算虽然每年还不到3万美元。但我可以向你保证，如果你肯接受，我绝不改动你广告文案的一个字。"奥格威接受了这个诱人的建议。日后回忆起这段往事，奥格威总把埃勒顿·杰蒂与西尔斯（Sears）百货公司的老板相提并论。因为那个老板在他的财务部长掏出笔准备当着奥格威的面修改广告文案时曾大声怒吼："把你的钢笔放回口袋去!"

面对如此理解广告公司的客户，奥格威使尽了浑身解数。他决心要为哈撒韦衬衫做一套比扬·罗比凯做的箭牌衬衫这一经典之作更好的广告。他知道扬·罗比凯的广告预算是200万美元，而他手头仅有3万美元。他清楚，他需要一个奇迹。奥格威想起自己在盖洛普博士手下工作时，曾见过一份调查报告，该报告表明：能吸引读者的是那些能引起读者好奇心并促使他们探究的东西。哈罗德·鲁道夫把这种东西称为"故事诉求"，并证明在广

告中故事诉求越多，献计献策也越多。于是，奥格威决心用“故事诉求”的方式来做好这个只有 6 000 美元利润的广告。

奥格威冥思苦想，想了很多种“故事模板”。其中一种就是让模特儿巴隆·蓝吉尔戴上一只眼罩，这源自奥格威幼年时崇敬的一位小学校长和一位大使的真实形象。最初奥美否决了这个方案而赞成另外一个看起来更好些的方案。某个星期二的早晨，在去摄影棚的路上，奥格威顺道去药店买了一只一块钱的眼罩。拍出照片后，那张蓝吉尔戴着眼罩、穿着哈撒韦衬衫、左手支腰的独特姿势吸引了所有人。他们最终一致决定用这张照片配上以“穿着哈撒韦衬衫的男人”为标题的文案打广告。广告刊登在《纽约客》杂志上。

这则戴眼罩男人的广告使哈撒韦衬衫一炮走红。世界各地的许多报纸都转载了这则广告。几十个厂家还把同样的创意用于他们的广告，奥格威说仅在丹麦就见过 5 种不同的版本。接下来，奥美又将蓝吉尔用于不同场景的系列广告中：在卡内基音乐厅指挥纽约爱乐乐团、演奏双簧管、开拖拉机、击剑、驾驶游艇、购买雷诺阿的画等。为了克服巴隆·蓝吉尔在摄影机前的摆动习惯，他们甚至用铁管帮他固定。这则广告如此成功，当埃勒顿·杰蒂将哈撒韦公司卖给波士顿一个金融家仅 6 个月后，这个金融家就转手卖给别人，从中获利数百万美元。

这是第一批成功的品牌形象之一。奥格威回忆说：“迄今为止，以这样快的速度、这样低的广告预算建立起这样一个全国性的品牌是仅有的一例……那是我事业的第一个转折点。”

思考讨论题

（1）从策划的角度分析，戴眼罩男人的广告是否是使哈撒韦衬衫一炮走红的主要原因。

（2）从本案例中，理解策划与创意的区别。

（3）策划帮助奥格威实现了人生的根本转变。你认为呢？

CHAPTER 2

第2章　营销策划的基础

“策划——塑造的艺术。”

——佚名

学习目标

☑ 探讨和列举人们对营销策划定义的相同点和不同点

☑ 理解营销策划的基本程序并学会运用它　☑ 简述营销策划的内容

☑ 描述营销策划的特点和作用　☑ 描述营销策划应遵循的原则

关键词：营销策划，策划程序，营销定位策划，营销组合策划，服务营销策划，企业形象策划，网络营销策划

2.1　营销策划概述

在现代社会众多的策划活动中，营销策划扮演着越来越重要的角色。它不仅是企划活动的主要组成部分，而且是商业活动的重要内容。营销策划是一种具有创意性的专业实践，它通过人们主观的理念加工，以一种新颖的形式将营销理论演变为具有针对性的操作程序。

2.1.1　营销策划的定义

营销策划的定义有广义和狭义之分。

广义的营销策划是指现代营销策划思想，即4P+2P+1S+1C。其立足点已经从企业本身扩大到社会的各种组织团体。

狭义的营销策划则属于传统策划思想，即传统的4P。它是以营销策略策划为核心的营销组合策划，即产品+价格+渠道+促销。

综上所述，我们给出企业营销策划的定义：

企业营销策划是指为整个企业、企业的某一商品或企业的某一次营销活动做出的计策谋划和计划安排，是对企业将要发生的营销行为进行的超前计划和决策。

营销策略策划是营销策划的核心内容。其功能是挖掘各种产品的发展潜力及促成企业产品的最佳组合，主要包括产品策划、价格策划、渠道策划和促销策划。

要准确地理解营销策划的定义，必须掌握营销策划的几个要点。

- 营销策划是一种超前计划和决策。
- 营销策划集策略性和技巧性为一体。
- 营销策划是解决营销过程的创意思维。
- 营销策划是：杰出的创意×实现的可能性=最大的预期效果。

企业营销策划是企业对将来要发生的营销行为进行的超前计划和决策，是一套有关企业营销的未来方案。因此，它首先必须以未来的市场趋势为前提，然后才能提出适合未来的操作计划。

营销策划是一种超前计划和决策，不可能详尽地预测未来的一切因素，因此必然会出现方案与现实脱节的情况。事实上，任何策划方案都是不完善的，都需要在实施过程中根据实际情况加以补充和完善。于是，营销策划就必须包括超前设计与未来完善两部分内容。只有将两部分合二为一，营销策划才会实现预期的效果。

2.1.2 营销策划的特点

1. 主观性

我们知道，营销策划自始至终都是人脑在参与。它建立在人脑对未来预测的基础上，是客体作用于主体后所形成的主观产物，这就决定了营销策划的主观性。虽然，营销策划所依据的信息都是客观的、现实的，但经过人们主观的理念加工，就有了主观的烙印，表现为以下几点。

- 不同个体对同一信息的认识是有个体差异的。
- 不同个体对同一信息的处理也不同。
- 在不同的情景下，同一主体对同一事物有不同的看法。
- 同一个体对同一信息处理在不同的情景下也会不同。

2. 超前性

策划的超前性主要表现在以下几点。

（1）**营销策划是对未来环境进行判断并对未来做出安排的一种超前行为。**

（2）**营销策划是一种决策。**收集现实世界的各种资料，进行抽象思维，并通过一定的逻辑推理和创意，对未来营销行为做出决策。

（3）**营销策划也是一种安排，就是“计划”的意思。**营销人员要通过一定的方式将判断付诸行动，形成有针对性的操作程序，使创意这一闪光的火花在安排和计划中发出耀眼的光芒。

案例2-1 “九阳”捕捉商机

2008年，当“三聚氰胺”事件爆发的时候，九阳公司认为这是事件营销与社会营销的关键时刻，几天后，市场调查结果表明：老百姓对牛奶、奶粉乃至冰激凌都充满恐惧感，对豆浆的钟爱却日益成长起来。毫无疑问，这是豆浆机销售的绝佳机会，于是，九阳重新定义豆浆机的概念及市场。

由于九阳豆浆机在消费者心目中已有一定的地位，现在只需打出一句响亮的广告语即可。一时间各个超市都传出响亮的吆喝：“九阳豆浆，保您健康”；“买九阳豆浆机，把植物奶牛领回家”。可想而知，各大超市专柜都发生了排队抢购九阳豆浆机的热况，成为2008年9月街头巷尾讨论的热门话题。

评述 九阳公司在“三聚氰胺”事件爆发之际，以超前的眼光和融会贯通的谋略进行有效的策划，最终挖掘出潜在的商机。

3. 复杂性

营销策划是一项系统工程，是一项非常复杂的智力工作。这主要表现在以下3个方面。

（1）**营销策划需要大量的理论和间接经验的投入。**一项优秀的营销策划方案，是大量的经济学、管理学、市场学、商品学、心理学、社会学、文化学、策划学、营销学等多学科知识的综合运用和融会贯通，并且要求这些知识能够非常灵活地与策划知识结合起来，这对营销策划者来说，是一个复杂的过程。它至少包括下列两层含义。

1）作为一名优秀的营销策划者，必须具有丰富的知识储备，需要对策划和营销知识有深刻的了解和领悟，其中关键一点是要有创造性思维。

2）策划者必须能够把这些知识和创造性思维转化为营销活动。仅有知识是不够的，只有把这些知识消化并灵活地运用到实际的策划活动中，才能策划出一流方案。

（2）**营销策划需要大量的当前知识和直接经验。**营销策划过程是一个动态的过程。需要与当前的形势和环境紧密结合，而非纸上谈兵。其原因可概括为如下几点。

1）以前的知识和间接经验具有一定的滞后性。

2）优秀的营销策划创意来源于现实，是对现实大量信息的占有、分析和提炼。

3）营销策划是对未来的规划。因此，要求营销策划人员具有大量的直接营销经验，需要他们对当今的市场状况有具体、全面、系统的认识和理解。

（3）**营销策划是一个庞杂的信息处理过程。**

1）在着手准备时，要积极主动地收集信息。它包括各方面的信息，如政治信息、经济信息、法律信息、文化信息、市场信息、商品信息、消费信息、价格信息等。它们既可以是当前的直接信息，也可以是过去的间接信息。然后对这些信息进行筛选，并对有价值的信息进行加工处理。

2）在收集信息的过程中，要注意如何收集信息、收集什么样的信息、筛选什么样的信息、用何种标准筛选、选出的信息怎样处理等一些问题，最后还要检验信息处理的结果。这一切都是十分复杂的劳动。

总而言之，营销策划是一项复杂的高智慧脑力劳动。营销策划人员不仅要分析和处理大量的营销信息，还要进行策划创意，做出新颖且行之有效的方案来。

4. 创造性

策划是创造性的思维活动。创造性思维是一种复杂的辩证思维过程，它具有不同于其他思维的特征。这主要体现在以下几个方面。

（1）**积极的求异性。**创造性思维往往表现为对常见的现象和权威理论持怀疑、分析的态度，而不是盲从和轻信。

（2）**敏锐的洞察力。**在观察过程中，分析事物的相似与相异，发掘事物之间的必然联系，从而做出新的发现和发明。

（3）**创造性的想象。**这是创造性思维的重要环节，它不断创造着新表象，赋予抽象思维以独特的形式。

（4）**独特的知识结构。**这是创造性思维的基础。

（5）**活跃的灵感。**这是创造性思维突破的关键，可以产生意想不到的效果。

其实策划的过程就是创造性思维发挥的过程，或者说是创造性思维与策划活动的结合过程。创造性思维是策划生命力的源泉，贯穿于策划活动的方方面面和策划过程的始终。

案例 2-2　淘宝创造节日促销

通常被大众接受的商场集体打折提高交易量的时间，大多集中在圣诞、元旦、春节等大众节日中，但淘宝却反其道行之，自己创造了一个节日——“双十一”全民购物狂欢节。通过促销的形式在一天或几天内大幅度提高交易量，而电商们又十分重视“双十一”这个节日，恨不得通过极高的流量冲击提升订单量。有些卖家甚至提前几个月甚至半年的时间提前备货。这不得不说是淘宝所做的一个非常成功且具有创造性的营销策略。

资料来源：http://www.semtime.com/blog/post/450.html

评述　淘宝打破固定的大众节日的时间局限，以“购物狂欢”的名义造出一个能让大众接受的节日，满足消费者和卖家的双方需求。这个促销创意有积极的求异性，显示出策划者敏锐的市场洞察力和活跃且不拘一格的灵感。

2.1.3 营销策划的作用

1. 营销策划能使企业正确实施营销策略从而战胜危机

任何一家企业在市场活动中，都需要面对种种竞争和挑战，难免会在某些时候处于劣势，处于竞争中的不利位置。这时就需要一个完整、系统的营销策划，使企业绝处逢生，化劣势为优势。

案例 2-3 三星挑战苹果之路策划

自从苹果公司推出新产品 iPhone4 之后，一时风头无两。苹果凭借其霸权，打败了 RIM 和诺基亚。而三星在其 2012 年与苹果公司的专利争夺官司中，并没有获得优势，这一切对三星公司来说，似乎都造成了很大的威胁。但是，三星公司 2012 年第三季度的利润却破了纪录。由于在 5 月推出高端 Galaxy S III，三星的利润同比增长 75%。2011 年，三星的股价增长了 65%，2012 年 9 月在韩国交易所涨到了 130 万韩元，接近最高纪录。三星没有媒体的热情捧场，没有热情的粉丝，也没有乔布斯式的个性崇拜。但是，三星在全球手机销售上却让人惊艳。IDC 报告称，到 2012 年上季度末，三星手机占全球手机市场的 24.1%，苹果只有 6.4%。在利润高的智能手机市场，三星占了 32.6%的份额，苹果只有 16.9%。

三星的成功与其制定的专注低端市场策略密切相关。首先，全心全意拥戴 Android 系统，从而借用 Google 的软件搜索、研发力，公司自己则专注于硬件，在硬件上一直相当卓越。Android 之所以成为最流行的操作系统，主要原因是苹果没有在低端市场进行竞争。分析师库蒂宁指出，三星的低端战略相当管用。他说："建立低端基础有长远的好处。"因为当用户买更高价产品时，倾向于相同的品牌。他说："三星 Galaxy S III 之所以大获成功，是因为三星在巴西、印度、印度尼西亚、中国有强劲的产品组合。苹果则拒绝积极进入新兴市场，可以说，苹果将'王冠'送给了三星。你可以理解苹果这样做是为了不在价格上进行竞争而牺牲利润，但到了某个时刻，苹果可能不得不接受低增长，甚至追赶三星。"

评述 三星在面临苹果的威胁时果断地采取了改变营销策略的方式，使三星公司在激烈的市场竞争中占据了一席之地。

2. 营销策划能使企业更好地进行市场定位

营销观念发展至今，已进入了大营销时代。在今天，企业首先要做的是细分市场，找出自己在市场中的位置，并做好市场定位，然后借助各种营销组合和营销策略去占领市场。

在这个过程中，企业需要营销策划。现代的营销策划，其基本任务是找到市场的空当，为企业确立一个生存和发展的空间，并根据市场定位开展相应的营销活动。有时候，优秀的营销策划能发掘新的市场需求，开发新的市场，这在当今的营销活动中已屡见不鲜。

案例 2-4 “玫瑰卡”情系女人

一直以来，玫瑰代表着女性对爱情浪漫的憧憬，尤其在情人节，玫瑰花更代表爱情永恒的誓言。“玫瑰”二字好听、好记，不仅女性喜爱，男性也不例外。因此，台新银行将其信用卡产品命名为玫瑰卡。

在台新银行加入发卡行列之前，台湾的信用卡市场几乎是花旗与中信的天下，它们以雄厚的财力及大笔媒体预算为后盾建立了很高的知名度，并迅速占领了大部分市场份额。但在当时，发卡银行都没有进行市场细分。

台新银行据有关资料统计，女性持卡人拥有较好的信用历史，她们工作稳定，发生呆账的情形少。随着女性消费能力的不断提升，台新银行预测女性的信用卡市场将有很大的发展空间，因此，台新银行将女性定位为信用卡的主要目标市场，设计出一种专属女人的信用卡——台新银行玫瑰卡。

台新银行玫瑰卡在上市的短短一年半时间里突破了 10 万张的发卡量，并建立了女性的、认真的品牌个性，一跃成为台湾女性信用卡的领导品牌。

➘ **评述** 恰当的市场定位有助于品牌的提升与推广。

3．营销策划能使企业提高营销活动的计划性

营销策划有一定的计划性，中间包含有一定的计划方案。一旦确定了未来营销活动的计划方案，企业的营销活动就变得井然有序，未来营销操作也就有计划可依，从而使整个营销活动有条不紊地进行。

案例 2-5 滞销引发的思考

某矿泉水公司推出了一种优质矿泉水。在没有对市场充分调查分析的情况下，就先在成都开拓市场，投入了大量广告费，但收效甚微。于是公司转向昆明市场，又是未见任何效果，销量很少，收入不能平衡支出。最后公司决定转向本地市场，但由于本地市场狭小，消费有限，导致企业严重亏损。如此一折腾，元气大伤。究其原因，主要是进行的营销活动没有认真进行策划，计划性不强。这种盲目使企业既没能开拓市场，也没能占领市场。

➘ **评述** 营销活动如果没有计划，没有目标，就像无头苍蝇，到处乱撞，不仅浪费了大量的资金和时间，而且收不到任何效果。

4．营销策划能在一定程度上降低营销费用

任何一次营销活动都需要投入大量的营销费用，而如果进行营销策划，则能够对费用的支出做最优化组合安排，从而能够避免盲目活动所造成的巨额浪费。据美国布朗市场调

查事务所统计，有系统营销策划的企业比无系统营销策划的企业，在营销费用上要节省 2/5 ~ 1/2。

案例 2-6　普拉特公司的事件策划

有一年，一架美国赛斯纳公司生产的“奖状”号飞机在下降时遇到一只叼着兔子的老鹰。老鹰见到飞机很害怕，丢下兔子飞走了。非常凑巧，掉下的兔子恰好被吸入飞机发动机。飞机在飞行时别说撞上一只兔子，就是撞上一只麻雀也会受到重大损伤。如果发动机被损坏，就会发生机毁人亡的惨剧。但是，奇迹发生了，兔子撞到发动机后，飞机只是抖动了片刻。原来只是螺旋桨受了点损伤，飞机平安地降落地面了。

这件偶然的事本没有什么，别的公司都把这件事当做万幸，或者是茶余饭后的奇闻趣谈，谈谈就过去了。但是，加拿大普拉特·惠特民公司立即看出这里面含有的巨大经济价值。因为这架“奖状”号飞机安装的 PT6 发动机正是普拉特公司生产的。于是，公司策划人员就此事件精心策划了一次宣传，大力宣传 PT6 发动机是世界上唯一经受过“兔撞试验”的发动机。确实，世界上也没有哪家公司的飞机发动机用“兔撞”做实验，事实上也不敢做。普拉特公司借此机会在航空工业界赢得了很高的声誉，许多航空公司都开始向普拉特公司订货，普拉特公司飞机发动机成了该行业质量的标准。

评述　普拉特公司以营销人特有的眼光，深入挖掘这一事件的经济价值，不仅取得了良好的宣传效果，还节约了大量的营销费用。

2.1.4　营销策划的内容

营销策划的内容十分广泛，按照不同的分类标准可以分为不同的类别，但其内容主要包括营销组合策划、营销定位策划、企业形象策划、服务营销策划、网络营销策划等，如图 2-1 所示。在本书后面几章，我们将对其进行详细的论述。

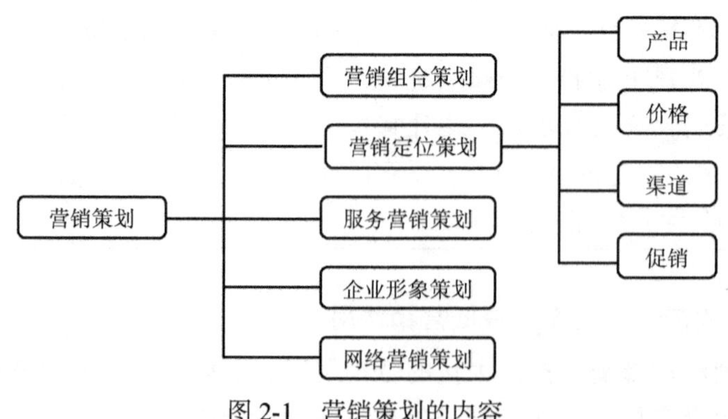

图 2-1　营销策划的内容

电子工业

1．营销组合策划

营销组合策划是指传统的 4P 及其策略策划，具体内容分述如下。

（1）**产品策划。**作为营销组合第一位的产品因素，其策划对企业的成败有着决定性作用。产品策划主要解决企业能否推出满足消费者需求产品的问题，包括产品的开发、设计、品牌、包装、商标、管理等一系列的策划。企业如果拥有完善、系统的产品策划，就等于成功了一半。

案例 2-7　成功的新产品策划

空中客车飞机制造公司由英国、法国、德国和西班牙 4 个国家的宇航公司组合而成，经过几十年的发展，成为当今世界第二大飞机制造企业。

空中客车公司不断把握市场机遇，投入了大量的资金开发新产品。公司经过市场调查后认为：亚太地区各航空公司将在 1990 年至 2010 年购入约 950 架有 200～400 个座位的客机。为了迎合这种需求，公司不惜投入 40 多亿美元的研究开发经费专为亚太地区市场设计出两种不同类型的客机：295～431 座的 A330 型客机和 262～295 座的 A340 型客机。

该消息传出后，立即得到亚太地区各个航空公司的积极响应。在经过慎重评估之后，亚太地区 8 家航空公司一举订购了 100 架 A330 型客机。

评述　该公司不求在开发产品上全面开花，而是针对亚太地区设计了特色策划，使企业获得宝贵的市场份额。

（2）**价格策划。**价格是企业和消费者比较敏感的话题，成功的价格策划能激发消费者的购买欲望，为企业带来可观的利润。

（3）**渠道策划。**产品从生产者到消费者的过程是通过分销渠道实现的。成功的分销渠道策划可能会给企业带来滚滚财源。

（4）**促销策划。**促销是营销组合之一，它的利用可以极大地促进销售，它包括公关策划、广告策划、商场促销策划和推销策划。

2．营销定位策划

定位（Positioning）是 20 世纪 70 年代美国的两位营销专家艾·里斯（Al Rise）和杰克·特劳特（Jack Trout）提出的概念，即把产品定位在你的潜在顾客心中，或者说是利用广告为产品在消费者的心中找一个位置。后来，现代营销学之父菲利普·科特勒把“定位”这一概念引进了营销领域。一般来说，一个好的定位可以使企业深入人心，达到快速传播的目的。

案例 2-8 联想 ThinkPad 的定位失误

联想斥资 12.5 亿美元购入 IBM 的全部 PC 业务，收购完成之后，占全球 PC 市场份额第 9 位的联想一跃升至第 3 位，仅次于戴尔和惠普。新公司成立之后，总部迁往纽约。但规模的扩张并没有带来利润的同步增长，据联想集团官方 2009 年 2 月 5 日的消息公布，截止到 2008 年 12 月 31 日，其第三季度业绩净亏损 9 700 万美元。

导致其业绩下滑的重要原因之一就是联想取消了 IBM ThinkPad 品牌而用 ThinkPad，从而导致许多专业人士动摇了这个经典品牌在他们心中的地位。据调查，在美国许多 IBM 的老客户都表示不会再购买 ThinkPad 电脑，因为 Lenovo 在美国消费者的心目中一直是低端品牌。

最近，易观国际对 24 719 名笔记本用户进行了在线调查，结果发现，29%的用户表示，ThinkPad 是购买笔记本的首选品牌，而首选惠普品牌的为 18%，首选华硕的占 14%，首选联想品牌的为 13%。看来中国的用户对于 ThinkPad 还真的是情有独钟。但事实是，在中国的笔记本市场，联想 ThinkPad 的占有率恐怕连 29%的一半都达不到。为什么？接下来的统计数字就很好地做了诠释。同样是易观的调查，在价格方面，41.6%的用户表示，6 001～8 000 元是最能接受的笔记本价位。另据 ZOL 的调查表明，在十大笔记本品牌中，ThinkPad 旗下的酷睿 2 笔记本产品的均价最高，为 13 656 元；均价次高的是苹果，其酷睿 2 笔记本市场均价也达到了 13 000 元以上；排在第三位的是戴尔，其酷睿 2 双核笔记本均价为 11 681 元；而索尼与华硕两大厂商的市场均价则为 10 000～11 000 元。至此，在十大主流酷睿 2 双核笔记本厂商中，产品均价达到 10 000 元以上的厂商达到了 5 家。再次是惠普、联想和三星，市场均价为 9 000～10 000 元。

➘ 评述 联想 ThinkPad PC 的业绩大幅下滑，很大程度上，是由其价位偏高和定位失误造成的。

3. 服务营销策划

科特勒曾经指出，服务营销将是未来营销管理和市场营销学研究的重要领域之一。目前，随着经济全球化和知识经济的到来，服务业已成为全球第一大产业。在发达国家，服务业所创造的价值已占国内生产总值的 61%，在美国更是占到了 75%，而服务营销及其策划也伴随着服务业的发展日益受到重视。

案例 2-9 花旗银行服务营销新内涵

金融产品的可复制性，使银行很难凭借某种金融产品获得长久竞争优势，但金融服务的个性化却能为银行获得长久的客户。著名管理学家德鲁克曾指出："商业的目的只有一个站得住脚的定义，即创造顾客"，"以顾客满意为导向，无疑是在企业的传统经营上掀起了一场革命"。花旗银行深刻理解并以自身行动完美诠释了"以客户为中心，服务客户"的银行服务营销理念。

花旗银行通过变无形服务为有形服务，提高服务的可感知性，将服务派送到每一位客户手中。在实施银行服务营销的过程中，以客户可感知的服务硬件为依托，向客户传输花旗的现代化服务理念，鼓励员工充分与顾客接触，经常提供上门服务，以使顾客充分参与到服务生产系统中来。花旗在引导客户预期方面绝不允许做过高或过多的承诺，一旦传递给客户允诺，就必须保质保量地完成。如承诺"花旗永远不睡觉"，其实质就是花旗服务客户价值理念的直接体现。花旗银行规定并做到了电话铃响 10 秒之内必须有人接，客户来信必须在两天内给出答复，这些细节就是客户满意的重要因素。同时，花旗银行还围绕构建同顾客的长期稳定关系来提升银行服务质量。

资料来源：http://wenku.baidu.com/view/f5003a3283c4bb4cf7ecd1b5.html

评述　花旗银行服务营销的成功实施，拓展了服务领域，强化了服务质量，从而使得花旗品牌深入人心，客户纷纷而至，以至每 4 个美国人中就有 1 个是花旗银行的客户。在当今信息技术引发的金融创新浪潮中，各银行之间试图通过网点优势、人缘优势、技术优势、产品优势拉开与竞争对手差距的时代已成为过去，银行服务营销开展的优劣将成为银行竞争成败的关键。

4. 企业形象策划

CI 有两层含义，一是指企业形象（Corporate Image），二是指企业识别（Corporate Identity）。一般情况下，我们较多地将其理解为前一种。优良的企业形象是企业追求的目标，而企业识别则是建立并传达企业形象的手段。这正是为什么一看到大写的 M，我们就会想起麦当劳；一看到白鹤，我们就会想起白沙集团的缘故。

案例 2-10　白沙集团的徽标释义

千年的白沙古井，优雅高贵的白鹤，这些处处透射着千年楚湘文化底蕴的符号都是白沙品牌长期积淀下来的品牌资产。站在千年巨人的肩上，我们看到了"飞翔"，看到了千年不变的"飞翔之梦"被赋予新的"飞翔"含义的机会。"鹤舞白沙，我心飞翔"的理念被视觉化，表现为三道蕴含无限张力的轨迹围绕着中心光明之点旋转，抽象地提炼出螺旋式上升的企业发展势头，更展示了飞向深邃、飞向无限的人类之梦。

三道轨迹与光明之点的组合，形象地展现出一只振翅高

飞的白鹤。从物质到精神，这只鹤完成了它的质变，成为我们的梦想，从今往后，与我们的手一起相连，一起创造。

评述 徽标折射了企业的形象，蕴含了企业对未来发展的目标与梦想，使人们从中看到企业的未来与希望。

5. 网络营销策划

随着信息技术的进步和网络的发展，作为电子商务内容之一的网络营销异军突起，已成为营销学研究的重要内容之一。在网络化的今天，一个良好的网络营销策划可以成就一个企业，因此，网络营销及其策划已是众多企业家研究的热门话题之一。

2.2 营销策划的基本程序

世界上没有两片完全相同的树叶，也没有完全一样的企业，因此，也就没有完全一样的策划方案，所以，营销策划原则上不应有完全固定的步骤、完全规范的程序与不变的框架。但是，营销策划的规律还是可以掌握的，一般可以分为以下几个步骤，如图 2-2 所示。

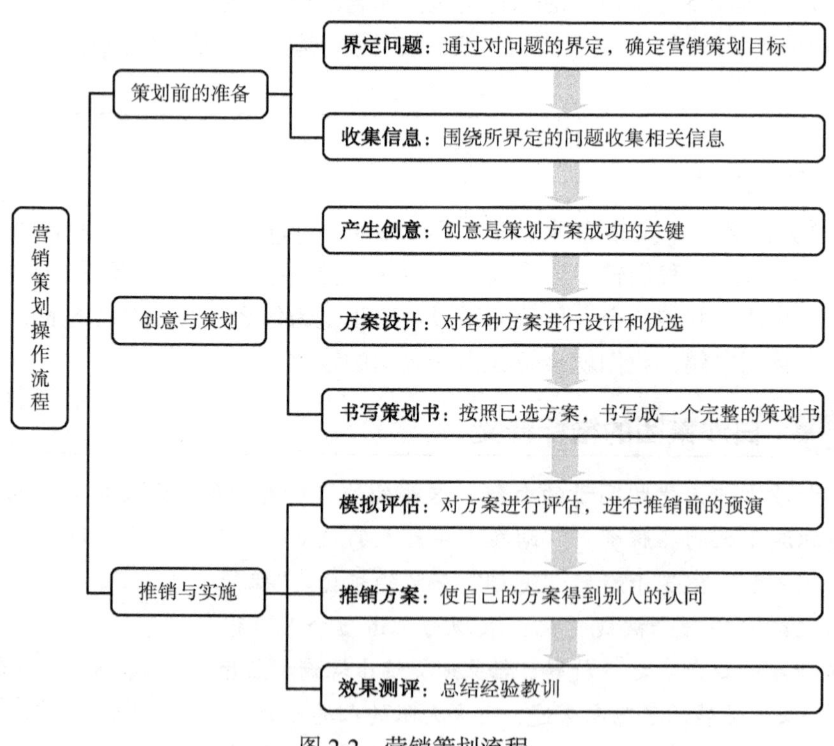

图 2-2 营销策划流程

2.2.1 界定问题

所谓营销策划问题的界定，是指将企业发展中的问题按照简单化、明确化、重要化的原则加以界定和提炼，最终提出真正面临的需要加以解决的问题。

企业要处理的问题很多，必须深入考虑，多提类似“为什么要这样”的问题。只有逐层深入、切入重点，才能最终找到问题所在。通过界定真正的问题，从而确定策划的主题。

案例 2-11 营销问题界定

某公司是一家成立于20世纪30年代的著名企业，实行生产、加工、销售一条龙经营。其中主要商品有七成左右采用在大商场直接销售的形式，除此之外还通过小批发商经销。为了加强新产品开发，取得竞争优势，公司召开了一次主题为“商品开发”的会议。由于这次会议还要解决其他的次要问题，所以必须首先界定一个问题，即为什么要开发新产品。对于该问题可以有以下几种回答方式：

- 要拥有新顾客群
- 要获得新的利益
- 要改变获利结构
- 要根据形势发展调整产品结构
- 要打破垄断，开发出能在商场打开销路的产品
- 要进一步提高公司形象
- 要发掘公司的潜能
- 要发掘、培训公司后备力量

评述 通过对这些答案的筛选，企业所要界定的问题也就明确了。

2.2.2 收集信息

问题界定清楚之后，下一步就要围绕策划主题收集相关的资料。根据资料来源，营销策划所需的资料可分为市场调研资料和现成资料。

注意点

- 必须重视信息情报。
- 信息情报是否有达成其中目标的作用。
- 信息情况（对象）尽可能集中突出。
- 自行收集信息。
- 收集程序尽可能简化，省去不必要的手续和时间。
- 必须审核信息情报的来源及内容。
- 在科学分析的基础上对信息材料进行取舍。

市场调研资料，是通过对购买者、竞争对手、经销（分销）商及原料供应商进行调查

而得到的，因此又称为一手资料或原始资料。

现成资料来源主要是已出版发行的图书、报刊、杂志、网上资料及现成的调查报告，这些资料都是间接取得的，因此又称二手资料。

资料在收集后只有经过整理、分析和研究后才能为我所用，才能成为拟订策划方案时重要的参考依据，因此必须对资料进行科学分析。

2.2.3 产生创意

所谓创意，就是具有创新性的想法或建议。创意是策划中必不可少的要素，是否有创意也是策划与计划的区别所在，一个没有创意的方案只能称做计划而不是策划。创意能力并不是先天形成的，而是通过后天培养训练而形成的。

创意通常是由灵感产生的，我们称这种灵感为创意的启示。要使创意的灵感萌芽、成长、成熟并最终形成于策划中可能实现的构想，首先要了解创意的形成过程。

创意的产生过程实际上是一种信息的收集、整理、加工、组合的过程，包括产生灵感的（线索）启示、产生灵感、产生创意构想 3 个阶段。每个阶段信息的收集、整理、加工、组合方法的优劣决定最终创意乃至最终策划的优劣。所以说，作为一个策划人员，训练自己灵活地对信息进行收集、整理、加工、组合的能力是提高策划能力的关键。

总之，创意的目的，就是要使“现实状态”向“理想状态”发展。从“界定问题”出发，充分发挥想象力，创造性地利用一切可利用的资源、条件与机会，解决问题。创意的过程，其实就是形成“总体”或“方向”上的概念，是提供解决问题手段的过程。

2.2.4 方案设计

有了好的创意之后，还需要有一个规范可行的营销策划方案，所谓“可行”的方案，可从下面 3 点理解。

（1）**方案切实可行。**每个策划方案均受相关资源（如人力、财力、时间等）的限制。因此，该策划是否“可行”就很重要了。所以，在选择方案时，一定要以现有资源为前提，“可行的”创意往往比“最好的”创意还要理想。

（2）**高层主管的信任与支持。**由于策划部门是参谋部门，它的影响是间接的，策划方案还要靠职能部门来执行，这就要得到高层主管的信任和支持。因为策划方案的实施需要投入巨额资金，而且策划的效果不一定能立竿见影。如果高层主管对策划方案的信任度和支持度不够，那么策划方案就难免“流产”。

（3）**其他职能部门的全力配合。**通常情况下，要使策划方案能顺利推行，除了高层主管的全力支持之外，还必须获得财务、生产、业务、人事、总务等有关部门的认同。因此，在拟订方案之前必须与其他有关部门多进行沟通。最好的方法是，召开由各职能部门主管参与的会议，讨论拟订策划方案。经过大家讨论所得出来的策划方案，不只是策划部门的方案，而且是大家所参与、认可的方案。这样，就会得到各部门的全力配合，策划方案就能很顺利地得以实施。

2.2.5 书写策划书

这一步骤，实际上相当于系统分析中的“可行方案”和“建立模型”两步。经过创意，一般可形成多种概要性方案的框架，在此基础上制作方案，编写策划书的概要和重点，同时再进行“演技设计”。关于编写策划书，我们将在后面系统介绍，这里仅就几个重点问题加以论述。策划书中不可缺少以下几项内容。

（1）**方案名称。**策划书的名称必须简单明确、立意新颖、画龙点睛、富有魅力。“起名”是国外咨询公司的一项重要业务，要尽量避免一般化，同时尽量切合实际。

（2）**单位人员。**说明负责策划的单位和主要策划实施人的概况。策划单位的信息、名气和策划人员的“明星效应”是十分重要的。

（3）**策划目标。**目标表达要求突出创新性、确切性，应尽量采用标准、规范的专用名词，避免概念含混不清。能数字化的，要尽量数字化。

（4）**策划内容。**这是策划方案的文本部分，主要包括策划起因、基本宗旨、问题与机会点、创意关键等。其主要观点一定要简单明确。

（5）**费用分析。**最好列表说明实施本策划方案所需费用的细目及其依据，并排出预算进度时间表。根据可能提供不同量的资金、人力、物力等约束条件和不同的时间进度要求，运用科学方法，进行优化分析。对于不能量化的因素，如对生态影响的因素、事先估计不到的潜在问题等，也应充分予以考虑，以提高策划方案的适应性、应用性、集约性、可信性。

（6）**参考资料。**列出完成本策划方案的主要参考文献，如报刊、政府机构或企业内部的统计资料等，以表示策划者的负责态度，同时还可提高策划的可信度。但必要时，也需要用半掩半露的手法来突出策划者在取得情报方面的独特能力。

（7）**注意事项。**列出策划方案顺利推行应具备的条件。如果条件苛刻，会使委托人感到无法实施而将之否决；但如果条件过于宽松，则容易导致策划方案因考虑不周而半途而废，以至于影响策划者的信誉。所以，列出的条件一定要张弛适度。

除了制定方案外，同时还要对方案进行演技设计。策划就像一场富有戏剧性的演出。如果仅有好的剧本（策划方案），而演员的演技低、舞台设计不当，那么也会影响演出效果。演技设计主要应考虑背景环境、道具选择、演员选择和后备方案 4 个方面。只有进行想象或模拟预演后，才能做到心中有数，策划的初期至此也告一段落。

2.2.6 模拟评估

所谓策划方案的模拟，就是在策划方案实施之前的预演，类似于文艺晚会上演前的彩排。这时，策划者必须根据已经拟妥的预算表与日程进度表并充分运用“图像思考法”，模拟出策划方案的布局与进度。

所谓图像思考法，就是运用人的图像思考（传统只用语言思考）的本能，把未来可能发生的事件，一幕幕仔细地在脑海中呈现出来。这时候，人的大脑就像一部放映机一样把策划方案的布局与进度事先在脑中播放一次。这样，不但可以预测未来策划方案的发展进程，而且可以修正缺陷，亦可预测策划方案实施后的效果。

在策划方案推行结束之后，必须对其进行评估，作为拟订新策划方案的参考依据。评估的具体项目有如下几个方面。

（1）**预算。**预算准确吗？太多或太少？原因何在？

（2）**进度。**整个策划是否按照预定的进度完成？提前还是延后？

（3）**成果。**实际的成果与预测相符吗？是否达到了策划的目标？

（4）**协调。**各部门间协调良好吗？是否有互相抵触或排斥的情形？

（5）**情报。**情报判断准确吗？

（6）**因素。**倘若创意成功了，成功的关键何在？倘若创意失败了，失败的因素又有哪些？

2.2.7 推销方案

策划书在拟订完成之后，要得到别人的认同。也就是说首先要向策划方案的评审部门或指派你做策划方案的上司提交策划方案。在这里，对策划方案的推销与实施工作只做一简单的概述，我们将在以后的章节里进行详细的论述。

1．推销策划方案时应注意的要点

（1）**推销前的准备工作。**

1）作为策划人员，一定要充分地认识到策划使用与否的关键在于“人”。换句话说，策划方案是针对人的一项提案，因此，事前准备工作的最终目标应放在有关“人”上。

2）在进行模拟演练的时候，演练的内容必须和策划书的内容一致，且做到重点突出。对推销提案所需的一切工具应提前准备好。

（2）**现场表现。**

1）现场汇报时，在对策划方案作概要介绍的基础上，要突出策划方案的卖点，力求做到重点突出。

2）要利用投影仪、幻灯机或录像机来强化汇报的主题内容。

3）要用肯定的语气回答评审委员会的提问。

4）要使自己的讲解能引起评审委员们的共鸣。

2．策划方案的实施

通常情况下，策划人员不直接参与策划方案的实施。但在策划方案的实施过程中，策划人员要充分运用自己的组织、协调与说服能力，使各部门分工明确且有良好的协作。要认识到任何策划的实施都会随时随地遇到变化，营销策划也不例外，要缓解并消除员工对变化的抵触情绪。

2.2.8 效果测评

我们须清楚，策划人不一定是执行人，若策划在执行过程中“走样”，那么考虑再周全的策划方案也只能停留在头脑中，难以在实际中见到成效。另外，策划方案设计与执行时的客观环境、约束条件等随时都可能发生变化。因此，策划方案的实施，从构思到行动，都应不断地检查与总结，逐步落到实处，从可操作性与收益风险的角度不断发现问题，再进行深入研究与改良。效果测评流程如图 2-3 所示。

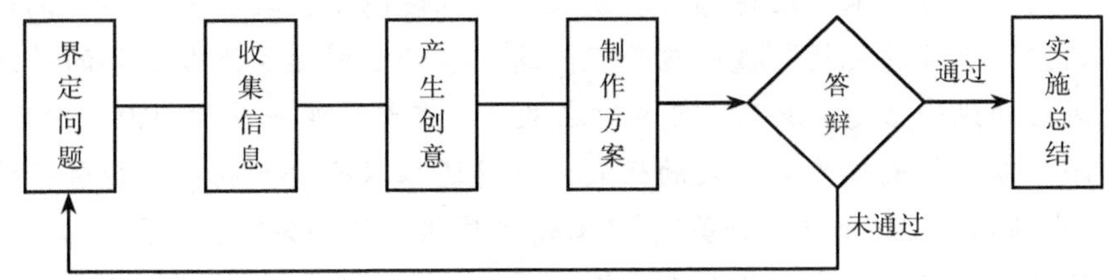

图 2-3　效果测评流程

实施总结，是策划的最后一个阶段。严格地说，一个具体的策划，内容与形式都很复杂，不会严格按照以上几个程序进行，程序只是人为总结出来的基本框架，而在实际的操作过程中，要灵活加以运用。例如，企业策划的具体业务可分为：技术开发、产品生产、财务投资、人才培养、市场调研与营销、公关广告、新闻策划、名牌战略、企业形象识别、CI 战略、企业发展等各个方面，要考虑的方面也是彼此联系的。介绍基本程序的目的，不是让读者按照这个程序去套，而是使读者做到心中有数，在策划时可以起到指导的作用。

2.3 营销策划的基本原则

企业在决策过程中，不管提出什么样的营销方案，都必须科学地运用策划，使其能够有效地实施。营销策划，已经具备了自己独特、完整的体系、方法论和原则。

2.3.1 创新出奇原则

创新出奇是人类赖以生存和发展的主要手段，没有创新就没有人类社会的发展与进步。创新，适用于人类的一切自觉活动，不能创新出奇便缺乏生机，缺乏魅力，如死水一潭。

创新出奇可谓营销策划的第一大原理，出奇方能制胜。在你死我活的商战中，没有新意的营销策划只会使企业销声匿迹，只有独辟蹊径，创新出奇才能使企业取得成功。

另外，创新出奇的营销策划方案必须具有可操作性，否则只是一种妄想。曾经有一家公司出奇招准备在珠穆朗玛峰顶上立一块广告牌，它认为这可是世界上最高的广告牌，必然会引起轰动效应，取得出乎意料的广告宣传效果。为此，该公司进行了精心策划，拿出了全套方案。可万事俱备的时候问题出来了：这样的广告牌如何立上珠穆朗玛峰呢？最终公司只能放弃这一不切实际的“策划”。

案例 2-12　日本“精工”表的创新营销策划

一天，澳大利亚某地市民忽然发现有无数只手表从天而降。那些手表包装精美，质量优良，从万米高空飞落下来仍运行如常。澳大利亚人迷惑了，真有天上掉“馅饼”的美事吗？于是，这些“上帝的礼物”被一抢而空。这一事件也引起了澳方媒体的关注，并成为消费者茶余饭后的议论话题。原来，日本货在欧美、澳大利亚一贯被视做“价廉但不耐用”的代名词，而“精工”表作为石英表的代表，一时还难以被澳大利亚消费者所接受。为了印证“精工”表价廉并且“质优、物美”，日本精工集团雇了一架飞机，在万米高空中将“精工”表抛撒给澳大利亚消费者。抢到表的人一看，精工表仍行走正常。这一消息被媒体宣传后，“精工”表一举占领澳大利亚市场。

➘ 评述　日本的“精工”表营销策划可谓“出奇制胜”。这一营销创意新奇、大胆，有过人之举。

2.3.2 时效原则

所谓时效，指的是时机和效果及两者间的关系。在策划中，决策方案的价值将随着时间的推移和条件的改变而发生变化。时效原则要求在策划过程中把握好时机，重视整体效果，尤其要处理好时机和效果的关系。现代社会，各种情况的变化非常迅速，利益竞争更是十分激烈，时机往往是转瞬即逝。而时机与效果又具有紧密的联系，失去时机必然会严重影响效果，甚至完全没有效果。因此，在策划过程中，要尽可能缩短从策划到实施的周期，力图使决策发挥效用的寿命更长，效果更好。

当然，重视时机也不是说策划活动及从策划到决策的实施越快越好。一方面，策划的周密性与时间的长短有关；另一方面，策划方案的实施效果还与客观条件是否成熟有关。只有当客观条件成熟时，周密的策划方案的实施才能取得预期的效果。

案例 2-13　最牛奥运小贩

据大洋网——广州日报消息，奥运火炬传递到哪，就有拉着满满一车奥运纪念 T 恤衫的车追到哪。这辆车上坐的就是“最牛奥运小贩”老张。老张从 2008 年 5 月 11 日奥运火炬在福建传递开始，就上网查清了火炬全国传递路线，并装备 GPS 导航设备，开着小面的一路猛追，跟随火炬去过全国 12 个省份，跑了 40 多个城市，卖 T 恤衫赚了近 10 万元。

评述　老张的做法虽然不新鲜，但是他善于抓住时机的理念，是许多企业/策划需借鉴的。

2.3.3　切实可行原则

营销策划是企业在市场调研的基础上通过科学分析，为实现企业战略目标而制定的一种整体策略和谋划。它在实际工作中必须具有可操作性。

（1）**可操作性原则首先是指营销策划方案能够操作实施。**无法在实际中操作执行的策划方案，其创意再新奇也毫无价值可言。

（2）**营销策划方案必须易于操作。**企业的人力、物力和财力资源都是有限的，操作过程中若出现一系列难以解决甚至无法解决的难题，就必然会耗费大量的人力、物力和财力，使企业投入大于收益或难以承受，这样的策划方案必然会被终止。

案例 2-14　“小米”的营销策略

2011 年 7 月 12 日小米创始团队亮相，同时宣布进军手机市场，而仅仅一个月之后，小米手机 Mi—One 就公开发布。在其后的几个月里，小米迅速成为中国乃至全球手机市场上最闪亮的明星。从手机正式发布到销量突破百万台，小米仅仅用不到一年时间，这对大部分国内手机制造企业来讲简直就是天方夜谭。

对于小米手机的成功，好的营销策划功不可没。首先，智能手机的竞争一向以激烈著称，小米手机还未上市，就已经将硬件“发烧”的理念打得火热，吸引了媒体的目光。其次，小米手机效仿苹果的饥饿营销。在公众对小米特别关注、纷纷抢购的时候，小米手机缺货了，“米粉”只能焦急地等待。

评述　小米由于掌握了手机营销策略的特点，采取了切实可行的营销策略，从而成功进军手机市场并成为手机市场里的新明星。

2.3.4 信息原则

营销策划，是对信息的充分利用，缺乏信息的营销策划是危险的策划。

当今社会已进入信息时代。对信息的收集、处理和管理水平已成为世界各国政治、经济、军事、文化竞争中克敌制胜的法宝。美国每年投入信息方面的费用高达数百亿美元。目前，美国拥有 4 000 多家信息服务公司，上百万名从业人员。仅美国战略空军司令部，平均每月就要处理各种情报 813 000 多份，即平均每天要处理 26 000 份。英、法、日、德等国在世界各地也都也有一个庞大的情报网络，它们之所以不惜花巨资来收集各种信息，就是因为信息已经变成了资源，变成了财富，变成了竞争力。

以信息为操作中心的营销策划，当然更离不开信息的指导作用。

案例 2-15　欧米茄手表的登月策划

在美国人即将实施“阿波罗登月计划”时，瑞士欧米茄手表公司打听到三位宇航员中有一位戴的是欧米茄手表。厂家认为这是一次绝好的促销机会。于是，欧米茄公司立即派人去美国商谈赞助，条件是买断手表指定权，由于美国宇航署获得了这笔当初没有想到的赞助费，所以同意指定欧米茄为太空人手表，让另两位宇航员也戴上了欧米茄手表。在登月的当天，报纸上刊出了“世界第一块登月手表欧米茄，谨向美国太阳神探月英雄致敬”的整版广告，并说明太空人手表欧米茄在太空严重失重、气压巨大变化、震动剧烈的条件下仍能正常工作的情况。伴随着登月计划的完成，欧米茄手表的销量立即大涨。

评述　这则案例的成功之处就在于策划人员抓住了这千载难逢的机会，在人类第一次登月之时向人们展示了欧米茄手表的上乘质量。正是利用自己产品质量上乘的特征，策划人员策划了这起方案，既达到了策划计划如期进行的目标，又实现了宣传企业形象的目的。

2.3.5 经济性原则

市场营销策划必须以最小的投入使企业获取最大的收益，因为企业制定营销策划方案的目的归根结底就是要取得经济效益，否则就有违企业制定营销策划的初衷，任何企业都不愿意赔本赚吆喝。那么，如何才能遵循经济性原则呢?

首先，营销策划方案中必须有详尽的预算。有预算才能使资金的投入最少化，效果达到最优化。换言之，投入营销活动的每分钱都要发挥其最大功能，这样的营销投入才是最经济的。

其次，经济性原则要求节约，即减少不必要开支，而不是降低必要开支。必要开支不足会严重影响营销效果，这恰恰是一种浪费。

最后，经济性原则要求市场营销策划必须产生预期的经济效益，达到企业要求的发展目标。

案例 2-16　武汉野生动物园一砸成名

“西铁城”一扔成名，“茅台酒”一摔成名，“富亚”一喝成名。2001 年年末，武汉野生动物园怒砸奔驰，来了个一砸成名。

整个策划一波三折，环环紧扣，高潮迭起。该动物园先开新闻发布会发布因不满质量问题迟迟得不到解决而欲砸车的消息，接着让老牛拉着奔驰游街示众，最后将车一砸了之。整个过程有头有尾，煞有介事。只要奔驰公司最后不圆满解决此事，武汉野生动物园的新闻就会不断，它的新闻效应就能一直延续下去。后来该动物园又成立“反奔”协会，把汽车拉到北京讨说法，接受德国媒体的独家专访，一副不打倒奔驰非好汉的架势。最后在没有说法的情况下（其实该动物园就没有打算讨什么说法，要的就是这个新闻效应），又把被砸的奔驰车拉回动物园展览了。

至于对整个事件效果的评价，乃至全国媒体接二连三的大篇幅报道，至少产生了上千万的广告价值，比起 90 多万元的奔驰汽车而言，简直是物超所值。“砸大奔”给武汉野生动物园带来了名利双收的绝佳效果。

评述　整个策划的核心是拿赫赫有名的百年汽车品牌——奔驰——开刀。因为无论名人还是名牌，都很容易构成新闻。名气越大，牌子越响，越容易引起轰动。奔驰成全了武汉野生动物园，这是一个独具匠心的按照少投入、多产出的经济性原则设计的策划成功案。

2.3.6　灵活机动原则

所谓机动性就是随机应变，是指在策划过程中及时准确地掌握策划的目标、对象及其环境变化的信息，以发展的调研预测为依据，调整策划目标并修正策划方案。实践证明，策划不能一成不变，要有灵活性。古人讲的“时移则事易，势异则情变，情变则法不同”就是这个道理。灵活激动原则是完善策划的重要保证，它有以下几点要求。

- 强调动态意识和随机应变能力。
- 掌握目标对象变化的信息。
- 预测目标对象的变化，掌握随机应变的主动性。
- 依据变化了的情况适时地调整策划目标，修正策划方案。
- 要正确把握随机应变的限度。

案例 2-17 立普顿乳酪含金币

有一年圣诞节，立普顿先生为使其代理的乳酪畅销，就想到欧美传统的说法：圣诞节前后所吃的苹果若含有 6 便士的铜币，明年将全年吉利如意。立普顿从中受到启发，于是他在食品店每 50 块乳酪中挑一块装进一英镑金币，同时从空中散发传单，造成声势，以广招顾客。于是成千上万名消费者在金币的诱惑下，蜂拥到贩卖立普顿乳酪的经销店，以便买到有金币的乳酪。

立普顿的成功遭到竞争对手的忌妒，他们向法院控告立普顿的做法有赌博的嫌疑。立普顿并没有因为对手的抵制而退缩，反而以退为进，在各地经销店张贴通知："亲爱的顾客，感谢大家爱用立普顿乳酪。但若发现乳酪中有金币者，请将金币退回，谢谢您的合作。"果然不出立普顿所料，消费者不但没有退还金币，反而在"乳酪含金币"的声浪中踊跃前往购买。苏格兰法院认为这已是纯粹的娱乐活动，因而对此事不再加以干涉。

然而，立普顿的竞争对手仍不罢休，又以安全为由要求法院取缔这次危险活动。在法院再度调查时，立普顿乳酪又在报纸上刊登了一大页广告："法院又来一道命令，故请各位食用者在食用立普顿乳酪时注意里面是否有个金币，不可匆匆忙忙食用，应十分谨慎小心，方不至于吞下金币，造成生命危险。"结果是顾客更多。最后连竞争对手也无招架之力了。立普顿因此占领了绝大部分市场，获得了巨额利润。

评述 在立普顿竞争对手的控告下，立普顿不是立即退缩，而是审时度势，成功地利用法律，以退为进，不仅平息了法律纠纷，而且利用法律做进一步宣传，从而获得了丰厚的利润。

2.3.7 整体规划原则

整体规划原则就是要求营销策划要有全局观念，这就要求部分服从全局，以全局带动局部。这一原则还要求具有层次性和长期性的观念。所谓层次性，是强调策划的全局范围有大小之分。任何一个系统都可以被看做一个全局。而系统是有层次的，有大系统和小系统、母系统和子系统，对不同层次的系统，就应有不同层次的策划。所谓长期性，是指策划整体性原则的着眼点不是当前，而是未来，要以长远的眼光来看待策划。

案例 2-18 央视黄金段位广告时间整体规划

面对许多地方台和其他媒体的挑战，央视在 2004 年对黄金段位的广告时间整体规划进行了大刀阔斧的改革。

（1）央视节目大调整。收视率最高的中央一套汇集了全国 40 个名牌栏目中的 29 个，其他几套节目则走专业频道的路线。

（2）采取栏目末位淘汰制，将众多曾经的名牌栏目淘汰。这一制度推行后，央视的频道、栏目的整体收视率普遍有所上升。

（3）开播新闻频道。2004 年还开播了新闻频道，央视的频道数量达到 14 个。

（4）提高新闻联播内容的含金量，使新闻数量增加，质量提高。该方案实行后，收视率出现明显上扬。

（5）打造名牌主持人，加快精品栏目的建设，通过重奖“十佳”主持人来促成主持人的品牌化。

2004 年央视黄金段位的广告招标总额达 44.115 7 亿元，创下 10 年招标历史的新高，比 2003 年的 33.146 5 亿元增长 10.969 2 亿元，增长幅度达到 33.3%。

评述　央视在面临激烈竞争的市场形势下，通过整体规划、资源优化组合，不仅增强了自身的竞争力，还吸引了更多企业的目光，既提升了自身的品牌地位，又获取了更多的市场份额。

2.3.8　慎重筹谋原则

“不打无准备之仗，不打无把握之仗，每战都要力求有准备，力求在敌我条件对比的情况下有胜利的把握”。这是我军在解放战争中的十大军事原则之一。实践证明，这也是一条普遍规律。凡事都要有周密的计划和准备，绝不可鲁莽草率。

营销策划同样如此，其原则之一就是慎重筹谋原则。任何事都需要策略，用策必求制胜。同时，以策制胜，必须慎之又慎。这就要求我们把握住主要矛盾，不要眉毛胡子一把抓，而要着力把握住决定事物性质发展的关键点。这个关键点，有时看起来是个很大的问题，有时看上去却又微不足道。这就要求我们去粗取精，去伪存真，分清主次，把握重心。

“慎重”这一原则不仅体现在营销策划中，在国家政策、国家政治外交营销中也是如此。

本章要点

- 企业营销策划是指为整个企业、企业的某一商品或企业的某次营销活动做出的计策谋划和计划安排，是对企业将要发生的营销行为进行的超前决策。
- 营销策划的特点主要表现为主观性、超前性、复杂性和创造性 4 个方面。
- 企业营销策划一般遵循如下程序：界定问题、收集信息、产生创意、方案设计、书写策划书、模拟评估、推销方案和效果测评等。
- 营销策划的主要原则包括：创新出奇原则、时效原则、切实可行原则、信息原则、利益主导原则、灵活机动原则、整体规划原则、慎重筹谋原则等。

练习题

（1）营销策划是怎样定义的？具有什么样的特点？

（2）收集蒙牛公司创业时的比附营销策划，以及后来的“申奥”、“非典”、“神五”、“超级女声”等事件营销策划，结合教材内容分析营销策划的作用。

（3）以上题的“神舟五号”营销策划为例，说明营销策划的基本程序。

（4）营销策划应遵循什么样的基本原则？

实训项目：营销策划的内容和程序

【实训目标】

（1）培养收集信息的能力；

（2）加深对营销策划内容和程序的理解。

【实训内容与方法】

娃哈哈集团在 2009 年年初高调上市了一款新产品娃哈哈 Hello C 柠檬，我们知道，新产品上市要经过一定的营销策划。全班 5 人为一团队，以团队为单位收集此款产品上市的相关资料及策划。

（1）该款产品营销策划的内容有哪些？试比较与教材上的有什么异同点。

（2）分析其营销策划遵循了什么样的程序，是否与教材上的一致。

（3）假如你是营销总监，结合市场状况，对此策划你认为有什么需要改进的地方，试说明你的想法。

经典案例赏析

聪明的印度涂料商

立邦漆产品遍布世界各地，口号就是“处处放光彩”。支持其处处放光彩的基础就是拥有种类繁多的产品，共有 100 多种。立邦漆按档次又分了几种，其中每种漆又分为亚光、半光、全光等几种。这也是立邦漆的优势所在。其产品色彩、品种齐全，只要有需求，就能满足你，这就是它所营造的品牌形象。它在家庭装饰的涂料方面位居第一品牌。

立邦漆广告做得非常好，可以把大楼、汽车变个颜色，色彩缤纷，很好看。其广告语言平和，信息也非常明确，不像有些企业那样称王称霸。

中国许多企业认为自己的产品比较便宜，想分走立邦漆一块市场蛋糕，但直到今天都没有一家企业能与立邦漆平起平坐。

印度的一家企业也生产涂料，当它看到立邦漆在印度稳坐头把交椅时，就想：有什么办法能把立邦漆拉下马，从而与它平起平坐呢？于是，该企业针对这一目标采取了下列措施：先走访立邦漆的代理商和购买立邦漆的客户，问他们对立邦漆不满意的 3 个方面，然后采访从商店里走出来的不是立邦漆的客户，问他们为什么不买立邦漆，也说出 3 条理由。这样，总结下来，有以下几种说法。

有的说名牌太贵。

也有人觉得立邦漆并不比别的漆好，刷在墙上，也显不出来立邦漆的标志，没有什么品牌效应，它不像衣服和手表什么的，能看出牌子，可以炫耀，你就是带人看自家的房子，也不会说："看，我们家用的全是立邦漆。"这些东西，只要内在一样，刷在墙上的效果也是一样的。

还有的代理商说立邦漆的优点是品种多，但代理它的门槛太高：你要想体现"处处放光彩"，肯定每个品种都要有，立邦漆共 100 多个品种，每种就是只进 5 桶货也要 500 多桶，一般代理商没有地方存放，再说也没有资金，所以对其也只能是望洋生叹。

还有一种说法是立邦漆只有几种产品很赚钱，但也有几种产品基本上卖不出去，也就是说赚钱的赚了很多，但赔钱的也赔得不少，这样一来，到年底结账，赔赚相抵，忙活一年下来也没赚多少钱，把不赚钱的产品扔掉又不行，因为立邦漆体现的是"处处放光彩"特点，这样做的话就体现不出这个特点了。

还有一点是它的整体成本比较高，资金回笼慢，代理商的资金周转速度比较慢。

掌握了这个市场机会，这家印度企业确定了其战略目标。

（1）经过市场调查，找出了立邦漆比较畅销的 5 种产品，只做这 5 种，产品走单一化路线。

（2）在价格上比立邦漆便宜 1/3，这是它的价格优势所在。

（3）在宣传策略上，该企业宣称：如果你要买这 5 种产品当中的一种，你没有理由买立邦漆（我的最好）；如果你买这 5 种产品以外的漆，那请你继续去买立邦漆。

接下来就是与消费者沟通，又便宜又好的东西有吗？毕竟大家认定的是"一分价钱一分货"。针对这一点，该企业是这样解释的：

（1）我的产品单一。我就 5 种产品，而立邦漆有 100 种，这 100 种产品需要 100 条生产线，卖得好的产品生产线利用率还可以，但是卖得不好的产品生产线呢？有时候一个星期也不用一次，生产线基本闲置，这样的话，生产成本就比较高。而我就只有 5 条生产线，市场需求量又比较大，所以说生产线利用率比较高，相应地也就降低了产品的生产成本。

（2）中间环节费用低。假如一个代理商代理5种产品，即便一种进5桶货，一共才25桶，占用资金比较少。

（3）我的5种产品全是畅销产品。走得快，来钱快，折扣即便低一点，代理商数量也会增加，成本也就拉下来了。

经过这一番解释，大家都明白了：这是让利销售，把利润给了经销商。那么，厂家还赚什么钱呢？没有利润厂家怎么活？实际上，在市场经济竞争比较激烈的环境中，对厂家来讲，钱一分没少赚，但它是在成本这一环节赚的，不是在利润方面赚的。

这家企业在一切准备完毕后，发起了全面进攻，取得了辉煌的成就。

思考讨论题

（1）请概括出聪明的印度涂料商出奇制胜营销策划的基本程序。

（2）本案例中反映的主要营销策划特点是什么？

（3）本案例所反映的营销策划原则给你的启示是什么？

CHAPTER 3

第 3 章　营销策划的准备

“凡事预则立，不预则废。”

——《礼记·中庸》

学习目标

☑ 描述如何界定问题	☑ 列举收集信息的方法和技巧
☑ 解释为什么要进行问题界定	☑ 描述进行信息收集时，应注意的几个方面

关键词：界定问题，营销目标，策划主题，访问法，观察法，实验法

3.1　营销策划问题的界定

营销策划是一种目的性很强的活动。任何一个策划的产生，无不针对组织的某个问题或某个特定的目标。因此，策划的首要任务是明确策划目标。只有目标明确，才能有的放矢。而目标的确定，往往以问题为出发点，只有把问题界定清楚之后，才能设定出准确的营销目标。所以，界定问题是整个营销策划活动的第一步。

3.1.1　界定问题

界定问题是解决问题的基础。著名思想家杜威说得好：“一个界定良好的问题已经解决了一半。”所谓界定问题，就是回答“问题到底是什么？”要回答这个问题，一般需要两个步骤。

1. 问题的发现

只有正确寻找和发现问题，才能正确地界定问题。它是策划的开端，是策划的首要任务。只有首先正确发现和提出问题，才能进行有针对性的思谋和策划，从而提高策划效率。

所谓问题，是指社会实践活动的预期效果或理想效果，或者是应有效果与实际效果之间的差距。有差距就有问题。例如，人们在进行某一社会活动时的实际状况与原来的设想或要求不相符，这个“不相符”就是问题。也就是说，问题就是社会活动主体的期望与现实的差距所形成的客观矛盾。

注意点

在这一步骤中首先应弄清是什么问题，要正确认识和发现问题对策划而言到底有什么意义或作用，以及怎样才能正确地认识和发现问题、提出问题。只有这样，我们才有可能正确地认识和发现问题，这是成功策划的第一步。

矛盾是普遍存在的，因而问题也就普遍存在。发现并找到策划问题是一项十分复杂而艰难的工作。它不仅需要策划人具备敏锐的观察力和发现力，而且需要准确无误地收集和分析与客观事物相关的信息，并能通过思维活动把信息转换为对客观事物的正确认识的一系列相关活动。

（1）**确立问题意识。**所谓问题意识就是要在思想中确立“有问题”的思想或保持“有问题”的意念。确立问题意识是发现问题的思想基础和先导。人们只有确立了问题意识，才能在实践中很敏锐地发现问题。如果缺乏问题意识或问题意识淡薄，则问题就难以发现，即使很明确的问题也很可能会被忽视。无论对待任何客观事物或社会活动，首先必须在思想中保持“有问题”的意念。要想到问题是普遍存在的，没有无问题的客观事物和社会活动，即使“再好的情况”也可能存在某种问题。

问题意识可以从客观和主观两个方面来确立，即确立客观问题存在意识和主观问题存在意识。

1）确立客观问题存在意识，就是要看到客观问题存在的普遍性、经常性和必然性。客观问题不依人们是否认识它而存在，它的存在是客观的，是不以人们的意志为转移的，人们只有在主观思想符合客观实际时才能感受到问题的存在。

2）主观问题意识是人们在主观思想上保持的“问题”，如人们对现实的不满、某种追求和愿望产生的不满足感、危机感等思想上的自我压力造成的主观问题意识。具有这种问题意识的人就会在问题探索中争取主动权，从而高效地发现问题。而主客观问题意识的综合，能促使我们有效地去探索，更能及时准确地发现问题。

（2）**调查分析。**调查分析是一个对客观情况进行分析研究的过程。它是通过对客观事物所发出的各种信息的收集、分析而转化为特定认识的过程。调查分析包括两个方面：一是调查，二是分析。只有在调查的基础上进行科学的分析，才有可能正确地发现和认识问题。

1）调查问题。调查是分析的起点和依据，也是发现问题的基础。因而调查阶段的情况将直接影响情况分析的正确性，也就直接影响能否正确地发现问题和认识问题。

2）分析问题。调查收集信息资料的过程，也是分析和研究的过程。如果只是简单地罗列堆积信息数据资料，不对其做正确而深刻的分析，那么仍然不能发现问题。只有通过深入调查和科学分析，才能发现那些看不见、摸不着而又实际存在的问题，才能明确策划的任务和目的。

2．问题的界定

（1）**什么是界定问题。**界定问题就是通过问题分析和识别来判明问题，即对问题做出正确的分析判断和把握，为准确预见和解决问题奠定基础。这包括揭示问题实质、搞清问题内容、摸清问题来龙去脉及形成原因等。也就是说，要弄清问题究竟是什么，问题的核心是什么，问题的要害是什么，问题的影响程度、重要程度有多大等。

案例 3-1　司马光砸缸

在众所周知的司马光救小朋友的故事中，其他小朋友界定的问题是“如何把掉进水缸的小朋友拖出来”。他们做不到，所以只好向大人求救。而司马光界定的问题是“如何让水完全流出来”，于是他镇静地拿起一块大石头，将缸砸破，结果水都流出来了，小朋友也因此得救了。

评述　可见，对问题界定的不同，直接影响对待问题的思路和处理问题的方法，从而导致问题处理的结果完全不同。

（2）**如何界定问题。**“磨刀不误砍柴工”，只有在把问题做一明确界定的基础之上，才能更好地去解决问题。这就需要我们用恰当的技巧和方法把问题搞清楚。

1）专注于重要的问题。如果你认为每件事都重要，那么结果会变成没有一件事是重要的。专注于重要的问题就好比射击要瞄准枪的准星一样，失之毫厘，差之千里。

2）细分问题。发明家凯特琳曾说：“研究就是要把问题细分，从而可以发现其中许多已知的问题，再去专心解决那些未知的问题。”这段话对细分问题的重要性做了最好的说明。任何问题都可以细分。实践主义大师杜威说：“将问题明确地提出，就等于解决了问题的一半。”以“如何防止小偷”为例，可细分为：社区的警察局、门锁、警铃、机动警察巡逻等。下面这个案例就很好地说明了细分问题。

案例 3-2　宝洁的细分市场策略

宝洁的营销策略是先归结出一些不同点，然后用琳琅满目的品牌逐一击破。这一独特的品牌细分主张是建立在宝洁对消费者精心调查并把问题细分的基础之上的，就像切蛋糕一样，切分市场的主刀手其实是一套科学手段。

一位宝洁公司品牌经理如是说：如“没头屑”，对普通人可能不是最敏感的，但对特别注重个人形象的人则异常敏感，所以海飞丝的广告策略是全明星阵容，吸引追星族；飘柔的定位是柔软顺滑，而在当时洗发和护发是分开的，飘柔就推出一种新理念，即简单便捷"二合一"的概念；潘婷的定位则是有变化的，刚开始是健康亮泽，在中国做了一段时间后，发现中国的消费者很难理解：健康一般是身体上的健康，那什么是头发上的健康呢？所以它的定位逐渐演化为改善发质。但这是不够的，当有些人想要造型感强的时尚头发时，沙宣立刻又满足了他们的意愿。甚至，当中国女孩向往"水汪汪的大眼睛，一头乌黑的秀发"时，主打乌黑功能的润妍很快又被设计出来了。

评述 只有把问题细分，才能提出独特的销售主张。

3）改变原来的问题。改变问题可以使问题更明确、更清楚。著名经济学家弗里德曼碰到别人问他问题时，总喜欢改一下别人的问题。问题经他改变后，答案自然就浮现出来了。

案例 3-3 危险中求机会

2013年8月2日，新西兰乳制品巨头恒天然集团向新西兰政府通报称，其生产的3个批次浓缩乳清蛋白中检出肉毒杆菌，影响包括3家中国企业在内的8个客户。

有消息称，中国有70%的进口奶粉都来源于新西兰，而这些奶粉几乎全部出自恒天然。国家质检总局对此高度重视，立即与新西兰驻华使馆取得联系，要求新方立即采取措施，防止问题产品影响中国消费者健康，并于8月4日公布了4家进口企业名单，这些中国境内进口商进口了可能受到肉毒杆菌污染的新西兰恒天然集团产品，要求进口商立即召回可能受污染产品。

事件发生后，4家进口企业及时对涉及的问题产品采取追溯、召回等措施，而不是推卸责任，就像我国乳业巨头"蒙牛"和"伊利"在2008年也被检查出含有"三聚氰胺"，但是它们并没有推卸责任而是召回问题产品，向消费者致歉，然后改进设备，加大管理力度，向消费者做出承诺，保证产品质量，从而重新赢得了消费者的信任。

评述 "事情的发生必能为我所用"，出现问题时，不能只局限于原问题，而应该换个角度，改变原问题，有利于化解危机，转危为安，甚至可能会有"山重水复疑无路，柳暗花明又一村"的收获。

4）用"为什么"来界定问题。多问"如果、为何、如何"，将使问题明确化、浅显化、重要化。

（3）**界定问题时的注意点。**

1）问题的相对性。问题的相对性是指问题的重要程度、影响力都是相对的，同一问题在不同的场合和条件下，其重要程度和影响力是不一样的，问题作用力度的大小也是不一样的。问题之所以有相对性，是因为问题具有变化性。问题的变化性是指问题的性质和作用都是在不断变化的，在一些场合是关键、主要的问题，在另外一些场合则有可能是次要、一般的问题。在一定场合是很次要的问题，在另一场合则很可能是很关键的问题。这就要根据不同时间、地点、条件来分析和认识问题，这样才能真正地把握问题。

2）问题的准确性。界定问题时要选准需要策划的问题，即选准作为策划对象的问题，以明确策划需要而且能够解决什么问题。策划目标必须是明白无误的，否则就会导致策划失误。如果选择了在现有条件和能力及主观努力下解决不了的问题，那就必然会前功尽弃。如果确定要解决的问题轻而易举，就又失去了策划的意义。因此，策划必须正确确定需要解决的问题，即在对策划问题识别的基础上，合理选择最有意义而又有能力解决的问题作为策划所要解决的问题。

3.1.2　设定营销目标

1. 什么是营销目标

营销目标旨在说明要达成什么目的，以及企业最终所要实现的目标。其特征体现在以下几个方面。

- 具体。目标必须针对一个单一目的。
- 可加以评估。结果必须予以量化。
- 有一特定期间。如 1 年或 1 年以上、未来 6 个月，甚至 1 年中的哪几个月。
- 可指出影响目标市场的行为。如鼓励购买、试用产品、反复购买产品、大量购买、经常购买等。

营销的目的在于影响市场行为，因此营销目标通常定于两种目标市场之中的一种，即现有使用者或新使用者。

（1）**保持现有使用者。**营销目标通常是保持现有顾客的人数及购买量。这种目标相对来说比较消极，具有防御性。公司若在过去一两年内曾失去顾客，就必须扭转此趋势。营销人员必须先了解销售为何衰退，然后才能设法稳定顾客基础。

（2）**增加现有购买者的购买量。**顾客基础如果相当稳定，则目标可以更积极些，以各种策略增加现有顾客的购买量。达成此目标的方法如下。

1）不定期的打折，搞优惠促销活动，增加顾客的购买次数。

2）每天推出一种特价产品，增加顾客的购买量。

3）当顾客的购买金额达到一定限度时可以附赠使用产品，以此刺激消费者的购买欲。

（3）**试用公司的产品或服务。**对零售业者来说，这是指吸引更多人流到店里来。大多数零售业者都拥有相当一致的购买率（消费者到店里来购买与不购买次数的百分比），也就是说零售业者可以增加人流来显著增加其销售量。

（4）**初次试用后，获得反复使用。**公司拥有高度的初次试用还不够，更重要的是设法维持顾客忠诚度。常见的是试用人数很多，但是购买率非常低。如果是这样的话，设定提高反复购买率及产品忠实度目标就非常必要。即使反复购买率很高，也需要设法来予以维持。因为保持现有顾客比争取新顾客所花的费用少，获利相对而言却丰厚得多。

2．确定营销目标的步骤

拟订营销目标前，先要检讨营销计划中的销售目标、目标市场，以及分析问题点与机会点。在拟订可行的营销目标时，这些项目都可起到指引的作用。

（1）**检讨销售目标。**销售目标是确定了营销目标的要件。通常在研究经营评估所汇集的营销资料之后，才设定销售目标，因此，销售目标能直接反映公司在下一年度达成预测销量的能力。

要检讨销售目标并了解销售目标设定低、中、高水准的理由。公司的销售目标若设定在低水准到中等水准之间，可能表示近年来失去许多顾客及市场占有率，原因要么是销售区域内的竞争活动增多，要么是竞争者投入了更可观的广告费用。这些理由都会直接影响营销目标的拟订，同时也有助于了解营销目标具体该如何设定，即是否需要争取新使用者、现有顾客或中间顾客。

注意点

- 拟订营销目标时，销售目标可提供指导原则，因为拟订营销目标的目的是达到销售目标。
- 所有的营销目标都要用数字表示，而且都能够加以评估。
- 营销目标中所使用的数字量值，必须达到可成功的营销目标。

（2）**检讨目标市场。**目标市场是达成销售目标所需要的源流。销售不是来自现有顾客，就是来自新顾客。因此，目标市场检讨的内容主要是目标市场的大小和现有顾客基础的大小。

当检讨经营评估中的目标市场及营销计划之后，营销人员即可界定如下两方面问题

1）目标市场的大小。了解目标市场的大小，重点了解主要及次要目标市场的大小。

2）现有顾客基础的大小。了解现有顾客基础，自每一目标市场特征中了解现有顾客数及富有潜力的顾客数。

目标市场的资讯是不可或缺的，每个营销目标最终都会影响目标市场的行为。营销人员必须知道所要影响的顾客人数，否则就无法预测营销目标的最终销售结果。

检讨销售目标及市场的大小后，营销人员即可算出营销目标的总数，同时也能知道是否合理可行，是否有助于达到销售目标。

（3）**分析问题点与机会点。**分析问题点与机会点，可以了解营销目标的内容和每个问题点、机会点与目标市场行为之间的关系。营销目标的基础就是要解决这些问题或指出这些机会。

（4）**列出理由。**最后一个步骤是列出理由，说明为什么要选择这一营销目标，并对其做一简单的陈述。

3.1.3　确定策划主题

在界定问题并设定营销目标之后，就要解决如何才能达到这一营销目标的具体工作，即实现目标的途径和方法，也就是通常所说的策划主题的确定。

1．过滤策划主题

策划是为了能尽量有效地利用企业拥有的有限资源。因此，比较客观的做法是，尽可能在多数策划对象中，选出主要对象并将有限的智慧和实践专注地投入其中。

策划可以视为运用智慧，以有效的新情报为新行动提供依据。尤其对于重要主题，更有必要注入高度智慧和能力。因为对所有的企业来说，这种智慧和能力在质量上都受到相当的限制，因此唯有针对有限的策划对象，将智慧和能力集中投入，才能产生好的策划。

从策划人的心理方面来考虑，如果从事无聊的策划或令人不感兴趣的课题，自然也无法激发智慧的火花，产生特别的策划方案。因此，要得到好的策划，企业方面也要精选策划对象，把力量凝聚于必要的主题上。除了策划人对这方面要有十足的理解之外，企业方面也要培养判断能力，不是什么样的主题都是值得策划的。

当然，企业的主管也可能对自认为策划能力不太强的部下，提出不太重要的主题让他策划，试试他的能力。而对自己能力没有自信的策划者，也会避免接下困难的策划主题，以免给公司或上司带来很大的麻烦。公司要决定策划对象，可能有很多方法，一般来说大致可分为：由上级判断，然后再指示下级做的主题；在部门会议、公司的策划会议中讨论决定的主题；或部门凭自己的判断所选出的主题。

2．过滤策划对象

为了选出重要的策划对象，有必要在策划会议等场合，设定简单、明了的过滤筛子。

经过以上程序所选择过滤的策划对象，即是“公认”的主题，可以视为已经明确知道为什么是由上面命令下来的。策划者对该主题的重要性、期待和意义，都能有相当的了解。而且上司也对该负责策划的部下做了充分的说明，或者经过商量讨论说服部下。

注意点

在过滤对象时，要有一个客观的判断标准。各企业可以根据自身特点考虑适合自己的标准。如果规定太细，可能实施上会非常困难。但如果没有任何判断标准，则策划可能又会被权利或声音大的部门所独占，造成人员、预算使用的偏差。

3. 明确策划主题

经过某种标准过滤之后，选出策划对象、设定策划主题，并尽可能让策划主题“明确化”。

明确化是指对问题具体细节有着非常明确的限定。例如，企业要想制定提高营业额的策划主题，可用以下步骤来加以明确，如图3-1所示。

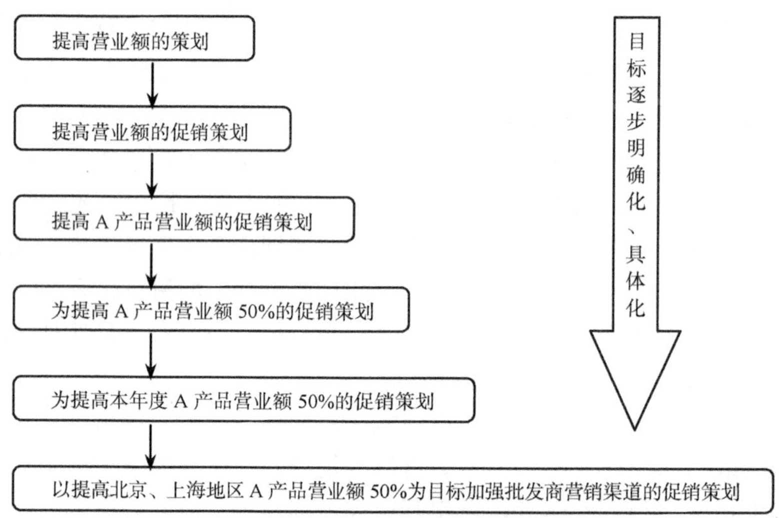

图3-1 策划主题明确化步骤

在着手策划前，最好先与决定策划对象、策划主题的人好好沟通，直到毫无疑问之后，再进入制作。对一个策划人来说，工作过于超前也许会徒劳无功。

3.2 收集信息

中国有句古话“巧妇难为无米之炊”，策划也是如此。因此，在确定策划主题之后，就要围绕这一主题展开相关的信息收集工作，就要去找“米”。否则，策划人再聪明，分析力再强，如果没有信息，也只能是“无米的巧妇”，那么就这一策划主题来说也难以提出什么杰出的策划方案来。因此，信息收集工作是策划成功的关键，信息收集能力也是策划人员必须具备的基本素质，收集信息流程如图3-2所示。

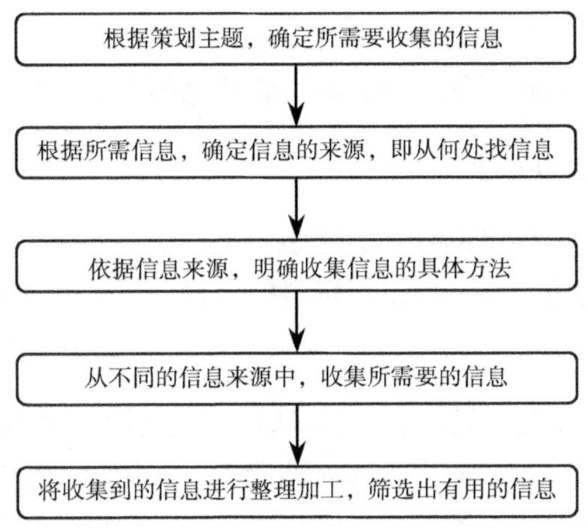

图 3-2　收集信息流程

3.2.1　确定所要收集的信息

知己知彼，百战不殆。一个策划方案的成功，往往需要大量的信息作为支柱。这些信息不仅仅来自市场，还来自我们生活中的各个方面。策划主题一旦确定，就要收集各方面的信息来为主题服务。而在现实生活中，策划所需要的信息不可能信手拈来，而是要策划人通过各种渠道去收集和发现。

 **知识点**

如何确定所要收集的信息？

- 列出要完成策划主题需要的所有信息。在这一过程中，要尽可能地考虑详细、周到。列出策划需要的各个方面的信息，如产品信息、消费者信息、竞争对手信息等。
- 列出已经拥有和掌握的信息。
- 把上面两项进行对比，找出所欠缺的信息，就是要收集的信息。

3.2.2　确定信息来源

信息依据其来源，可分为现有资料信息与市场调查资料信息两大类。

（1）**现有资料信息。**现有资料信息的来源，均是现成的书籍与报纸杂志、现成的企业内部资料、政府出版的普查与统计资料、现成的登记资料、现成的调查报告等。由于这些资料信息都是间接获得的，所以又称第二手资料信息或次级资料信息。

（2）**市场调查资料信息。**这些信息均来自对消费者、经销商、竞争同行、原料供应厂商所做的调查。由于这些资料都是直接调查获得的，所以又称第一手资料信息或初级资料信息。

现有资料与市场调查资料两者的不同之处就在于取得的方式不同，前者现成取得，后者实地调查取得。下面我们将详细介绍各种资料信息的收集方法。

3.2.3 确定信息收集的方法

根据信息来源的不同，信息的收集方法也不一样。一般来说，一手资料的获得，需要策划人员亲自到现场去走访调查；而二手资料的获得，只需要查阅相关的资料即可。

1. 一手资料的收集

当所收集的现成资料不足，无法满足需求时，就必须依赖市场调查来获得所需的资料。市场调查资料，顾名思义，就是通过直接对消费者、经销商、竞争同行、原料供应厂商等调查而得来的资料。最常用的市场调查方法有访问法、观察法和实验法3种。

（1）**访问法。**访问法是指通过询问的方式向调查者了解市场资料的一种非常重要的方法。采用访问法进行调查，通常都需将所要调查了解的问题事先陈列在调查表中，按照调查表的要求询问，所以又称调查表法。

访问既可在备有正式问卷的情况下进行，也可在没有正式问卷的情况下进行。正式的问卷调查，结构严谨，逻辑性强。而在没有问卷的情况下，调查者可根据实际情况随机发挥。问卷调查是访问法的主要工具之一。

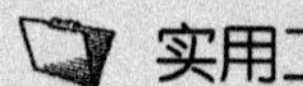

问卷调查

调查者在调查之前设计一份结构严谨的问卷，在访问过程中严格遵循问卷预备的问题顺序提问，这样可以方便今后的资料处理。一份问卷通常由前言、主体内容和结束语三部分组成。

问卷前言主要是对调查目的、意义及填表要求等的说明，包括问卷标题、调查说明及填表要求。前言部分的文字须简明易懂，能激发被调查者的兴趣。

问卷主体是市场调查所要收集的主要信息，它由一个个问题及相应的选择项目组成。通过主体部分问题的设计和被调查者的现场答复，市场调查者可以对被调查者的个人基本情况和对某一特定事物的态度、意见倾向及行为有较充分的了解。

问卷结束语主要表示对被调查者合作的感谢，记录下调查人员的姓名、调查时间、调查地点等。结束语要简短明了，有的问卷也可以省略。

问卷调查的有关程序、设计技术和样表见本章附录。

根据调查者与被调查者接触方式的不同，访问调查的方法可分为面谈访问法、邮寄调查法、电话调查法、留置调查法和网上访问法。

1）面谈访问法，即调查人员通过与被调查者直接面谈来询问有关问题的方法。面谈调查的交谈方式，可以采取个人访问，也可以采取集体座谈；可以安排一次面谈，也可以进行多次面谈。具体的交谈方式，应根据市场调查的目的和要求而定。面谈调查具有直接和灵活的特点，能够根据被调查者的具体情况进行深入的询问，从而获得较多的第一手资料。面谈访问法的不足之处在于调查费用比较高、花费时间较长，容易受到调查人员等因素的影响。

2）邮寄调查法，即将事先拟订好的调查问卷邮寄给被调查者，由被调查者根据要求填写后寄回的一种调查方法。邮寄调查的优点很多，如其调查的空间范围广，可以不受调查者所在地区的限制，只要是通邮的地方，都可以选定为调查范围；它使用的样本数目较多，而费用支出却较少；被调查者有充裕的时间来考虑、回答问题；同时还可以避免面谈中受到的调查人员倾向性意见的影响。邮寄调查的主要缺点是回收率低，因而容易影响样本的代表性，并且需要花费较长的时间才能取得调查的结果。采用邮寄调查法，要特别注意调查问卷的设计。

3）电话调查法，即调查人员借助电话工具向被调查者询问，了解意见和看法的一种方法。在电话调查中，调查人员可以电话簿为基础，进行随机抽样。采用电话调查法取得市场调查的第一手资料，其主要优点是可以节省调查时间，取得调查结果的时间短，并可节省费用支出。当然，在收集需要的电话号码时，会遇到来自各方面的阻力，这又是调查人员面临的一道难题。

4）留置调查法，即由调查人员将调查问卷当面交给被调查者，说明填写要求，然后留下问卷，让被调查者自行填写，再由调查人员定期收回的一种市场调查方法。留置调查法的优点是，调查问卷回收率高，被调查者可以当面了解填写问卷的要求，避免由于误解调查内容而产生误差。而且采用留置调查法，被调查者的意见可以不受调查人员意见的影响，填写问卷的时间较充裕，便于思考回忆。其主要缺点是，调查的地域范围有限，调查费用相对较高，同时也不利于对调查人员的活动进行有效的监督。

5）网上访问法，即随着网络事业的发展而兴起的一种最新访问方式。目前，这一访问方式正以前所未有的速度发展。许多供应特殊调研软件的公司都在加紧设计和开发网络调研的标准模块，这一行动最终将使网上访问拥有一种标准技术。网上访问的方式很多，其中最普通的一种访问方式是由市场调查者将需要调查的问题系统制作成问卷，然后通过 E-mail 或网址传给被调查者，由被调查者自己填答好后发回。这种访问方式可以看做邮寄访问的一种电子形式，但是具有传统邮寄访问不可能具备的诸多优势，如图解说明、图示、声音等，而这在传统的邮寄访问中是不可想象的。

注意点

- 电话调查通话时间不宜过长。
- 询问时最好采用两项选择法向被调查者进行询问。
- 电话调查时，注意语言的表达和语气的表述。
- 在访问之前要做好充分准备，注重对调查对象的甄选。

（2）**观察法。**观察法是通过观察被调查者的活动而取得第一手资料的一种调查方法。

运用观察法收集资料，调查人员同被调查者不发生接触，而由调查人员直接或借助仪器把被调查者的活动按实际情况记录下来。此种情况下，被调查者的活动可以不受外在因素的影响，处于自然的活动状态。被调查者不愿意用语言表达的情感或实际感觉，可以通过观察其实际行为而获得，因而取得的资料会更加接近实际。

但是，现场观察记录的往往只限于表面的东西，难以了解被调查者内在的思想行为，如人们的动机、态度等是无法通过观察获悉的。而且，在有些情况下，当被调查者意识到自己被观察时，可能会出现不正常的表现，从而导致观察结果失真。在对一些不常发生的行为或持续时间较长的事物进行观察时，花费的时间较长，成本也很高。另外，由于调查人员是身临其境地观察，这就要求观察人员有良好的记忆力、判断能力和敏锐的观察力，同时应具备丰富的经验，把握观察法的要领。实践中，观察法运用得比较广泛，主要有商品资源观察法、营业现场观察法和商品库存观察法。

（3）**实验法。**实验法是指在市场调查中，通过实验对比来取得市场情况的第一手资料的调查方法。它是由市场调查人员在给定的条件下，对市场经济活动的某些内容及其变化加以实际验证，以此衡量其影响效果的方法。

实验法是把自然科学中的实验求证理论移植到市场调查中来，但是对市场上的各种发展因素进行实验，不可能像自然科学中的试验那样准确。这是因为市场上的实验对象要受到多种不可控因素的影响。

注意点

在市场调查过程中，为了充分发挥各种调查方法的作用，就需要熟悉各种方法的优缺点，正确处理不同方法之间的联系。要认识到，各种方法的优缺点是相对的，是一种调查方法与另一种调查方法相比较而言的，所以选择调查方法时必须在不同方法之间进行比较，以便选定最适宜的市场调查法。各种方法的对比通常是依据调查目的进行的，先确定基本要求或评定标准，如调查方法的适用范围、调查内容的繁简、费用支出的多少、调查时间的长短等，然后按不同的要求进行主观对比后评分而定。

2．二手资料的收集

（1）**书籍与报纸杂志。**针对所要了解的主题，从书籍、报纸、杂志、商业刊物、专业性期刊中去收集。

书籍方面，除了到各大书店查找外，也可参阅哈佛企管顾问公司编印的《企业管理资料总录》，它是一本策划图书目录。此外还可到一些图书馆或各大学图书馆查阅。

报纸方面，一些大学社会资料中心收藏有各大报纸的完整资料，各类报纸依年按月装订，查阅起来非常方便。

至于期刊论文方面，可以参考图书馆编著较全面性的类似《期刊论文索引》的文献，那会是一条省时可靠的路线。

（2）**现成的企业内部资料。**企业的活动频繁，所产生的资料散落在各部门，倘若妥善整理，就会变成今后拟订策划方案的宝贵参考资料。

一般来说，客户资料包括客户名称、地址、订货日期、订货项目、订货数量、价格等。从上述客户资料中即可整理出客户的营销状况、区域的营销状况、产品的营销状况。而这些资料在拟订行销策划方案、CI 策划方案甚至新产品开发策划方案时，都是重要的参考情报。

从企业的制造部门，可获得作业流程、生产力、产品检测、机器设备使用率等情况，这些都是撰写拟订质量管理策划方案时的重要参考资料。

其他如财务、人事、总务部门的薪金资料，资产负债表、损益表、获利率、人员流动率等资料，也都是拟订策划方案时的宝贵依据。

（3）**政府部门的资料。**政府每年所出版的普查与统计资料种类繁多，相对来说都比较有参考价值。如政府的统计年鉴、各部委的出版资料、各政策研究部门的报告、政府的年度报告等。

（4）**登记资料。**政府除了出版普查与统计资料之外，还有若干登记资料颇具参考价值。例如，人口出生与死亡登记、新公司的工商注册登记、交通局的机动车辆登记、特种营业登记等。

（5）**现成的调查报告。**若干大公司如中国粮食进出口总公司等商业机构经常举办各种各样的市场调查，它们都有现成的调查报告，可向这些单位索取或洽购。

（6）**网络资料。**随着信息技术的发展，各大企业和政府实施的上网工程，各大门户网站的建立及网络化企业的成立，使网络上存有大量的有用信息。目前，网络已经成为一种重要的信息检索途径。在网络上检索信息，主要是通过搜索引擎、门户网站和专业数据库来进行的。

对于大量免费资料的收集，应用较多的是通过搜索引擎来检索。除此之外，还可以登录各级政府的网站，搜索相关信息。目前，较常用的主要有国研网和国家统计局网站。

实用工具

（1）全球化搜索引擎 Google（www.google.com）：Google 成立于 1997 年，几年间迅速发展成为目前规模最大的搜索引擎，并向 Yahoo、AOL 等其他目录索引和搜索引擎提供后台网页查询服务。

（2）最大的中文搜索引擎 Baidu（www.baidu.com）：百度于 1999 年年底成立于美国硅谷，它的创建者为资深信息检索技术专家、超链分析专利的唯一持有人——百度总裁李彦宏及其好友——在硅谷有多年商界成功经验的百度执行副总裁徐勇博士。2000 年，百度回国发展超链分析技术，这是新一代搜索引擎的关键技术，现已被世界各大搜索引擎普遍采用。

（3）门户网站搜索引擎：门户网站的搜索引擎也是我们日常进行信息收集的主要工具。目前最常用的主要有：

- Yahoo 中文搜索引擎，主页为 www.yahoo.com.cn；
- Sohu 搜索引擎"一搜"，主页为 www.sohu.com。

（4）政府部门网站：我们还可以通过政府部门网站上发布的信息查找相关资料，当前最常用的有：

- 国务院发展研究中心信息网，主页为 www.drcnet.com.cn；
- 中国国家统计局网，主页为 http://www.stats.gov.cn。

从以赢利为目的的网站上索取信息是要花费一定的费用的，这些网站主要有数字图书馆、各大行业的研究报告和一些咨询机构的资料。

实用链接：以赢利为目的的网站示例

- CNKI 数字图书馆，主页为 www.cnki.net；
- 维普资讯网，主页为 www.tydata.com；
- 中国经济信息网，主页为 newibe.cei.gov.cn；
- 超星数字图书馆，主页为 http://www.ssreader.com；
- 中国市场研究网，主页为 www.cmrn.com.cn；
- 中国行业分析报告，主页为 http://report.cei.gov.cn；
- 外文数据库，如 Academic Search Premier(ASP)，ABI，ACM，OUP 等。

3.2.4 信息收集

根据上一步确定的方法进行资料收集。在收集资料的过程中，既要注意多种方法的相互补充，又要注重信息收集方法的搭配组合。

3.2.5　信息整理

信息收集完之后，要对其进行加工整理，在这个过程中，以下两点值得注意。

1．活用信息

有了明确的目标，还要带着“有没有可以当做策划暗示的信息”的心态去做收集信息的工作，这样才能很容易地收集信息。但是，不管收集多少信息，信息本身不会产生价值，只有懂得活用信息于策划上，才能使其产生价值。

为了使所收集的信息在必要时加以活用，平时就要善于整理并保管信息。信息有很多种，其中有能马上产生与策划关联的宝贵信息，但大部分是为了供日后的运用，所以，在信息活用的过程中，可以找到足可当做策划暗示的必要资料。

为了能在日后使用时立刻取出必要资料，最好能确定一个资料整理日。至于日期的确定，可根据所收集的信息而有所不同。从一个策划人员的信息收集量来考虑，一个月安排一次即可。资料堆积太多会显得凌乱不堪，所以必须尽早进行整理。整理资料的要领是依据需要做大致分类，不必分得太细，否则容易造成整理上的困扰，无法继续资料整理工作。

除了设定资料整理日外，还应设定信息扫除日。信息如同新鲜商品一样，新鲜度就是它的生命，过时的信息如同一张废纸，保管这些过时资料不仅耗时费力，而且还占了相当大的空间。就像每个家庭会在年末来个大扫除一样，确定一个信息扫除日，将那些过时的资料逐一丢弃，只保管对将来有益的信息。当然，在存储的信息中，如何筛选运用信息是非常重要的。

2．资料必须自己处理

对忙碌的营销人员来说，从信息收集到整理都是费时费力的工作，但是信息的整理必须靠自己亲自动手，这是一个不变的原则。

当然，它的理由是资料收集者必须正确地整理资料，而且在整理资料的过程中，可重新检查一遍所收集的资料，因此，对信息的感觉便会愈加敏锐，往往会产生意想不到的策划创意。单独处理一条信息不会有任何感觉，但是集中处理好几条信息，在各种资料的冲击及联想的作用下，会出现独到的创意。整理资料既然有这种优点，如果让他人代劳就等于白白放弃产生创意的机会。在收集信息方面，剪贴报纸或在重点上做记号都可以请别人帮忙，唯独整理信息，不管自己多么忙，也不应让他人代劳。

3.2.6　收集信息时要注意的要点

1．迅速处理最新的信息

欲推出一个畅销的策划时，策划的构想力占着极为重要的地位，而迅速地选择最新的材料（信息）也是不可缺少的前提条件。在别人尚未发觉时，只有靠着敏锐的感觉领先掌握信息，才能尽快与策划结合，继而推出畅销的策划。

2. 要有较高的信息感知度

收集新信息最重要的方法是要具有“信息精神”。不仅在工作时间内，在日常生活中也是如此。

信息跟时间一样，给所有的人均等的机会，有“信息精神”的人能尽快掌握有利的信息，将其活用于策划而得到成功。但是，不具有“信息精神”的人就不易发觉那些有利的信息，让机会白白溜走，这种差别往往会带给策划力很大的影响。

3. 带有目标地收集信息

除了具有“信息精神”外，还必须确立明确的目标。信息收集的目标一旦确定下来，就等于在目标的特定范围内装上了感应度灵敏的“天线”，而此时宝贵的机会便会很有趣地显现出来。

4. 从小信息中产生畅销商品与服务的创意

策划人员一旦确立目标，就必须用敏锐的感觉去关心工作与日常生活中的一切小信息，去寻找“能当做策划暗示的信息”。要知道有价值的信息并不是每个地方都有，只有随时随地做一个有心人，才可掌握有利的信息。过去那些畅销的商品或服务，皆因策划人员具有强烈的“信息精神”，能巧妙地掌握细微的信息，并将其活用于策划上才产生的。

案例3-4 小新闻，大启示

10年前，搬家公司在中国兴起，现在这一行业越来越繁荣。每逢有人搬家，总会听到“找搬家公司去”的建议。道理很简单，以往搬家，势必邀请大批亲戚朋友帮忙，一番辛劳，还要请客送礼，既费心又花钱。请搬家公司，既免烦心，花费又不大，何乐而不为？但是，很少有人知道世界上第一家搬家公司是如何产生的。20世纪70年代，日本妇女寺田千代与丈夫一起经营一般货物运送业，当时正值石油危机，他们的工作量突然急剧下降。正在一筹莫展之际，寺田千代偶然看到报纸上刊载了一则新闻，上面提到由其他县市迁至大阪的费用合计约需150亿日元，这是一笔数目庞大的金额。在当时，并没有专门的搬家从业人员，寺田千代于是想：“那些人如何搬家呢？”随后就产生了“我们公司也来做搬家工作吧”的想法。通常，一般货运业的账款无法由客人那里直接取得现金，但是，为客户搬家时一定是现金交易。于是，她立刻向大阪交通局提出了建立搬家公司的申请。当时，这个行业尚未获得承认，尤其是让女性担任董事长职务，更是无法得到认可。但是，经过数次交涉，她终于得到了营业执照，展开搬家服务的事业。其后，凭着“是搬家业、运输业，也是服务业”的经营方针，该公司扩大服务内容，发展至清洗碗盘、清扫环境，甚至连除虫消菌的工作也包括在内，公司的业务由此得到了快速发展。

评述 信息虽小，但暗含的机会却大，只有对信息有着敏锐洞察力的人，才能变信息为财富。时至今日，很多人看报纸杂志仍是看过就忘，唯有信息精神强烈的寺田太太，注意到搬家市场的可能性，创建了令人瞩目的企业。

5. 掌握有价值的信息

具有信息精神，确定明确的目标来进行信息收集，就可以收集很多的信息。但信息的质量也是一个不容忽视的问题，虽然能收集很多，可是一些毫无价值的信息却不足以用作策划立案的资料。所以，要注意的是应该掌握有价值的信息。那么，如何才能发现有价值的信息呢?

（1）**追踪使你产生悸动的信息。**当你看到某些现象或听到某段谈话时，会让你心中产生悸动的信息最为重要。具体而言，也就是下面所说的现象或信息。

1）以前不曾有过的新现象或新信息。

2）跟以前不一样的现象或信息。

3）以前不曾发生过的有趣或快乐的现象或信息。

这些现象或信息都有令人悸动的原因，对策划来说，这是非常重要的。因此，对于那些会使心情强烈悸动的现象或信息，应该特别深入观察，分析其中的原因，并活用于策划上，才能开发使消费者的心情产生悸动的商品或服务。要想开发鼓动消费者心理的魅力商品，策划人员在信息收集及构思阶段，就必须注意那些令人兴奋的要素。

案例 3-5 儿童录像带畅销市场

日本一家公司看到报纸广告栏的一则记事，由于心理受到冲击与鼓动从而推出了低价位的录像带。

那篇广告栏登载，某家电器公司为了宣传新产品，特别录制了 3 000 盒宣传影带在街头散发。数分钟的宣传带，原价只要 400 日元，价格很低廉。看到这则新闻记事的山中搏彦社得到了相当大的启示。

虽然收录时间不一样，但是价位高的录像带一盒也要卖到几万日元。仅仅 400 日元的原价，自然会让山中先生惊讶。在惊讶之余，他想到构思超低价录像带的策划，“如果一盒录像带低于 1 000 日元，应该能非常畅销”。过去，由于录像带属于高价位商品。因此，借的人比买的人多，所以造成录像带出租业的蓬勃发展。但是，山中先生以低于 1 000 日元的售价倾销，自然使消费者的购买意愿提高，一时在录像带市场成为抢手货。

那么，如何才能制造出低价格的录像带呢？经过策划开发，有效的方法有以下两点：

- 减少录像带制作的成本。录像带的内容足以影响制作的成本，基于“提供低价位的录像带给有梦的孩子”的理由，该公司决定制作适合小孩观赏的卡通。而卡通录像带的制作着眼于著作权法，法律规定，作品完成后，经过50年著作权将不被认定，所以利用此能够降低成本。
- 减少录像带材料的成本。为了降低录像带原料的成本，他们从韩国、中国台湾、中国香港进口低价的录像带匣。但是，为顾及质量，录像带坚持采用日本制造。他们的努力获得了成效，《孙悟空》、《白雪公主》、《灰姑娘》等，一盒录像带的作品时间约12分钟，售价仅980日元。“录像带书册”也随之诞生，花费一本书册的价格，却有欣赏录像带的乐趣，故这种录像带自1988年上市以来，受到消费者热烈的欢迎，仅仅9个月时间，销售量就达到100万盒，成长速度实在惊人。

评述 受到畅销的低价位录像带刺激，其他公司也相继销售同类型商品，进而促使录像带业的成长。因此，使心情受到强烈悸动且富有冲击性的现象是最重要的信息。

（2）**在负面信息中也蕴藏着有利于策划的暗示。**有价值的第二类信息是来自市场的负面信息。有时候市场中有以各种形式对商品或服务提出的抗议。书面抗议对企业而言，是不受欢迎的信息，但是负面信息对策划却是很珍贵的。

消费者会提出抗议正是因为商品不能使消费者满意，若让这种状况继续下去而置之不理，商品可能会有滞销的现象。因此，为了使商品畅销，就得尽早处理消费者所提出的抗议，抗议一旦解除，让大家满意的商品就能卖得很好。现在，有些企业鼓励销售人员不仅要收集正面信息，更要主动接受负面信息，将难以入耳的抗议视为谏言，以便随时修正商品的缺陷，提供让消费者满意的商品。所以，业务员在工作时，不要避开负面信息，反而要以谦虚而积极的态度去收集这些信息。

案例3-6 朝日积极收集负面信息

以谦虚的态度积极收集负面信息，并将其活用于下次策划而得以成功的案例很多，日本的朝日啤酒公司便是一例。

在日本啤酒市场上，要提高1%的市场占有率是相当困难的，但朝日啤酒公司自捅口广太郎董事长上任以来，便将过去18%的市场占有率提高为25%，取得了令人瞠目的成绩。这种奇迹虽然与啤酒品质、啤酒瓶外观的设计及严格的人事考核制度等有关，但不能忽略的一点是，朝日啤酒公司营业人员根据捅口董事长的营销方针，积极地收集负面信息，永远一马当先地为提高公司商品和服务的品质而不懈努力。

评述 只有善于倾听市场的声音并积极做出恰当的回应，企业才能发展创新，才能取得巨大的成功。

本章要点

- 营销策划是一种目的性很强的活动，而营销目标的确定，往往以问题为出发点，只有把问题界定清楚之后，才能设定出准确的营销目标。界定问题是整个营销策划活动的第一步。
- 界定问题就是要明确是什么样的问题，问题的实质和内容、时空和范围，以及问题的层次等。界定问题时应注意把握问题的相对性和准确性。
- 在界定问题，设定营销目标之后，就要解决怎样才能达到这一营销目标的具体工作，即实现目标的途径和方法，也即策划主题的确定。
- 在确定策划主题之后，就要围绕这一主题展开相关的信息收集工作。现实生活中，策划所需要的信息不可能应有尽有，因此需要策划人通过各种渠道，借助各种方法和技巧去收集和发现。

练习题

（1）什么是营销策划的主题？营销策划主题的设定应遵循什么程序？

（2）举例说明二手资料的来源有哪些。如何评估二手资料的准确性？

（3）访问法大概可以分为哪些类型？各自具有哪些独特优势？

（4）收集信息时应注意哪些要点？

实训项目：信息收集

【实训目标】

（1）培养信息收集的能力；

（2）培养实践能力。

【实训内容与方法】

某银行想推出针对在校大学生的借记银行卡，需要对在校大学生进行信息收集。全班同学每 5 人组成一个团队，以团队为单位完成以下内容：

（1）应采用哪种信息收集方法？

（2）不同的信息收集方法有什么样的特点？试对比其优缺点。

（3）完成一份调查问卷设计。

（4）全班同学进行交流。

经典案例赏析

"野马"驰骋市场

1964年，著名的汽车大王李·艾柯卡为福特汽车公司推出的新产品"野马"轿车，取得了轰动一时的成功，两年内为福特公司创造了11亿美元的纯利润。当时，购买野马车的人打破了美国的历史纪录。为什么野马汽车如此受人欢迎？这与李·艾柯卡独特周密的营销策划是分不开的。李·艾柯卡在仔细分析了市场状况之后，制定了一整套推出"野马"汽车的营销策略，令人瞩目的销售业绩使他获得了"野马之父"的称号。

1．选择适当的目标市场

1962年，李·艾柯卡就任福特汽车公司分部总经理后，便开始策划生产一种受顾客欢迎的新车，这一念头是他对整个汽车市场营销环境做了充分调查研究之后产生的。

（1）福特公司的市场研究人员调查得知：今后10年购买汽车的人口平均年龄要急剧下降，20～24岁年龄组要增长50%，购买新车的消费者群体中18～34岁的年轻人可望占到一半。根据这一信息，艾柯卡预见到今后10年的汽车销售量将会大幅度增长，而对象就是年轻人。

（2）随着人们受教育程度的提高，消费模式也在改变。妇女和单身者顾客数量增加，两辆汽车的家庭也越来越多，人们愿意把更多的钱花在娱乐上，人们正在追求一种样式新颖的轻型豪华车。

（3）艾柯卡在欧洲了解福特汽车公司生产的"红雀"牌汽车销售情况时，发现"红雀"太小了，没有行李箱，虽很省油，但外形不漂亮。如不尽快推出一种新型车，公司就可能被竞争对手击败。

于是，艾柯卡根据上述信息提出了一个目标市场，适合这个市场的汽车应当是：车型要独树一帜，容易辨认；为了便于妇女和新学驾驶汽车的人购买，要容易操纵；为了便于外出旅行，要有行李箱；为吸引年轻人，外形要像跑车，而且要胜过跑车。

2．追求完美的产品设计

有了新车的设计思路，福特的设计专家们便开始行动。李·艾柯卡指出这种新车一定要兼具式样好、性能强、价格低三大特色。样机经过一再改进，最后的形状定为：方顶，流线型；前长后短，低矮大方；整车显得既潇洒又矫健。

艾柯卡把新车的命名也看做产品设计的一部分。在早期设计阶段，新车被叫做"猎鹰特号”，后又有人想叫它“美洲豹”、“雷鸟 II 型”等，艾柯卡认为均不理想，于是委托广告公司代理人去底特律公共图书馆找目录。此人从 A 到 Z 列出上千种动物，最后筛出一个——“野马”，这是一个激动人心的地道的美国名字。美国人对第二次世界大战中野马式战斗机的名字印象极为深刻，用“野马”作为新型车的名字，不仅能显示车的性能和速度，而且很适合美国人放荡不羁的个性。

接下来的工作是为“野马”车制定合理的价格。新车试制小组在底特律选定了 52 对有中等收入的青年夫妇，请他们到福特展厅来品评新车。白领夫妇对新车造型表示满意，蓝领夫妇则把野马看做他们所追求的地位和权势的象征。艾柯卡请他们为新车估价，几乎所有人都估计约 10 000 美元，并表示家中已有车，将不再购买这种车。当艾柯卡宣布车价在 2 500 美元以内时，他们十分惊讶，都表示将购买这种能显示身份和地位的新车。在研究了消费者心理之后，艾柯卡把车价定在 2 368 美元，并开始设计下一步的营销策略，为打开“野马”车的销路作精心的策划。

3．声势浩大的促销活动

福特公司在正式推出“野马”轿车之时，采用了多种具有轰动效应的促销手段，真可谓奇招迭出，一鸣惊人。

“野马”汽车正式投放市场的前 4 天，公司邀请了报界 100 多名新闻记者参加从纽约到迪尔本的 70 辆“野马”汽车大赛，这些车飞驰 700 英里，无一发生故障，充分证实了“野马”车的可靠性。于是，几百家报纸都在显著的位置热情地刊出了关于“野马”的大量文章和照片。表面上看，这只是一次赛车活动，实际上是一次告知性广告，使“野马”成为新闻界的热门话题。

在“野马”车投放市场的当天，福特在 2 600 种报纸上登了全页广告，并在数家电视台播出广告短片。新车照片同时出现在《时代》和《新闻周刊》封面上，关于这两大杂志的惊人宣传效果，艾柯卡后来回忆说：“《时代》和《新闻周刊》本身就使我们多卖出 10 万辆!”

福特公司还在全国 15 个最繁忙的机场和从东海岸到西海岸的 200 家假日饭店的门厅里陈列了“野马”。公司选择最显眼的停车场，竖起巨型的广告牌，上书“野马栏”以引起消费者的注意，激发人们的购买欲望。同时，福特公司向全国的小汽车用户直接寄发几百万封推销信，既达到了促销的目的，也表示了公司忠诚为顾客服务的态度和决心。此外，公司大量上市“野马”墨镜、钥匙链、帽子、“野马”玩具车，甚至在面包铺的橱窗里贴上广告：“我们的烤饼卖得像‘野马’一样快。”

由于从选定目标市场、产品设计到销售“野马”车的各个环节，福特公司均做了一系列精心的策划，最终使“野马”汽车获得了汽车销售史上的巨大成功。

思考讨论题

（1）该公司是如何进行策划问题选择和目标市场定位的？

（2）该公司营销策划的主题是什么？

附录A 问卷调查

A.1 问卷设计的程序

问卷设计是由一系列相关的工作过程构成的。为使问卷具有科学性、规范性和可行性，一般可以参照以下程序进行设计。

- 确定调研目的、来源和局限
- 确定数据收集方法
- 确定问题回答形式
- 决定问题的措辞
- 确定问卷的流程和编排
- 评价问卷和编排
- 获得各相关方面的认可
- 预先测试和修订
- 准备最后的问卷
- 实施

（1）**确定调研目的、来源和局限。**调研过程经常是在市场部经理、品牌经理或新产品开发专家做决策时感到所需信息不足时发起的。在一些公司中，评价全部二手资料以确认所需信息是否收集齐全是经理的责任。在另外一些公司中，经理将所有的市场调研活动，包括一手资料和二手资料的收集交由市场研究部门去做。

尽管可能是品牌经理发起了市场研究，但受这个项目影响的每个人，如品牌经理助理、产品经理，甚至生产营销经理都应当一起讨论究竟需要哪些数据。询问的目标应当尽可能精确、清楚，如果这一步做得好，下面的步骤会更顺利、更有效。

（2）**确定数据收集方法**。获得询问数据可以有多种方法，主要有人员访问、电话调查、邮寄调查与自我管理访问。每种方法对问卷设计都有影响。事实上，在街上进行拦截访问比入户访问有更多的限制，街上拦截访问有时间上的限制；自我管理访问则要求问卷设计要非常清楚，而且问题相对较短，因为访问人员不在场，没有澄清问题的机会；电话调查经常需要丰富的词汇来描述一种概念以确定应答者理解了正在讨论的问题。对比而言，在个人访谈中访问员则可以给应答者出示图片以解释或证明概念。

（3）**确定问题回答形式。**问题的回答形式主要有以下几种类型。

1）开放式问题。这是一种应答者可以自由地用自己的语言来回答和解释有关想法的问题类型。也就是说，调研人员没有对应答者的选择进行任何限制。

2）封闭式问题。这是一种需要应答者从一系列应选项中做出选择的问题。

3）量表应答式问题。这是以量表形式设置的问题。

（4）**决定问题的措辞。**

- 用词必须清楚。
- 避免诱导性用语。
- 考虑应答者回答问题的能力。
- 考虑应答者回答问题的意愿。

（5）**确定问卷的流程和编排。**问卷不能任意编排，问卷每一部分的位置安排都应具有一定的逻辑性。有经验的市场研究人员很清楚问卷制作是获得访谈双方联系的关键。联系越紧密，访问者越可能得到完整彻底的访谈。同时，应答者的答案思考得越仔细，回答得也越仔细。

（6）**评价问卷和编排。**一旦问卷草稿设计好后，问卷设计人员应再做一些批评性评估。如果每个问题都是经过深思熟虑的，这一阶段似乎是多余的。但是，考虑到问卷所起的关键作用，这一步还是必不可少的。在问卷评估过程中，下面一些原则应当考虑。

- 问题是否必要。
- 问卷是否太长。
- 问卷是否回答了调研目标所需的信息。
- 邮寄及自填问卷的外观设计。
- 开放试题是否留足了空间。
- 问卷说明是否用了区别性字体等。

（7）**获得各相关方面的认可。**问卷设计进行到这一步，问卷的草稿已经完成。草稿的复印件应当分发到直接有权管理这一项目的各部门。实际上，营销经理在问卷设计过程中可能会多次加进新的信息、要求或关注。不管经理什么时候提出新要求，经常的修改是必需的。草稿获得各方面的认可是十分重要的。

经理的认可表明了经理想通过具体的问卷来获得信息。如果问题没有列选，数据将收集不到。因此，问卷的认可再次确认了决策所需要的信息及它将如何获得。例如，假设新产品的问卷询问了形状、材料及最终用途和包装，那么问题一旦得到认可，就意味着新产品开发经理已经知道“什么颜色用在产品上”或“这次决定用什么颜色”并不重要。

（8）**预先测试和修订。**当问卷已经获得管理层的最终认可后，还必须进行预先测试。在没有进行预先测试的情况下，不应当进行正式的询问调查。通过访问寻找问卷中存在的错误解释、不连贯的地方、不正确的跳跃模型。为封闭式问题寻找额外的选项及应答者的一般反应。预先测试也应当以最终访问的相同形式进行。如果访问是入户调查，预先测试应当采取入户的方式。

在预先测试完成后，任何需要改变的地方都应当切实修改。在进行实地调研前应当再一次获得各方的认同。如果预先测试导致问卷产生较大的改动，则应进行第二次测试。

（9）**准备最后的问卷。**精确的打印指导、空间、数字、预先编码必须安排好，监督并校对，问卷可能进行特殊的折叠和装订。

（10）**实施。**问卷填写完后，为从市场获得所需决策信息提供了基础。问卷可以根据不同的数据收集方法并配合一系列的形式和过程以确保数据可正确地、高效地、以合理的费用收集。这些过程包括管理者说明、访问员说明、过滤性问题、记录纸和可视辅助材料。

A.2 问卷设计技术

问卷设计是一项十分细致的工作，一份好的问卷应做到：内容简明扼要，信息包含全面；问卷问题安排合理，合乎逻辑，通俗易懂；便于对资料分析处理。问卷设计必须注意的问题是问卷中问题提问是否合理，排列是否科学。

（1）**文字要表达准确，不应使填卷人有模糊认识。**如调查商品消费情况，使用“您通常喜欢选购什么样的鞋？”就是用词不准确，因为对“通常”、“什么样”的具体含义，不同的人有不同的理解，回答各异，不能取得准确的信息。如改为具体的问题：“您外出旅游时，会选购什么品牌的旅游鞋？”这样表达就很准确，不会产生歧义。

（2）**问卷要避免使用引导性的语句。**如设计问卷时，问“××牌的旅游鞋质优价廉，您是否准备选购？”这样的问题将容易使填表人由引导得出肯定性的结论或对问题反感，想当然地得出结论，这样不能反映消费者对商品的真实态度和真正的购买意愿，所以产生的结论会缺乏客观性，结果导致可信度低。

（3）**问卷问句设计要有艺术性，避免对填卷人产生刺激而不能很好地合作。**如下面两个问题。

A. 您至今未买电脑的原因是什么？

（a）买不起　（b）没有用　（c）不懂　（d）软件少

B. 您至今未购买电脑的主要原因是什么？

（a）价格高　（b）用途较少　（c）性能不了解　（d）其他

显然B组问句更有艺术性，能使被调查者愉快地合作。而A组问句较易引起填卷人的反感、不愿合作或导致调查结果不准确。

（4）**问卷不要提不易回答的问题。**这里可能有两种情况。一种是涉及填卷人的心理、习惯和个人生活隐私而不愿回答的问题，即使将其列入问卷也不易得到真实结果。遇有这类问题时，如果实在回避不了，可列出档次区间或用间接的方法提问。例如，调查个人收入，如果直接询问，不易得到准确结果，而划分出不同的档次区间供其选择，则效果就会比较好。另一种是时间久、回忆不起来或回忆不准确的问题。

A.3 调查表样例

新产品上市调查表

尊敬的顾客朋友：您好！

适逢新春佳节之际，北京环宇公司祝您新春愉快，万事如意！为了更好地为您服务，我公司正在开发系列新产品，我们十分想听听您对新产品的意见，请您在百忙中予以合作，谢谢您的支持！

填写说明：请在选项上画钩。

1．您认为自己工作或生活的室内空气品质状况：________

① 很好　② 较好　③ 一般　④ 较差　⑤ 很差

2．您认为影响室内空气品质的主要原因有：________

① 尘埃　② 烟味　③ 臭味、异味　④ 细菌、病毒　⑤ 缺氧

3．您希望采取下列哪种方法改善室内空气品质？________

① 开窗　② 空气清新机　③ 换气扇　④换气机　⑤ 空气清新机、净化片

4．您对空气清新机这类产品：________

① 使用过　② 大致了解　③ 仅听说过　④ 一无所知

5．您对换气机这种产品：________

① 非常了解　② 大致了解　③ 仅听说过　④ 一无所知

6．关于空气清新机和换气机，您认为是：________

① 同种产品，两种名称　② 同种功能，两种产品　③ 不同产品，不同功能　④ 不同产品，功能相似

下列特征，您认为属于清新机的有：________；属于换气机的有：________。

① 向室内输送新鲜空气，排除污浊空气　② 使室内空气反复循环、过滤，保持空气清洁　③ 使用一段时间后效果降低　④ 窗上安装不方便　⑤ 防治空调病

7．对空气清新机这类产品，您是否愿意购买？________

① 愿意　② 不愿意

您愿意购买的主要原因是：________

① 改善、净化室内空气　② 预防呼吸道疾病　③ 保持身心健康　④ 消费时尚

如果您不愿意购买，那么是出于何种考虑？________

① 不知道有这类产品　② 非生活必需品　③ 不需要　④ 市场上没有满意的这类产品　⑤ 没有支付能力　⑥ 已经拥有

8．您一般通过哪些渠道得到有关家电产品的信息？________

① 商场　② 报纸　③ 杂志　④ 电视　⑤ 广播　⑥ 新闻报道　⑦ 展销会　⑧ 亲朋好友推荐

9．对空气清新机这类产品，您希望具备哪些主要功能？________

① 除尘　② 除烟味　③ 除臭味、异味　④ 消毒、灭菌

还需要哪些附加功能？________

① 电脑显示　② 红外感应　③ 自动提示更换过滤网　④ 散发香味　⑤ 产生负离子　⑥ 热敷美容

您希望产品的设置方式是：________

① 立式　② 挂式　③ 吊顶式　④ 窗式

您对该产品操作方式的要求：________

① 手控 ② 遥控 ③ 电脑控制

您认为这类产品的合理价格是：________

① 400元以下 ② 401～700元 ③ 701～1 000元 ④ 1 001元以上

您认为空气清新机在外观上应体现哪些特点？________

① 豪华气派 ② 小巧精致 ③ 注重实用，不刻意追求外观美 ④时尚性，富有文化品位

10．您的个人及家庭情况：________

性别：① 男 ② 女

年龄：① 18岁以下 ② 19～28岁 ③ 29～40岁 ④ 41～50岁 ⑤ 51～60岁 ⑥ 61岁以上

婚姻：① 已婚 ② 未婚

文化程度：① 初中以下 ② 高中 ③ 大专 ④ 本科以上

职业：① 工人 ② 管理人员 ③ 机关干部 ④ 服务业人员 ⑤ 科教文卫人员 ⑥ 三资企业职员 ⑦ 个体经营者 ⑧ 离退休人员 ⑨ 学生

家庭人数：① 2人 ② 3人 ③ 4人 ④ 5人及以上

家庭平均月收入：① 1 000元以下 ② 1 001～1 500元 ③ 1 501～2 000元 ④ 2 001～3 000元 ⑤ 3 001～5 000元 ⑥ 5 001元以上

居住面积：① 20平方米以下 ② 21～40平方米 ③ 41～60平方米 ④ 61～80平方米 ⑤ 81～100平方米 ⑥ 101平方米以上

11．您对开发空气清新机这类产品有何建议？

再次感谢您的合作，我们将根据您的意见和建议来改进我们的产品，尽我们最大的努力为您提供最优质的产品和服务。

调查人员（签名）：____________

调查地点：____________

调查时间：____________

CHAPTER 4

第 4 章　营销策划创意与策划书

“灵感，是由于辛勤的劳动而获得的奖赏。”

——列宾

学习目标

☑ 描述创意的含义、要求和表现形式
☑ 描述营销策划书的框架要素和准备工作
☑ 描述和列举创意的产生过程和创意方法
☑ 探讨营销策划书的内容和写作技巧

关键词：创意，组合，改良，新用途，框架要素，撰写

4.1　创意——营销策划之魂

营销策划是一种创新行为。要创新，就要把创意贯穿于营销策划的过程之中，创意成功与否是营销策划成功与否的关键。从某种意义上说，创意是营销策划的灵魂。

4.1.1　创意概述

1．创意的含义

创意是生存之父！创意是历史之母！创意是文明的发端！创意是文化的源泉！创意是科学的动力！创意是命运的契机！……

可以这样说，文学、绘画、音乐、舞蹈、体育、政治、教育、经济等几乎所有方面，都离不开创意。然而，创意到底是什么？其含义众说纷纭，莫衷一是。

- 创意，增加他人的快乐，减少他人的痛苦。
- “创意”一词是在一些特殊范围内使用的概念，通常适用于企业形象设计与策划、广告艺术创作、市场营销技巧及现代文化娱乐活动等。创意是人们在经济、文化活动中产生的思想、点子、主意、想象等新的思维成果，或是一种创造新事物、新形象的思维方式和行为。前一层是名词性的应用，后一层则是动词性的应用。创意的核心是创造性思维。

- 创意产生于创造性思维。创造性思维是一种辩证思维，即认为事物是运动、变化、发展的，并要用逻辑思维去把握、驾驭整个世界万事万物的变化，而不是以形式逻辑的静态固定要领进行推理。
- 创意来源于生活的积累。创意的创新性要求创意者必须深入观察生活、积累资料，全面涉猎多学科知识，提高知识素养，处处留心，事事思考，日积月累，厚积薄发。
- 创意是人们主体的意与客体的象的结合。客体的表象是感性认识的产物，不具备理性的内容，表象可分为回忆性表象和想象性表象。当表象转化为人们的意象，即被作为意念、意绪、情感深深地印在人们的脑海里时，就变成了意象。这个由表象向意象的转化过程完成后，再进行创造性思维，就形成了创意。这种创意一旦作用于营销策划或其他有关领域，且具有可实现性时，就可以形成别具一格的策划方案。

综上所述，所谓创意，它包含两层意思：一是指创造欲望，是人们心理上的一种强烈的发现问题和解决问题的冲动；二是意想不到的能带来效益的解决问题的方法，也就是创造性组成的一连串的“点子”。

知识点

- 好创意的判断标准：

—别人没有想到。

—别人不会快速地复制与模仿。

—别人不会用更进步的方式加入竞争。

—你会不会自己借钱来投资。

- 优秀广告创意的特质：

省钱、好看、好听、动人、持久。

由上述定义可以引出创意以下 3 个方面的内涵。

（1）**创意来源于独特的心智，令竞争者无法模仿。**创意是对传统的叛逆，是打破常规的哲学，是思想库、智囊团的能量释放，是思维碰撞、智慧对接，是创造性的系统工程。来源于创意者独特的心智，正是这种独特性令竞争者无法模仿复制。

（2）**创意是用新的方法组合旧的要素的过程。**这就揭示了创意的本质：“创意其实就是在不断寻找各种事物、事实存在的一般或不一般的关系（要素之间的关系），然后把这些关系重新组合、搭配，使其产生奇妙、变幻的创意”。

（3）**真正使营销策划方案实施取得奇效，影响消费者购买与否的是创意的内容，而不是它的形式。**策划创意并非投机取巧，它是一条通向消费者、打动消费者的捷径。真正决定购买行为发生的，归根结底还是产品。

2．创意的要求

创意作为一种创造性辩证思维，具有不同于其他思维的要求，主要体现在以下几点。

（1）**积极的求异性。**创意思维实为求异思维。求异性贯穿于创意形成的整个过程之中，表现为对司空见惯的现象和人们已有的认识持怀疑、分析和批判的态度，并在此基础上探索符合实际的客观规律。营销策划活动既是一种创意活动，也是一种求异活动，只有建立在积极的求异思维基础之上，才能独树一帜，引起公众广泛的关注和支持。

（2）**睿智的灵感。**灵感是人们受外界的触动而闪现出的智慧之光，是人们在平时知识积累的基础上，在特殊情况下受到触动而迸发出来的创造力，灵感是随机迸发的，是不可刻意企求的。但灵感是思维的积累，只有知识、材料的积累，才有灵感的迸发。也就是说，灵感产生于有准备的头脑。

（3）**敏锐的洞察力。**洞察力是以批判的眼光，准确入微、入木三分地观察并认知复杂多变的事物之间相互关系的能力。敏锐的洞察力是创意者提出构想和能成功地解决问题的方案的基础。缺乏洞察力就会遗漏大量的创意资源。

（4）**丰富的想象力。**想象是表象的深化，想象力是人们凭借感知而产生的预见、设想。想象力是发展知识的源泉，也是推动创意发展的源泉。而创意是营销策划的生命。没有创意的策划是生硬的拼凑或无趣的模仿。只有蕴含创意的策划，才是富有鲜活个性和持久影响力的策划，才是真正意义上的策划。

3．创意的表现形式

创意在营销策划中的基本表现形式有如下几个方面。

（1）**系统思维。**系统是指由若干相互联系的基本要素构成的，具有确定的特性和功能的有机整体。它具有各组成部分孤立状态不具有的整体功能，且总是同一定的环境发生联系。系统思维具有科学性、真理性。在营销策划中利用系统的方法进行思维，就需要避开情感因素和主观愿望对客观环境造成的机会和威胁，对企业发展的起点和可能达到的目标、对企业已具备的条件和不完善的因素进行全面的考虑。

（2）**直观思维与逆向思维。**直观思维是指人们在生活中对外界事物所产生的直接感觉。它具有具体性、生动性、直接性的特点，是产生创意的基础。直观思维取决于人的观察力、记忆力和想象力。营销策划中对企业的发展历史和生存现状的认识就是一种直观思维。逆向思维是指人们的思维循着事物的结果而逆向追溯事物发生的本源的一种思维方式。它引导人们透过事物的现象探究其本质，然后根据事物本质发展的逻辑做出与原发展态势决然相反的判断，为创意者标新立异甚至反其道而行开拓了新的思路。

（3）**形象思维与抽象思维。**形象思维是创意者依据现实生活中的各种现象加以选择、分析、综合，然后进行艺术塑造的思维方式。生动性、具体性和艺术性是这种方式的特点。

在营销策划中，对企业视觉形象系统的创意、对产品品牌的确定、对企业广告用语的选择等都需要形象思维。抽象思维则是用科学的抽象概念揭示事物的本质，表达认识事物的结果。它是人们在认识事物的过程中，借助概念、判断、推理反映现实的过程。抽象思维要把具体问题抽象化后再去思考，以便突破具体问题的束缚，从多角度寻求启迪，从意想不到之处加以发掘。营销策划中，企业良好形象的树立必须依赖抽象思维创意，从而打破常规的思维模式，独辟蹊径。

（4）**联系思维与倾向思维。**联系思维是指运用事物存在普遍联系的哲学观点，努力发现事物之间的联系，寻求新的发展机会的思维方式。营销策划中，市场的开拓、广告效应、公共关系的运用、企业的拓展等无不需要联系思维。倾向思维则是指人们在思维活动中，常常依据一定的目标和倾向而进行思维的方式。例如，在企业形象策划中，策划者的创意往往沿着如何提升企业形象，如何美化企业视觉识别系统，如何使企业的理念识别系统更具有号召力、吸引力，如何使企业的行为识别系统更具有影响力等思路进行思维。通过反复思考，有时会在有意或无意、正常或偶然中突然获取灵感，找到最好的创意。

（5）**全息思维。**全息思维是建立在全息论上的一种思维方式。全息论指出，整体与部分，以及部分与部分之间，具有明确的部位对应关系。同时整体与部分不仅有相同的部位，而且都遵循同样的分布规律，即部分是整体的缩影。整体不仅包含子系统，子系统也包含整体。用全息思维总结创意的内在规律就应当承认创意中不同部分之间的差异性，以及注重不同的子系统间及子系统与整体之间存在的全息特性，从而实现化繁杂体系为简洁高效的可控的全息体系，为企业决策提供在不完全信息下的正确决策之路。简言之，就是着眼局部操纵全局，或综观全局掌握局部。

实用链接：创意的积极效应

- 企业形象独树一帜。独树一帜是企业形象鲜明、富有特色、有魅力的表现，是企业实施差别化战略所追求的目标。成功的创意必须通过这一目标来体现。如肯德基、麦当劳的创意都产生了这样的积极效应。
- 企业营销活动引人注目。引人注目是营销策划创意所追求的又一社会效果。引人注目必须依靠自身的特色，并在潜移默化中让社会公众接受其形象及相关的理念、行为举措。引人注目是企业实力的扩张，也是企业形象的张扬和企业魅力的辐射。创意就是解决如何张扬、如何宣传的问题。如果收到引人注目的效果，创意就成功了。
- 借冕播誉名扬四海。营销策划往往离不开在公共关系方面进行创意，即如何借助新闻媒介的力量宣传企业及其产品，从而达到提高企业声誉的目的。营销策划就是要依次提高企业的知名度、信赖度和美誉度。企业借新闻媒介之见，使自身的“三度”提高了，创意也就获得了成功。

4.1.2 创意的产生过程

著名策划人陈放认为：创意是有能量的，这种能量常被称为“创意能”；人的意识也是有能量的，通常被称为“智能”。创意的产生需要人们发挥创意能的作用，而创意能的积累又需要人们合理运用智能，使智能得到放大。在内外条件都比较成熟时，创意就会产生，或者说创意就会释放。在通常情况下，创意的产生是有一个过程的，需要策划人做充分的准备，“机会只会光临有准备的头脑”。

1. 创意的构想

一个好的创意是从“联想”开始的，通过联想，就会有千千万万个创意涌现出来。这种联想我们常称为创意暗示、灵感、模糊的印象或灵机闪现等。进行联想的方法很多，如案例 4-1 中所列的各种。

案例 4-1 网站推广的联想创意

某网站要制定“网站推广”的策划方案，在明确策划主题之后，以各种方法来寻求“联想”，其结果如下：

① 把它颠倒； ② 使它重复； ③ 变更一部分；
④ 把它缩小； ⑤ 使它变成立体； ⑥ 分裂它；
⑦ 把颜色换一下； ⑧ 参加竞赛； ⑨ 使它罗曼蒂克；
⑩ 使它更长； ⑪ 参加赌博； ⑫ 使它速度加快；
⑬ 使它闪动； ⑭ 价格更低； ⑮ 增加香味；
⑯ 把它放进音乐里； ⑰ 给它起个绰号； ⑱ 使它看起来流行；
⑲ 结合文字、音乐和图画； ⑳ 免费提供； ㉑ 使它对称；
㉒ 使它富有活力； ㉓ 以上各项延伸组合； ㉔ 将它向儿童诉求。

评述 联想的目的是产生更好的宣传推广网站的创意。如果产生的创意很好，却对网站的发展毫无意义，那么，我们宁可放弃这个创意！

将“联想”转化成为能够纳入具体策划内容的创意（从所得到的几十个甚至几百个联想点中，找出最切合策划主题，且效果较高的联想点，将其转化为创意，纳入策划内容），然后在策划会议中提案。它比在空想阶段具有更强的说服力，因此被采用的可能性也会更大。

注意点

- 获得策划联想之后，便可将其酝酿成具有实现可能性的策划创意，以便纳入策划方案。
- 并不是所有的联想点都能成为策划创意。因此必须做一番过滤、再加工、组合等工作，最后选出能够转化为策划创意的联想点。

当然，一个策划方案并不是只能容纳一个创意。此外，针对一个策划主题，也往往不止做一个策划方案。这些策划方案又都需要包含几个创意。因为不是所有的联想点都能演变成创意，转化为策划方案，所以需要有一个选择的标准。如果联想点不多，也可以在转化为创意时再做选择。事实上，在转化为创意的阶段中，许多联想点会自然消失。那是因为创意联想点虽然有趣，但不容易提升至策划创意的层次，或者仔细想起来并不是太理想的联想点，或者与其他想法类似且无意义。

2. 创意线索的寻找

有了创意灵感，就要试着设定策划主题，当策划主题设定完毕后，主要考虑的是以什么样的创意来构成策划，构成策划核心的创意又该如何想出来。这时就要设法收集创意的线索。

也许有人认为自己头脑不好，无论如何也没办法想出什么好点子。而有些人却是创意源源不绝。那么后者就是很优秀的策划人才吗？这倒也不一定。其实不管有多么丰富的创意，如果不能将这些创意实际纳入策划方案，化为可能实现的创意，便不能称为好创意。问题在于是否能够顺应策划主题，适时想出有效的创意。

有不少人头脑不太敏捷，但能够正视主题与现实，因而往往能提出一针见血、语惊四座的好创意，并整理成相当出色的策划方案。好的创意，通常是由创意的灵感产生的。创意的灵感，要让它发展，并整理成可能实现的构想，然后将其组合进策划方案中。

如果以信息理论的方式来说的话，所谓策划就是各种信息的有机组合。而构成其组合要素的各种创意，也都是由某种信息或几种信息予以加工、变形、组合而产生的一种信息。此外，激发创意灵感的线索或暗示，也是一种信息。一个好的创意或特别的策划与一般策划相比，总有它独特的差异。

因此，从探寻灵感线索（暗示），激发创意到形成策划的一连串作业，也就是信息的探索、变形、加工、组合的过程。每个阶段资讯的探求方法，变形、加工、组合、整理方法的优劣，都是决定能否形成一个杰出创意的条件。

案例 4-2 “创意彩蛋”微博游戏

作为一家互动营销公司，@中海互动 在微博上倾注了很大的精力。@中海互动 切换成为企业版微博，相较于普通版，企业版的页面功能有诸多提升，自由添加了视频、图片、投票、公告栏、友情链接、领导人、子品牌、员工等模块，以及管理后台数据的舆情监控，让企业对微博的使用有了更多的方式、便利和可能。

在有了更丰富的展示模式之后，如何让更多用户到达企业版微博主页，就成了运营微博的新课题之一。同时，就着对企业版微博的体验，@中海互动 推出了“微博彩蛋”活动，将 puzzle、机关、线索设置在企业版页面提供的功能中，开始了品牌和用户之间的默契游戏。 整个活动过程中，更多用户主动到达@中海互动 微博主页，寻找他们在主页上提供的信息，@ 中海互动 也通过彩蛋游戏，将站内站外和@中海互动 有关的信息都设置在彩蛋活动中，不仅和用户产生了更多互动，也宣传了@中海互动 的博客、小站及微博主页。

资料来源：http://wenku.baidu.com/view/245f0361caaedd3383c4d3d8.html

➘ **评述** 企业版微博上线之后，成为大家争相使用的宠儿。而“微博彩蛋”活动在保留很多老用户的同时，也吸引了很多潜在消费者。 “微博彩蛋”的营销策略中没有老套的营销策略信息，避开了用户对传统营销可能会有的疲倦和反感，而是利用生动有趣的方式让用户主动参与。

---

3. 创意的产生

创意的产生其实是人脑中意识活动的结果。人脑不会凭空产生创意，只有在充分获得外界信息的前提下，对信息进行整理、加工、组合后，才能激发出暗示、灵感、突发念头等层次的“联想”，才能酝酿成可能实现的构想，最后再予以整理、琢磨出来的，便是“创意”。下面介绍产生杰出创意的一些常用方法。

（1）**临时收集信息法。**寻找策划构想或创意灵感的方法大致分为两种：从已有的知识、情报中探求；通过个人或集团的智慧所产生。

所谓已有的知识、情报，是指发表于杂志、书刊的知识，或者登在专业刊物上的信息等。借助寻找过去的知识、情报，获得能用于目前正在思考的策划方案的创意或暗示，这是最简单易行的方法。通过智慧而产生创意是指将存在头脑中的信息及由外部收集所得的情报综合起来加以选择、加工、变形、组合，并整理出具有异质性的信息。

（2）**身体力行法。**身体力行法的具体方法通常有下面几种。

1）建立经济报纸、行业刊物等的剪报资料。

2）专业杂志、相关杂志等的剪报或摘要抄录。

3）收集相关图书、学会报告。

4）收集竞争产品、周边领域产品的说明书、业务员手册等。

5）出席相关研讨会。

6）出席展示会、展览会、样品展销会等。

7）和相关部门商品、技术、销售专家交流。

8）和销售部门、中间商交流、面谈等。

9）深入现场寻找线索。

通过上述这些渠道所得的情报、启示或当时所想到的创意，可以收集成资料剪贴簿或备忘卡，再一一整理。

（3）**根据核对表想点子法。**动脑是联想法中一种扩散式思考法。联想方式是由成员个人头脑中所拥有的信息发出的，也有些是根据别人所提出的想法，加上自己的情报，产生的新联想，这终究仍是个人头脑里的情报。另有一种是有意识地将个人头脑中的信息刻意引出来的有效方法，叫做核对表法。

通常在新产品开发上使用极其著名的奥斯本核对表，如表4-1所示。

表4-1　奥斯本核对表

序号	问　　题	创　　意
1	有没有其他用途?	维持现状？稍做改变？
2	能否借用其他创意?	有什么类似的东西？能借用别人的创意吗？过去有没有类似的东西？能不能模仿什么？可以模仿谁的东西？
3	如果改变形状、颜色、运动呢?	重新塑造一下。试着改变意义、颜色、运动、声音、味道、形状、类型等
4	变大呢?	加上一点什么？多花一点时间？增加次数？拉长？变薄？附加其他价值？重叠起来？夸张看看？
5	变小呢?	取消一些东西？压缩看看？变小？变低？缩短？除去？化成流线型？
6	替换的话呢?	如果换成别的用户的话？换成其他要素呢？要使用其他材料呢？改变一下程序？采用其他动力？换成其他语气？采用其他方法？
7	对调呢?	把要素对调。换成其他类型、改用别种排列、采用别种顺序、原因和结果对调、改变速度等
8	颠倒呢?	正、负反过来？里外颠倒？上下颠倒？功能颠倒？
9	结合起来呢?	变成合金如何？组合起来如何？将单件组合起来？将目的组合起来？将创意组合起来？

个人在思考创意时，或者团体一起思考时，可试着使用表4-1中的问题，通过在理论上刺激头脑而导出联想来。例如，关于冰箱，可从表中“上下颠倒会如何”的核对问题得

到暗示，导出上方冷藏库、下方冷冻库的联想来；从“缩小会如何”的暗示，可获得单身者用小型冰箱的联想；从“能借用他人的创意吗”的暗示，可想到使冰箱内温度能借按键一触即发，或者让冰箱内的温度能以颜色来辨别等联想。

4.1.3　创意方法论

产生创意需要一定的方法，掌握创意的产生方法是营销策划人员不可或缺的一项重要技能。创意的产生方法一般可以归纳为组合、改良和新用途 3 种。

1．组合

组合，就是把旧元素进行新的组合，用一位因创意而扬名美国的广告大师的话形容就是，创意完全就是旧元素的新组合。例如，音乐图书就是旧产品音乐与图书的组合，女士们爱穿的裙裤就是旧产品裙子与裤子的组合。

以组合的观点来分析创意，可概括为：创意=A+B，如下所示。

- 创意=情报+情报。
- 创意=情报+物。
- 创意=物+物。

案例 4-3　雅克 V9 的出现

维生素、糖果两者都是客观存在的事物（消费品），但是雅客 V9 将二者融合，摇身一变成了“维生素糖果”，创造了新的行业标准。由于糖果和维生素本来是风马牛不相及的事物，因此消费者在使用其中之一时很少会在二者间产生联想。无论维生素还是糖果，都是用嘴吃的。虽然维生素和糖果对消费者而言其使用的消化道部位不同：糖果使用舌头上的味觉，维生素使用大肠的吸收功能。但是不可否认，无论维生素还是糖果都是从“口”而入。

维生素糖果，既保留了维生素也保留了糖果，即将二者融合后并没有发生化学反应而使得维生素或糖果的功效消失。“维生素糖果=维生素+糖果”，使得维生素糖果广受消费者欢迎。

➘ **评述**　由这个例子可以知道，所谓的“创意开发”就是将已有的几种物品情报组合后产生的新产品。就像将维生素和糖果这两项情报组合，便产生了一个新产品，也就是广受消费者欢迎的维生素糖果。

如果再分析一下其他新产品的话，不难发现，它们也都是以这样的组合被开发出来的。身边这样的例子很多，如：

- IP 电话=网络+电话。
- 空调=冷却装置+吹风机。
- 汽车旅馆=汽车+旅馆。

2．改良

改良，在策划中的含义就是将旧产品或旧事物加以改进，使其具有新的功能。改良是创意的重要来源，近似于哈佛大学李维特所说的“创造性模仿”。创造性模仿绝非仿冒，它的基本精神正如管理学大师彼得·德鲁克所言：“创造性模仿者并没有发明产品，它只是将创始产品变得更完善。或许创始产品应具备一些额外的功能，或许创始产品的市场区间欠妥，须调整以满足另一市场。”

日本的“经营之神”松下幸之助深谙“改良”的道理，因此创业后一直秉持“改良旧产品、大量生产、降低成本、低价售出”的经营策略，打出了一片大好江山。

3．新用途

新用途指开发产品的用途，或者改变产品的用途，但产品本身无任何改变，只是换了个角度或换了一种眼光去看待该产品而已。这是认知的改变。

案例 4-4 上海“新天地”

“欧洲许多城市都保留了不同时代的城市‘断层’，不同历史时期的建筑与现代的城市和谐共存。中国的城市也应留下历史、文化的印迹……”这是香港瑞安集团董事长罗康瑞的观点。当他在业界一片反对声中毅然接下上海太平桥旧区改造项目时，有一位美国的旧城改造专家本杰明·伍德却十分赞同他。设计师本杰明·伍德与他惺惺相惜：“中国许多城市往往因为新的建设就轻易地把过去的老房子毁掉了，这是十分可惜的。”他们凭着坚定的信念和独特的文化理念，成就了现在的上海“新天地”。

本着不同的城市要留下不同的历史印迹的观念，本杰明·伍德将上海石库门用原来的材质“整旧如旧”，而在内部进行了现代化的设施装修。走入新天地，依旧是青砖步道，清水砖墙，乌漆大门，窄窄弄堂，仿佛时光逆流，重归故里。不同肤色、不同语言、不同国度的人们相聚在露天咖啡厅、酒吧、餐桌，在休闲中感受和触摸这座城市的文化和历史。

人们这样评价“新天地”：年轻人说它时尚，中、老年人称它怀旧，外国人认为它就是中国，中国人却感到新鲜、洋气。专家则认为新天地既给人以百年前的历史联想，延续了历史文脉，又满足了社会发展的需要，与上海的城市定位十分契合。

“新天地”在旧城改造中走出了一条保护和发展相辅相成的好路子。对于一些不是文物的老建筑，在国外比较流行保留一部分并加以现代化包装，从而激活整个街区或一个城市的发展。新天地也是如此，将中国化的元素进行保留，并穿插新的时代符号，在新旧的对比、历史与现代的融合中完成保护并实现创新发展。

专家认为，事实上将所有的老建筑都当做文物来保留是不现实的，对于这些有历史文化感的建筑应该借鉴新天地的理念来传承城市文脉，实现新的发展。

资料来源：http://news.163.com/12/0921/15/8BUH4UL400014JB6_4.html

评述 旧建筑本身并未发生什么改变，只是本杰明·伍德换了个角度去看待它，将其与人类文化紧密联系起来，进行保护并且增值。正如彼得·德鲁克所言，"认知的改变"就是创意的重要来源。

以上所谈的 3 个方面，虽然提供了产生创意基本方法的思路，但它们只限于描述性的指导，还没有给出创意方法的具体可操作的步骤，对初学者来说，运用起来比较困难。其实关于创意已经有了一些比较成熟的方法，这些方法大多是有关专业人士在实践中总结出来的，比较实用。

4.1.4 创意产生的自我训练法

经济学家张五常有一次接受香港《号外》杂志的访问时，回忆到自己一面写博士论文一面学摄影的往事。正当他的学术成就纷至沓来之时，恰巧他的摄影作品也屡获嘉奖，张五常感叹道："如今我知道莫扎特的感受了。"

实用链接：莫扎特的感受

什么是"莫扎特的感受"？莫扎特在短短 35 年的生命里，共写了 20 多部歌剧、27 首钢琴协奏曲、27 首弦乐四重奏、17 首弥撒曲、41 首交响曲及不计其数的管乐器协奏曲。在他的一生中，创作力源源不绝，甚至都来不及完成他最后的《安魂曲》(未完成)。

"莫扎特的感受"就是一种创意不断涌出的状态。然而，这种状态却不是每个人都能经常碰到的，多数人饱受的是创意枯竭之苦。原因何在？日本策划大师多湖辉说："为什么我没有策划力，原因是我根本没有努力训练自己。"

在台湾有"专业创意人"之称的詹宏志在他的《创意人》一书的前言中写道："我写《创意人》的理由是，很多人没有创意，是因为他们缺少认识和训练。创意和游泳、网球一样，都是'会者不难'的技艺。更重要的，我认为，创意的本质和技术，大多是可以通过学习得来的。"

事实上，人类的创造潜能，远超过我们的想象。只要经过有计划的训练，你也能找到"莫扎特的感受"。

让创意产生的自我训练法主要有以下几种。

1. 观察训练法

创意的第一个要领是"观察"。当你看到的东西不一样时，你想的东西也就与众不同。

“观察”不是天赋，而是一种耐心的训练，必须经过长期有意识的练习才行。观察力的训练，没有捷径，必须给自己设定强迫性的“观察”课程。一个策划人应该随时利用机会锻炼自己的观察能力。例如：

- 你可以在上班休息时间，观察办公室每位同事打电话的姿势，分别记录下来，并且分类。
- 你可以利用中午外出就餐的时间，盯住一个食客，观察他吃饭的每个细节，然后记录下来，并指出那个人最特别的地方。
- 你可以利用下班的时间，走过一条商业街，观察每家商店的服务员，把他们的衣着、年龄、特征记录下来，试着追究一下，他们的外观和店里卖的东西有什么关系。

……

2. 图像记忆训练法

专业创意人詹宏志主张：“你除了要观察，还要把画面‘背’下来。”为什么要记忆画面？因为画面里充满了细节，而语言式的记忆只有抽象的要点，没有细节。

实用链接：图像记忆训练法示例

詹宏志在他的《创意人》一书中，曾举过这样一个例子：你现在闭上眼睛，尽可能详细地想下列指示。

“现在你要从办公室回家，请从头到尾想完这件事。”想完了就回答下面的问题：

- 你知道你是用语言思考还是用画面思考吗？
- 你刚才的想象中，有站起来的动作吗？有收拾桌子的动作吗？办公室还有其他人在场吗？你穿过走廊了吗？你的想象中，有这些画面吗？或者，考虑到这些情况了吗？
- 回家的路上，经过多少站？街上热闹吗？塞车吗？你记得哪几家商店？它们生意好吗？你的想象中，有这些过程吗？
- 回到家门口，碰到邻居了吗？带钥匙了吗？进了家门，谁在家呢？你刚才的想象中，有这些画面吗？

如果这些问题你不能详细回答，那意味着你的思考里语言多于图像。语言是最有效率的工具，当你想到“我从办公室回家”，你“立刻”就到家了。因为你用语言思考，过程都省略了。但如果你用图像来思考，这句话就变成冗长的一段过程。语言思考比较经济，画面思考却能容纳较多的细节。细节就是创意的材料，它让你看到和别人所见不同的事物。看的不同，想的也就不同。图像思考是一种很有用的思考方法。但是，目前的教育，大多集中于语言、文字方面的记忆和思考，使学生很少用到图像思考，从而荒废了图像思考的能力。经过这样教育的策划人员，图像思考方面的欠缺是显而易见的。

那么，如何训练图像思考或图像记忆？詹宏志认为，就是要“重新演练你的本能，把图像思考的能力找回来”，通常可以按照下面所说的去做。

- 每天晚上用 15 分钟时间，举白天一事为例，用图像思考把它回忆一遍。记着，要一幕一幕地回忆。
- 如果看了一场电影，睡觉前试着在脑中“重播”一次，要尽可能仔细，最好闭上眼睛，而眼前就仿佛是一个彩色宽银幕。
- 一开始，你可能会为图像思考的缓慢而感到不耐烦，但一定不要放弃，这些训练不是要用来“取代”语言思考，而是唤回你的本能，用来弥补语言思考的不足。

对一般人而言，只要有意识地利用示例中所举的、类似的方法加强日常训练，并坚持不懈，就一定能提高自己的图像思考能力。

3．重新定义法

如前所述，“认知的改变”是重要的创意来源，不但个人的认知每天都在变，整个社会的认知每天也在变，但它的变化是渐进的、缓慢的、不惹人注目的。当认知发生改变的时候，我们对问题的界定与解释都应跟着改变。不断重新解释自己的角色，不断重新解释社会的特性，不但是创意人的思考方法，也是所有不想被社会淘汰的人的必备训练。

怎样训练自己“重新定义”的能力？台湾的詹宏志提出“渐距推远法”。“按你的习惯来下定义，然后扩大定义容纳的范围；再下一次定义，然后再扩大；再定义，再扩大得更大；再下定义……到你的视野完全变化为止。”举以下简单的例子。

- 我是一个卖早点的人。我的问题是如何把豆浆、油条做得好吃，降低成本，招徕顾客。
- 我是一个供应早餐的人。我可以卖咖啡和油条、豆浆和煎饼套餐吗？
- 我是一个供早上外出人士方便快速进食的人。豆浆店是最方便、最快速的去处吗？有很多人还是来不及买，我是不是可以设计一种容器，使人们很方便地在车上享用？或者，我应该更进一步，使他边吃边向他的办公室、学校前进，有没有一种“早餐巴士”的可能？

渐距推远法是重新定义法中最有用也最常用的，但这并不意味着它是重新定义的唯一的方法。有时，重新定义是横向移动的。有时，重新定义又是再造一个新的、全无关系的新定义。

创意人不但要练习渐距推远法，也要想想“平移”的可能。最主要的是，必须保持“不断定义”的习惯，不断有新的解释，不断把旧的变成新的。

4．杜拉克式的问句

杜拉克是个奇特的“顾问家”，或称“咨询师”。他的顾问对象经常是世界各国的政府和名列前茅的国际公司。他的费用很贵，即使一家大公司，有时候也只“付得起半天的费用”。他一年的“顾问工作日”只有70天，加上他的旅行演讲也不超过100天。其余时间他用来读书、思考、写作。

但是，这位现代的“顾问巫医”并不提供惊人的数字或精密的技术，他只是坐下来，和他的客户在一起，然后就开始他的看似“愚蠢的问题”：

- 你真正想做的是什么？
- 你为什么要去做？
- 你现在正在做什么？
- 你为什么这样做？

杜拉克式的问句，其核心是让我们集中精神于真正的问题。

正如一些谚语所说的：“如果你能陈述问题，问题就可能被解决。好的问题，就等于解答了一半。”但是，人们通常花很短的时间就提出问题，却花费很长时间来试图解决这个不清楚的问题。而实际上这样的思考可能并没有紧扣真正的问题。那么，怎样才能问一个好问题呢？

（1）**问题要浅。**杜拉克的“你最想做的一件事是什么？”可以说是最浅的问题了。最浅的问题常常也是最基本的问题。如果你能抛开干扰，回到基本，问小孩子式的问题，你常常就能找到最重要的问题。

（2）**问题要清楚。**问题要直达要问的重点。如果你觉得有困难，那么就试着用几个方式去问同一个问题（方式越多越好）。经济学家弗利德曼（Milton Friedoman）遇见别人问他问题时，总是喜欢说：“且让我重述一下你提的问题。”有一次，他在解释法国某学者的货币理论时，经济学家张五常问道：“您的主旨是如果时间长而事情不变，人们就觉得沉闷吗？”弗利德曼回答：“你是要问，是否时间越多，时间的边际价值就越少？”这样一来，就直达经济学上的“边际收益递减”规律。张五常后来说：“他无须回答我，答案已经浮现出来了。”

（3）**判断问题的重要性。**衡量问题重要与否，应该放在一切考虑之前。经济学家张五常认为判断问题的重要性并不太难，你只要问自己：“如果这个问题有了答案，我们会知道些什么？”如果所知的和其他的知识没什么关系，或者所知的改变不了众所周知的学问，那么这个问题就是不重要的问题。如果问题只能有一个答案，没有其他的可能性，那就是“蠢问题”。

杜拉克式的问句实际上是简化问题，把问题集中在“目标”上，然后你才能真正知道该把精力集中在何处。杜拉克并不解决问题（只有在工作现场的人才能解决问题），他只是修改问题，让你面对正确而简单的问题，剩下来的就是你自己的工作。学会问问题，是每个创意人不可缺少的训练。

5. 创造性模仿

杜拉克在他的《创新与创业精神》一书中，引用了哈佛大学教授李维特的术语“创造性模仿”，并将之作为一种企业策略。

案例 4-5 比亚迪汽车

比亚迪汽车的主力车型 F3，甚至被业内人士称为“比亚迪花冠”。比亚迪会瞄准世界上先进的车型，不惜代价拆开，加以测量、分解、检测，研究结构，试验性能，没有专利的照着做，有专利的把它改一改。王传福甚至说，“坦白讲，我们不会从头设计一部车。一款新产品的开发，60%来自公开文献，30%来自现成样品，自身的研究实际上只有 5%左右。我们大量使用非专利技术，把专利技术剔除掉，非专利技术的组合就是我们的创新。专利需要尊重，但可以回避。”

评述 抓住时机进行“创造性模仿”，这样你才会领先成功一步。

“创造性模仿”同样适用于策划创意。“前不见古人，后不见来者”的创意毕竟是不多见的。绝大多数创意都是经过改良、模仿得来的。但是创造性模仿不是消极的模仿，一定要有积极的观念和精神。它的目标是创造，而不是模仿。创造性模仿者透过对他人创意的了解，重新组合、改良，从而产生不同功能与价值的“新”东西，这就是创造。

4.2 营销策划书的框架设计

当营销策划的创意、构想过程基本完成，接下来的工作是将营销策划的内容和实施步骤条理化、文字化，即撰写营销策划书。

营销策划书作为创意和策划的物质载体，是策划文字或图表的表现形式，它使得策划人的策划方案能够被他人所知道和接受，使策划由一种思想一步步地变成现实。策划好比排演一场戏，策划书就相当于戏的剧本，它既是编剧对故事的构思，又是演员赖以表演的蓝本。没有剧本，戏当然是演不成的。

营销策划书不可能凭空而来，也不可能一挥而就。如果把策划创意比做楼房的地基，那么营销策划书的框架纲要就是楼房的立柱。上一节中介绍了创意的内涵、创意的方法和创意的自我训练法，也就为撰写营销策划书打好了“地基”，那么接下来的工作就是设计策划书的框架，描摹策划书的纲要。

4.2.1 框架设计的准备

框架设计对书写营销策划书来说，是非常重要的工作，但不是第一步工作。换言之，在设计策划书之前还有一些准备工作需要做，如书写对象、作用、目的和意义。

1. 营销策划书写给谁

第一步需要弄清策划书的提供对象是谁，不同的接受者所要求的标准（也就是策划审议时的重要标准）是不相同的。所以书写策划书的前提条件是要明白策划书为谁而写，相关的要求是什么，从而使营销策划的书写能够站在接受方的立场上，也为以后策划书被接受方的采用打下基础。

2. 营销策划书的作用是什么

需要说服别人支持营销策划，但仅以口头又无法说清楚，这时就需要书写策划书，通过策划书将策划人的意图向不同的审议者传达。虽然并不是所有的营销策划都需要制作策划书，但是对比较复杂的营销策划来说，有了策划书做主要的或辅助的说明，将会使策划更易被接受方采纳。另外，营销策划书也是相关部门向上司或其他部门汇报策划成果时的重要依据。策划书的另外一个重要作用就是“剧本”作用，即在策划的具体实施过程中，对策划执行者起到了指导和监督作用，从而确保策划的顺利实施。

3. 营销策划书的最终写作目的是什么

从根本上说，营销策划书的写作目的就是使决策者接受策划的内容，并确保策划能按计划顺利实施。

4.2.2 营销策划书的框架要素

不管哪一层次或哪一部门的营销策划书，其基本框架均应包括下列内容，通常可以概括为“5W3H1E”：

- What（什么）——策划的目标、内容。
- Who（谁）——策划的相关人员。
- Where（何处）——策划的场所。
- When（何时）——策划的日程计划。
- Why（为什么）——策划的假设、原因。
- How（怎样）——策划的方法和整体系统运转。
- How（怎样）——策划的表现形式。
- How（多少）——策划的预算。
- Evaluation（评估）——效益评估。

注意点

与一般的“5W1H”不同，策划书还强调其他两个“H”，即“How about this feel? ”（要求注重表现形式）和“How much does this cost? ”（要求明确预算是多少）。

一般而言，一个好的策划必须具备精彩、扣人心弦的表达形式，才更容易实施并达到最终目标。同时，策划还是一项复杂的系统工程，需要一定的人力、物力和财力。同其他任何一项投资一样，策划的预算与其最终的收益也要有一个适当的比率，只有这样，这项策划才具有其实施的可行性和合理性。因此，在策划书中，预算的内容是必不可少的。策划预算进行得越周密，费用项目划分得越细，才越具科学性和说服力，从而使这项策划方案更易为决策者接受。

这里需要特别指出的是，“5W3H1E”是策划书的框架内容，这几项缺一不可，但这并不意味着它们是策划书的全部内容。不同专题的策划书，其目标和要求各异，因而内容也千差万别。例如，对某些策划书而言，专家意见也成为其重要内容之一。因为这类策划书往往专业性较强，而策划者并不一定是专业人员，因而专家意见将使得该策划书更具有说服力。

4.2.3　设计营销策划书的框架

策划书的写作要依据创意和策划者的意图勾勒出策划书的主体框架，然后才能开始具体内容的书写。框架纲要不仅是策划的总体思路的体现，还是找到具体问题的切入点，并能及时发现不足和遗漏。

由于行业的差异和策划专题的不同，营销策划书框架纲要并无固定的格式。但是依据营销策划活动的一般规律，营销策划书正文的框架纲要一般应包括：界定问题、环境分析、问题点及机会点、营销目标、营销战略、营销组合策略、行动方案、财务分析、策划控制方案等单元（见图 4-1）。

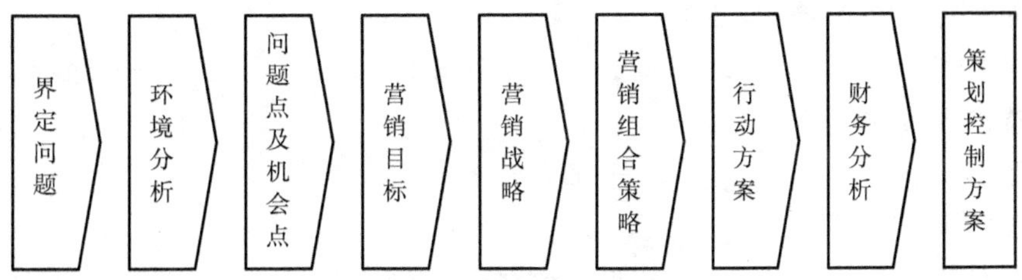

图 4-1　营销策划书框架纲要

如图 4-1 所列举的营销策划书的框架纲要可以为策划书的编写提供一般性指导和写作格式范本，但在具体的编写过程中要灵活运用，不必拘泥于形式。为了更好地指导营销策划书的写作，本节精选了一些常用的策划书框架纲要编写范本，以供读者参考。

案例 4-6 某啤酒公司广告策划书的框架纲要

1. 整体环境的挑战
- 竞争者挑战
- WTO 开放挑战
- 消费者变化挑战
- 政府法令挑战

2. 啤酒市场未来在哪里
- 最近 5 年啤酒产销量
- 各品牌啤酒市场占有率
- 啤酒的未来成长空间与潜力

3. 目前本啤酒品牌与消费者的品牌网络关系

4. 本啤酒今年年度最关键思考主轴与核心

5. 经营策略
- 如何扩大整体啤酒市场
- 如何提升本品牌形象
- 如何经营年轻人市场
- 如何经营销售渠道

6. 传播目标与策略
- 短期/长期的传播目标
- 短期/长期的传播策略

7. 传播概念
- 主要/次要诉求对象
- 核心诉求重点与口号

—品牌概念 —产品概念
—产业理念 —价值诉求

8. 传播组合
- 品牌运作

—广告（电视、报纸、广播、电影、杂志）
—渠道营销（中/西餐厅、KTV 店、便利商店）
—促销（SP） —事件营销 —网络互动

- 公益广告运作

—事件 —记者会

9. 创意策略与表现
- 主题口号
- 核心创意
- 创意各篇脚本（电视 CF 篇、报纸 NP 篇、广播 RD 篇）

10. 渠道营销
- KTV 活动营销
- CVS（便利店）活动营销

- 大卖场活动营销
- 超市活动营销

11. 消费者促销

活动目的、主题、方式、广告

12. 事件活动

活动名称、目的、计划、内容

13. 网络营销

活动目的、主题、手法、方式、视觉表现

14. 公益广告

广告目的、策略、传播组合

15. 媒体计划建议

- 目前主要品牌媒体广告已投资分析
- 媒体广告组合计划
- 媒体选择
- 媒体排期策略
- 媒体执行策略

16. 媒体预算分析

- 五大媒体预算
- 渠道营销预算
- 事件营销预算
- 公益广告预算
- 互动网络预算
- CF 制作费
- 广告效果测试预算
- 策划设计费用
- 其他费用
- 总计金额

17. 整体时效计划表

- 拍片
- 助成物印制
- 五大媒体上档
- 渠道营销发动
- SP 发动
- 事件发动
- 公益广告发动
- 互动网络发动
- 广告效果测试日

4.3 营销策划书的撰写

在上一节基础之上，本节主要介绍一下营销策划书的各部分内容该如何撰写，并简要说明采用何种表现手法可以使策划书更容易被理解，以及写作中应注意的一些细节问题。

4.3.1 营销策划书的内容及写法

如表 4-2 所示，一份完整的营销策划书包括封面、策划主体、附录等部分。

表 4-2 营销策划书的基本结构

结　　构	内　　容
封面	策划书及客户名称、策划机构或策划人名称、策划完成日期、策划适用的时间段、保密级别及编号
概要	策划主要内容概括
目录	策划的提纲
前言	策划目的及相关内容说明
界定问题	明确策划目标、策划主题
环境分析	市场状况、竞争状况、分销状况、宏观环境状况
问题点和机会点	分析问题、发现机会
营销目标	市场目标、财务目标
营销战略	市场细分、目标市场、市场定位
营销组合策略	产品策略、价格策略、渠道策略、促销策略
营销实施方案	人员安排、道具设备、时间计划、地点选择
财务分析	损益表等财务报表、营销费用预算
策划控制方案	方案执行控制、风险预测、应急方案
结束语	突出策划的内容要点
附录	数据资料、问卷样本及其他背景材料

1. 封面

策划书的封面一般应列明以下各点。

- 策划名称（主题）。
- 策划者的姓名（策划机构或小组成员名单）。
- 策划制作或完成的日期。
- 策划适用的时间段。
- 策划书的保密级别及编号。

除此之外，还可在策划书的封面附上一段对策划书内容做简要说明的文字，但不宜过长。策划书的封面就好比人的脸面，它给使用者带来很重要的第一印象，因此不可马虎对待，应该让你的封面给你的顾客传递出这样一条信息：我的策划是最好的！

2. 概要

概要相当于一般书籍的序，主要是对策划项目进行概要说明，包括策划的目的、意义、创意形成的过程、相关策划的介绍，以及策划书包括的内容等。概要应简明扼要，字数以

300 ~ 400 字为宜。

3. 目录

策划书的目录和其他书籍的目录作用相同，它涵盖了全书的主体内容和要点，读过后应能使人对策划的全貌、策划人的思路、策划书的整体结构有一个大体的了解，并且为使用者查找相关内容提供了极大的方便。目录实际上就是策划书的简要提纲，策划者应认真编写。其内容比较精练，如图 4-2 所示。

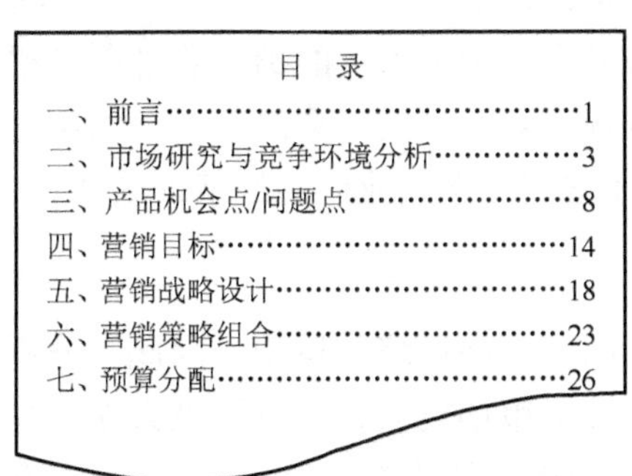
目　录

一、前言……………………………………1
二、市场研究与竞争环境分析……………3
三、产品机会点/问题点……………………8
四、营销目标………………………………14
五、营销战略设计…………………………18
六、营销策略组合…………………………23
七、预算分配………………………………26

图 4-2　营销策划书目录写法举例

4. 前言

前言的作用在于统领全书，因此其内容应当包括对策划的宗旨、目的及背景，以及策划的必要性等问题的描述。

前言一方面是对策划书内容的高度概括性表述，另一方面则在于引起读者的注意和兴趣。当读者看过前言后，要使其产生急于看正文的强烈欲望。前言的文字通常以不超过一页为宜，字数可以控制在 1 000 字以内，其内容主要集中在以下几个方面。

- 简单交代接受营销策划委托的情况。如 A 营销策划公司接受 B 公司的委托，承担××年度营销策划工作。
- 进行策划的原因。就是把这个营销策划的重要性和必要性表达清楚，这样就能吸引读者进一步去阅读正文。
- 策划过程的概略介绍和策划实施后要达到的理想状态的简要说明。

5. 界定问题

此部分需要明示策划所实现的目标或所改善的重点。无论多么精美的策划方案，如果定位于错误的市场，把重点放在错误的方向上，最终必定因偏离企业所希望达到的目标而失败。所以，在进行营销策划之前要找到一个最佳切入点，以及实现那些目标的战略直觉。这主要是通过界定问题来解决，即把问题简单化、明确化、重要化。

6．环境分析

“知己知彼方能百战不殆”，这一部分需要策划者对环境比较了解。环境分析的内容包括市场状况、竞争状况、分销状况、宏观环境状况等。

（1）**市场状况**。市场状况是指目前的产品市场、规模、广告宣传、市场价格、利润空间等。列出近期目标市场的数据。通过年度相对指标对比，得出分析结果。

（2）**竞争状况**。对主要的竞争者进行辨认，并逐项描述它们的规模、目标、市场份额、产品质量、营销战略和其他特征，从而恰如其分地了解它们的意图和行为。

（3）**分销状况**。列出在各个分销渠道上的销售数量资料和重要程度。

（4）**宏观环境状况**。描述宏观环境的主要趋势（如人文的、经济的、技术的、政治法律的、社会文化的等），阐述它们与本企业产品的某种联系。

7．问题点和机会点

策划方案是对市场机会的把握和策略的运用。因此，分析问题，寻找市场机会，就成了营销策划的关键。只有找准了市场机会，才可以极大地提高策划成功率。通常情况下，采取 SWOT 分析法，即对企业内部环境的优势（Strengths）和劣势（Weakness）及外部环境的机会（Opportunities）和威胁（Threats）进行全面评估。

（1）**优势/劣势**。这是指销售、经济、技术、管理、政策（如行业管制等政策限制）等方面的优势和劣势。

（2）**机会/威胁**。这是指分析市场机会与把握情况，分析市场竞争中的最大威胁力与风险因素。

（3）**SWOT 综合分析**。也即综合分析市场机会、环境威胁、企业优势与劣势等战略要素，明确能够为本企业有效利用的市场机会，即尽可能将良好的市场机会与企业优势有机结合。同时要努力防范和化解环境威胁和企业劣势可能带来的市场风险。

现以某家电企业为例说明 SWOT 分析（见图 4-3）。

（4）**问题分析**。在 SWOT 分析的基础上，明确在制定和实施市场营销战略计划过程中还必须妥善解决的主要问题。

8．营销目标

无论哪方面的营销策划书，其主体内容都应当明确企业具体要达到的营销目标，如市场占有率、销售增长率、分销网点数、营业额及利润目标等。

营销目标必须满足以下 4 个条件。

- 目标必须按轻重缓急有层次地安排。
- 在可能的条件下，目标应该用数量表示。
- 目标必须切实可行。

- 各项营销目标之间应该协调一致。

内部优势（S）	内部劣势（W）
1. 技术领先，技术能力强 2. 产品品质好，产品线全 3. 产品口碑好，有品牌积累 4. 资金实力强，融资方便 5. 生产能力强，生产和质量管理经验丰富 6. 在三、四级市场有较大的网络优势	1. 组织机构尚未度过磨合期，仍需经市场考验 2. 终端建设落后于竞争者 A，一、二级市场不如竞争者 A 3. 市场不规范，经销商积极性不高 4. 营销管理手段落后，工作效率低 5. 服务、传播力度及效应与竞争者 A 有一定差距
潜在的外部机会（O）	**潜在的外部威胁（T）**
1. 宏观经济形势好 2. 西部大开发给西部市场带来了新的发展机遇 3. 周边国家经济逐渐复苏及我国加入 WTO，有利于出口业务的拓展 4. 有潜力的三、四级市场在成长 5. 新渠道的发展	1. 行业进入微利时代，竞争加剧，盈利水平下降 2. 新竞争者的加入，给行业带来更多的不确定的因素，随时面临降价的威胁 3. 地方品牌的复苏加大了区域市场的竞争壁垒 4. 竞争品牌的经济型产品，特价机对市场的冲击较大

图 4-3　某家电企业的 SWOT 分析

9. 营销战略

在营销策划书中的“营销战略”部分，要清楚地表述企业所要实行的具体战略，包括市场细分、目标市场和市场定位 3 方面的内容。

（1）**市场细分**。其目的在于帮助企业发现和评价市场机会，以正确选择和确定目标市场。

（2）**目标市场**。根据企业资源状况及实力，找准目标市场。

（3）**市场定位**。这是指企业为在目标顾客心目中寻求和确定最佳位置而设计产品和经营特色的活动。

关于定位的具体内容，可以参见本书的第 7 章。

10. 营销组合策略

确定营销目标、目标市场和市场定位之后，就必须着手准备在各个细分市场所采取的具体营销策略，以及确定相关的营销组合策略。

所谓营销组合，就是企业的综合营销方案。企业根据自己的营销目标与资源状况，针对目标市场的需要对自己可控制的营销策略（产品、价格、渠道、促销）进行优化组合和合理的综合运用。其中的促销又包括广告、人员销售、营销推广和公共关系几个方面。

（1）**产品策略**。阐述产品体系、品牌体系、品牌管理、包装体系、包装形式、包装设计等内容。

（2）**价格策略**。阐述定价原则、定价方法、价格体系、调价体系等内容。

（3）**渠道策略**。阐述渠道建设指导方针、渠道开发步骤、渠道网络架构、渠道激励措施等内容。

（4）**促销策略**。阐述人员推销、广告、营销推广和公共关系所采用的方法。

关于如何进行营销组合策划的问题，详见本书第6章的内容。

11. 营销实施方案

要实施营销策划，还要将各项营销策划转化成具体的活动程序。为此，必须设计详细的策划行动方案（见表4-3）。在行动方案中，以下几点内容需加以确定。

- 要做什么作业？
- 何时开始？何时完成？其中的各项作业分别需多少天完成？各项作业的关联性怎样？
- 在何地？需要何种方式的协助？需要什么样的布置？
- 要建立什么样的组织机构？由谁来负责？
- 实施怎样的奖酬制度？
- 需要哪些资源？各项作业收支预算为多少？

表4-3 策划行动方案安排

作业名称	负责人	行动地点	开始日期	计划结束日期	实际结束日期	预算费用	实际费用	备注
作业A								
作业B								
…								

12. 财务分析

财务分析主要是对策划方案各项费用的预算，包括营销过程中的总费用、阶段费用、项目费用等，其原则是以较少的投入获得最佳的效果。

预算费用是策划书必不可少的部分。预算应尽可能详尽周密，各费用项目应尽可能细化。预算费用应尽可能准确，能真实反映该策划方案实施的投入大小。同时，应尽可能将各项花费控制在最小规模上，以求获得最大的经济效益。

在实际的预算计算中，常根据各项目标下的各费用项目列出表格（见表4-4），计算出所需经费，此方法称为“目标估计法”。

表 4-4 营销预算表

营销预算 作业名称	1月	2月	3月	4月	5月	6月	7月	8月	9月	10月	11月	12月	合计
作业 A													
作业 B													
作业 C													
…													
机动													
合计													

13．策划控制方案

（1）**一般控制方案。**一般控制方案通常包括以下几点。

1）每月或每季度详细检查目标达到的程度。

2）高层管理者要对目标进行重新分析，从中找出未达到目标的项目及原因。

3）实施营销效果的具体评价方案有经营理念、整体组织、信息流通渠道的畅通情况、战略导向和工作效率。

（2）**应急方案。**应急方案主要考虑市场信息的不确定性。需制定多套应急方案，其中须列出可能发生的所有特殊事件及发生这些特殊事件时的对策，以降低风险。

14．结束语

与前言呼应，策划书应有一个圆满的结束语，主要是重复一下主要观点并突出要点。

15．附录

附录是策划书的附件，附录的内容对策划书起着补充说明作用，便于策划书的实施者了解有关问题的来龙去脉，为营销策划提供有力的佐证。在突出重点的基础上，凡是有助于阅读者理解营销策划内容和增强阅读者对营销策划信任的资料都可以考虑列入附录，如引用的权威数据资料、消费者问卷的样本、座谈会记录等。列出附录，既能补充说明一些正文中的问题，又显示了策划者的责任心，同时也能增加策划方案的可信度。注意附录部分也要标明顺序，以便查找。

4.3.2 营销策划书的撰写技巧

可信性、可操作性及说服力是营销策划书的生命力所在，也是营销策划所追求的目标。因此，在撰写营销策划书时应十分注重这几方面的内容。

下面介绍在营销策划书撰写过程中，常用的一些基本技巧。

1. 合理使用理论依据

要提高营销策划内容的可信性，更好地说服阅读者，就要为策划者的观点寻找理论依据，这是一个事半功倍的办法。但要防止纯粹的理论堆砌。

2. 适当举例说明

在营销策划书中，加入适当的成功与失败的例子既可以充实内容，又可以增强说服力。在具体使用时一般以多举成功的例子为宜，选择一些国外先进的经验与做法，以印证自己的观点，这样效果会非常明显。

3. 充分利用数字说明问题

策划报告书是为了指导企业营销实践，因而必须保证其可靠性。营销策划书的内容应有理有据，任何一个论点最好都有据可依，而数字就是最好的依据。在营销策划书中利用各种绝对数和相对数来进行比较对照是绝对不可少的，而且要使各种数字都有可靠的出处。

4. 运用图表，使内容视觉化

图表有着强烈的直观效果，并且比较美观，更加有助于阅读者理解策划的内容。用其进行比较分析、概括归纳、辅助说明等非常有效。要想使策划书形象生动，最好还应视觉化。

所谓视觉化，就是将策划书中的内容尽量用各种图表、实物照片来表示，从而给读者以直观的印象。读者可能对整段、整篇的文字没什么记忆，但容易理解各种图案、流程图、箭头及图形边的简短说明，而且记忆也深。

5. 突出重点，切勿面面俱到

在策划过程中，应突出重点，切勿目标过多。

对一个善于思考的人来说，就某个问题可以产生很多想法是个优点，但如果把这些想法全都纳入策划之中，则是一件十分危险的事情。因为如果策划书中观点和想法太多，容易造成分不清策划的焦点和主体。

因此，一个优秀的策划人员会把构想浓缩。即使有很好的方案，只要与主题无关，就要删除。事实上，适当的舍弃才是重要的策划技巧。

6. 准备若干方案，未雨绸缪

当拟订策划书时，并没有硬性规定一次只能做一个策划方案。其实，对于同一个主题，同时做出两个或三个策划方案也是可以的。当然，有的策划者会过于自信，认为自己的工作是完美无缺的，但从企业的实践而言，在对策划进行审查时，一定会有种种的意见出现，所以事先准备替代方案才是明智的选择。

有经验的策划者会预测审查者可能提出的反对意见，或者了解他们的习惯，然后准备第二方案、第三方案。首先把第一方案提出，当反对意见出现时，你可以再拿出备用方案。由于备用方案已经包含了对第一套方案的批评，所以审查人员不得不赞成。更周到的策划人员还往往准备第三套方案，以防万一。

总之，与其因第一方案遭否决而使自己全军覆没，倒不如事先准备好后备方案，以提高成功的概率。

7．有效利用版面设计，增强感染力

策划书视觉效果的优劣在一定程度上取决于版面设计，因而有效利用版面安排也是策划书撰写的技巧之一。这包括打印的字体、字的大小、字与字的空隙、行与行的间隔、黑体字的应用及插图和颜色等。优秀的版面设计能使策划书显示生气、突出重点、层次分明、严谨而又不失活泼。下面是版面设计时几个常用的技巧。

（1）**标题可以分为主标题、附标题、小标题、标题解说等。**通过这种简练的文字，可使策划书的内容与层次一目了然。

（2）**用空白突出重点。**用空白处将某部分与其他部分分开以示强调，这是使策划方案易懂的常用版面设计方法之一。在正文中调整段落的长度，使用列举等方法都需要留出更多的空白处。

（3）**限制同一版面出现字体的数目。**绝大多数的策划文案只使用 3 种或更少的字体，因为过于纷繁的字体会使版面显得过于花哨、喧宾夺主，且影响阅读速度。通常中文文字使用宋体、黑体、楷体等，英文文字使用 Times New Roman、Palatino、Elite 等。字号使用五号、小四号、11 号等。

（4）**使用阴影突出、适度着色和其他点缀方式。**色彩可以有效地突出重点，尤其是蓝色、绿色、紫色深受年轻读者的喜爱，而 50 岁以上的读者对蓝色的接受程度渐渐降低。但如果策划方案只在普通打印机上输出，就不必着色，因为无法看出效果。另外，着色过多也会适得其反。

（5）**若使用识别符号来增加策划书版面的美感，最好在标题前加上统一的识别符号或图案来作为策划内容的视觉识别，这样不致给人以杂乱的感觉。**

（6）**版面的排列、设计不应该一成不变。**为了防止刻板老套，可以多运用图表、图片、插图、曲线图及统计图表等，并辅之以文字说明，从而增加可读性。

8．重视细节，完善策划书

细节往往被人忽视，但是对营销策划书来说这些细节十分重要。因此，我们在书写营销策划书时还应注意以下几点。

（1）**策划书中的错字、漏字会影响阅读者对策划者的印象。**企业的名称、专业术语等

更不能出现错误。

（2）**一些专门的英文单词，差错率往往是很高的，在检查时要特别予以注意。**如果出现差错，阅读者往往会以为是由于撰写人本身的知识水平不高所致，这就在很大程度上影响了对策划整体的信任度。

（3）**纸张的好坏、打印的质量等都会对策划书本身产生影响。**

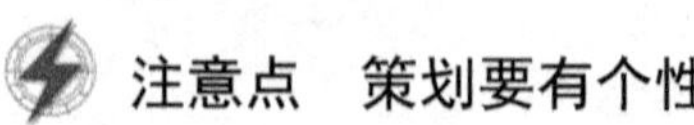

注意点　策划要有个性

优秀的策划一般都具有策划者的个性。所谓策划者的个性，简言之就是对策划的自我主张，它反映出策划者的信念、哲学或人生观。要想在策划中展现个性，策划人员需在策划构想中融入自己独特的风格或思考方式，并以恰当的方式将这些构想综合整理出来。

实用工具

营销策划书的一般格式

1．导言

本案的目的与目标

2．营销环境分析

（1）类别/竞争者定义。

（2）类别分析。

A．总计市场因素

- 类别大小　• 类别成长　• 产品生命周期阶段
- 销售循环性　• 季节性　• 利润

B．类别因素

- 新加入者威胁　• 买方讨价还价能力　• 供应商讨价还价能力　• 替代品威胁
- 种类容量　• 当前种类竞争程度

C．环境因素

- 技术　• 政治　• 经济　• 自然　• 社会　• 人口

（3）公司和竞争者分析。

A．产品特征矩阵

B．目标

C．战略

D．营销组合

E．利润

F．价值链

G．差异性优势/资源分析

- 构思与设计新产品的能力
- 管理的能力
- 金融的能力
- 市场的能力
- 生产和提供服务的能力
- 类别的成功意愿

H．期望未来策略

（4）消费者分析。

- 重要的使用者与购买者是谁？是否为同一人？购买总量是多少？
- 消费者在购买时，会受到哪些因素影响？购买的主要动机是什么？
- 消费者在什么时候买？经常在哪些地点买？还是时间、地点均不定？
- 消费者对商品要求的条件主要有哪些？
- 消费者每天、每周、每月或每年的使用次数？使用量？
- 消费者大多经由哪些渠道得知商品的信息？
- 消费者对此类商品的品牌忠诚度如何？消费者对此类商品的价格敏感度如何？对品牌敏感度如何？对促销敏感度如何？对广告吸引力敏感度如何？
- 不同的消费者是否有不同包装容量的需求？

（5）策划假设。

- 市场潜力
- 类别和产品销售预测
- 其他假设

3．目标

A．公司目标（如果必要）

B．部门目标（如果必要）

C．营销目标

- 容量和利润
- 时间表
- 次级目标（如品牌资产、顾客和新产品）
- 项目

4．问题点及机会点

- 问题点分析与克服
- 机会点分析与掌握

5．营销战略

A．目标市场（对象）

- 市场对象：什么人买？什么人用？
- 产品的形象及所要塑造的个性。
- 广告诉求对象：卖给什么人？

B．定位

- 定位就是产品的位置，即究竟站在哪里？定位要选好，站好，永远站稳，让消费者很清楚。

6．商品分析

- 商品的包装方式、规格，各种包装的售价，各种包装的销售比例
- 商品的特色与卖点
- 各商品在不同渠道的销售比例
- 各商品的营销区域及上市时期
- 商品的品牌计划
- 各商品的季节性销售状况

7．支持性营销策略

A．广告策划

- 广告目标
- 广告诉求对象
- 消费者利益点与支持点
- 广告呈现格调与特性
- 创意构想与执行
- 人物、背景、视觉

B．媒体策划

- 媒体目标
- 媒体预算
- 媒体公关（记者、编辑）
- 媒体实施期间分配
- 媒体分配

C．促销活动策划

- 促销活动目标
- 促销活动的策略与诱因
- 促销活动的执行方案内容
- 促销活动时间表

D．事件营销与直效营销计划

- 事件营销计划重点
- 直效营销计划重点

8．财务预算

- 广告预算
- 促销预算
- 媒体公关预算
- 事件营销预算
- 直效营销预算
- 记者会、发布会预算
- 市场调研预算
- 其他预算

9．监督与控制

- 营销测量
- 二手资料
- 一手资料

10．营销预案

本章要点

- 创意是营销策划的灵魂。
- 策划创意的产生要经过灵感的激发、创意的构想、创意线索的寻找、创意能力的自我训练、创意方法的运用等阶段。
- 撰写营销策划书时，要注意其框架纲要和书写技巧等。

- 策划书的撰写要求简洁扼要、引人入胜，最终能使创意成为系统化策划方案。

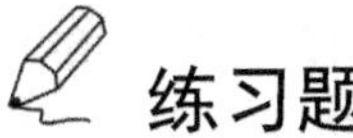

练习题

（1）你能给创意下个定义吗？

（2）创意是坐在那里冥思苦想吗？要想有优秀的创意应该怎样做？

（3）上网搜索一份营销策划书，分析其框架纲要。

（4）营销策划书的内容及写法包括什么？

（5）要使一份策划书引人入胜，应该注意哪些撰写技巧？

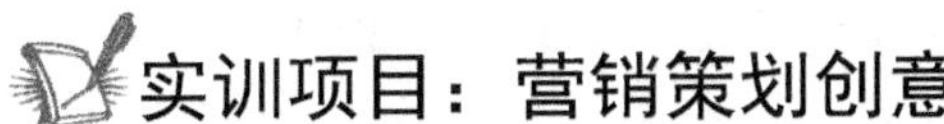

实训项目：营销策划创意

【实训目标】

（1）培养发散思维能力；

（2）培养营销策划创意的能力。

【实训内容与方法】

某学校中心位置有一家开业很久的豆浆店 A，后来在另一位置较差的地点又开了一家豆浆店 B，这两家豆浆店周围都是女生宿舍，女生是主要消费者，由于位置原因，再加上新近销售状况一直不理想，B 店的老板非常着急，向学生征集提升销量的创意。要求每名同学想一个创意帮助老板解决困难，其他同学对其创意进行评价。

（1）阐述创意产生的过程。

（2）仔细听其他同学的发言，评选出你认为最好的一个创意。

（3）综合分析同学们的创意产生大体用了哪几种方法，并比较与教材上的是否一致？

（4）对所有创意可行性进行评价，把自己的学习心得与同学交流。

经典案例赏析

恒大地产的成功之道

当 2008 年地产“百亿俱乐部”名单公布时，恒大地产——这个备受争议，一直处在流言蜚语旋涡中的“耀眼”明星，居然位列其中。同行目光惊讶，媒体舆论不解。此前围绕恒大地产林林总总的传闻，似乎在这份名单上得到了“反向”验证，焦点再次形成。“118

亿”这个数字，略带几分嘲弄地回应了此前的质疑与担心，给人们留下一个新的印象——恒大“不差钱”。

凭借“非常规”营销方式，恒大地产于2008年“十一”黄金周在全国12个城市的18个楼盘同时开盘，开盘当日全线以7.5折“成本价”销售，并在2008年实现销售收入118亿元，恒大地产头次跻身地产销售“百亿军团”行列。

1．舆论“放大镜”

自恒大地产2008年3月IPO搁浅之日起，恒大地产便饱受不利言论的“围剿”。超过4 500万平方米的土地储备、地王的支付款和高负债率等问题备受关注，纠缠在恒大地产身上的种种地坏消息也陆续传来。

经过一段时间的煎熬之后，在是是非非的言论中，恒大地产一直未有正面的回应，但凭借“断臂自救”式的“成本价”策略、规模式开发和明星轰动营销，在2008年一年内销售额高达118亿元，这不能不说是恒大地产发展史上的一个奇迹。

2．“地毯式”开发销售

恒大地产显然不单是活着，而且活得并没有各界所认为的那么艰难。恒大地产是怎么做到的？回顾恒大地产2008年上市之后的一些动作或许能找到一些答案，其中两点特别值得注意。自赴港IPO搁浅后，资金成了恒大地产急需解决的问题，仅超过4 500万平方米的土地储备就需大量活动资金。

许家印在2008年6月进行私募，恒大地产获得了来自包括美林证券、德意志银行等机构或个人的资金，通过增资扩股，解决了资金的燃眉之急。恒大地产在极力获取外部资金的同时，也在进行着“自我救赎”。在2008年“十一”期间，恒大地产在全国12个核心城市18个精品楼盘实行“地毯式”开盘。在广州、成都、沈阳、重庆、武汉等城市18个楼盘销售全线告捷，销售额高达47.9亿元。其中广州恒大御景半岛凭借开盘单日10亿元销售额刷新了广东纪录。

面对各类不利的传闻，恒大地产以自己的实际行动将传言各个击破。恒大地产旗下各大楼盘在2008年“十一”黄金周的热销，成为其在私募之外的重要的资金回笼渠道。

3．“成本价”策略

恒大地产在2008年“十一”期间、全国18个楼盘依然沿袭了“开盘必特价、特价必升值”的销售策略，项目开盘当天还可额外85折。“开盘必特价，特价必升值”已经成为恒大地产笑傲市场的特色标识，也是恒大地产击中消费着“要害”的炮弹。

基于“开盘必特价，特价必升值”的价格策略，恒大培养了一大批忠实于恒大品牌、长期投资恒大物业的业主，恒大品牌也因此树立了很高的市场知名度。

继2008年9月起实施“成本价”销售策略，恒大地产在2008年“十一”黄金周进行全线产品85折促销后，2009年元旦，恒大地产再次扮演了“价格屠夫”的角色，共推出成都、沈阳等十余个城市、近20个项目统一成本价发售，3天时间回笼了10多亿元的资金。即使在市场出现回暖的2009年一季度，恒大地产依然在以成本价卖楼。

4．效果营销

恒大地产的快速售楼不失为一种快速回笼资金的方式。但许家印仍然致力打造“项目品牌、公司品牌”的双品牌策略。“如果选择还是建成一个工地就发售，产品的品牌就无法体现，公司双品牌落地就无法实现，产品价值无法体现，公司的长远损失是巨大的。”

为制造完全轰动效果，恒大地产采用“明星＋活动”的“爆破式”营销模式，且屡试不爽。恒大地产把握住了市民黄金周的喜庆心态，力求将明星效应发挥到极致。实际上，他们做了，效果也做出来了。恒大地产很注重轰动效应，挑选的明星不仅是“腕儿”，更是当今娱乐圈的“绯闻之王”。通过明星绯闻制造各种“天然”绯闻。恒大地产如此大手笔请来这些明星，无疑给旗下楼盘蒙上明星气质的光环。

5．“故我”生存

每个企业都有自己的生存法则，恒大地产亦然。

曾经集中在中低端产品线的恒大地产，2007年开始往中高端精品发展；明星助阵、声势浩大的开盘现场、大笔的广告宣传投入给人更深刻的印象；而2009年3月“开盘必特价，特价必升值”的营销口号之下的“成本价”和“改名”营销，配合恒大旗下全国多盘的快速销售，既符合当时市场低迷的走势，更在与竞争对手的比拼中，以价格优势抢先了出货的机会。

同时，这样快速销售的手段，现金为王的生存法则，既弥补了资金需求在上市受挫之后的空缺，同时也有助于庞大土地储备的后续开发。原是这些令同行又恨又无奈的营销方式，使恒大地产能够站在中国房地产行业的前列。

资料来源：http://fdc.longcity.net/news_show/11743/#

思考讨论题

试在生活或其他领域中寻找灵感，产生创意，然后从中筛选较好的创意，书写成一份精美的营销策划书。

CHAPTER 5

第5章　营销策划书的推销与实施

推销的要点不是推销商品，而是推销自己。

——乔·吉拉德

学习目标

☑ 解释为什么创意很好的策划书也需要推销

☑ 说明策划书的推销准备工作和程序

☑ 描述策划书的推销技巧和推销策略

☑ 解释策划书的实施进程及充分沟通的重要性

☑ 探讨策划者如何辅助策划书的实施

关键词：推销，沟通，实施，测评，反馈

5.1　营销策划书的推销

“酒香不怕巷子深”，这句话曾经被无数商人奉为经商圣哲，但是在信息过度传播的今天，好酒也怕巷子深。因为在激烈的市场竞争中，如果一个产品的推销工作做得很出色，那么达到的效果也会超出预期。反之，一个产品质量再好、功能再完整，如果推销工作做得不够，人们对其质量及其功能缺乏了解，那么它很快就会被淹没在信息的海洋里，直到被人遗忘。正如产品需要推销一样，一个杰出的创意、一份优秀的营销策划书也要开展推销工作。这样，营销策划方案才容易被接受。所以，在一个营销策划方案推出时，我们一定要做好推销工作，加大推销营销策划方案的力度，尽力从策划方案的各个角度开展宣传，以提高策划方案的知名度和认同度，从而达到预定的目标。

5.1.1　推销在营销策划中的作用

推销在产品销售中起重要的作用，而在策划领域中推销所起的作用却很容易被忽视。实际上，推销活动目前在策划中所起的作用越来越明显，一些有超前眼光的企业、单位等不仅利用推销将策划推向领导或决策者，而且利用推销将自己的策划推向大众。例如，一年一度的全国政协会议、全国人大会议，政协委员们和人大代表们都会提交很多提案。为了提高提案被采纳的可能性，他们首先要做的就是征得一部分委员和代表们的赞同，有了群众基础之后，再去说服决策者。这一过程恰恰体现了推销的作用。

具体来说，推销在营销策划过程中所起的作用有以下几点。

1．营销策划初期阶段——让大众了解策划的主题

在策划初期就一定要树立推销意识，可以相应地推出一些活动，适时让群众了解将有一个什么样的策划诞生。通常人们对事物的认识都有一个过程，在初期阶段所做的宣传工作实际上也是为以后策划书的正式推出埋下伏笔、铺平道路。俗话说，万事开头难，如果在初期阶段把基础工作做好，那么以后再做推销策划书的工作时就会得心应手。

2．营销策划中期阶段——让接受者关注策划方案

进入营销策划中期阶段，推销工作变得更为复杂，因为此阶段有大量的工作需要筹备，包括推销策划方案的步骤、场景及有关推销人选等方面的确定。古人云："凡事预则立，不预则废。"各项工作都应该在这个阶段全面展开，也是实行性工作的展开。要同领导也就是策划方案的接受者沟通，以得到对方的认同，为正式提交策划方案扫除障碍。

3．营销策划方案正式推出阶段——让审议者认同策划书

在完成策划书的撰写工作后，就进入了推出策划书的阶段，此时推销工作起关键作用，因为策划方案是否能达到预期的效果或取得比以前更佳的效果，关键在于能否被评审者通过。要让评审者认同策划书，推销工作是十分有必要的。在这个时期，如果推销技巧运用得当，能突出策划书的卖点，那么策划书将会获得通过，这也是成功策划最为关键的一步。否则，策划书将被搁浅，前期的工作成果也将无法显现出来。

5.1.2　推销策划书的准备工作及程序

正如前文所述，策划书的推销活动贯穿于策划过程的始终。从产生创意起到策划书撰写完成，推销工作自始至终都在发挥作用。但是推销中最终发挥决定性作用的时刻是在提出策划方案的时候。成功地推出策划书，必须做好正式推销前的准备工作。

1．准备工作

这里所谈的准备工作专指在营销策划书正式完成后和现场推销前这一段时间所需进行的工作。正式提出策划方案时，能否被通过，对策划人来说是十分重要的。为了提高策划书推销的成功概率，有必要做好如下充分准备。

（1）**自我说服。**将策划书推向别人之前，要自己先进行审核评定，也即自己先把关。如果连自己都认为策划书的内容不可能实现，那么说服别人来接受你的策划书就无从谈起了。

（2）**模拟演练。**为了使策划方案能被采用，在正式提出方案之前要做好充分的准备，以提高成功的概率。为了达到这个目的，在提案前需进行事前演练。事前演练主要应注意以下事项。

1）建立周密的提案报告计划。

2）确认对方（委托者）的参加者，以便准备和练习对方可能提出的问题或反对性意见。

3）会场、使用的工具、时间安排一定要到位。

4）决定任务的负责人，并进行事前演练。

5）对将要分发给与会者的资料进行检查。

（3）**与审议者事前沟通。**在正式推出策划书的场合，供评委阅读策划书的时间很短，所以策划人员事前不仅要把策划书递送到评委手中，而且要主动地与主要评审者进行非正式的交流（或者可以说“请教”），让其初步了解策划的内容及策划者的主要意图，从而提高策划书推销成功的可能性。

（4）**小组报告时的任务分配。**在进行提案时，报告者当然很重要，但绝对不是报告者个人的表演，从事前准备到正式开始，小组团体的密切配合十分重要。下面将任务分配的重点列举如下。

1）确定进行提案报告的指挥者。

2）全体轮流确认提案报告的脚本，以防出现漏洞或失误。

3）确定主要报告者和助手。

4）确定器材的操作人员，并进行事前操作和资料的检查。

5）确定计时人员，以便进行时间管理和资料的分发。

6）全体成员进行事前配合演练，以确认各自的任务。

2. 准备程序

策划书推销工作的准备并不是杂乱无章的，各项工作的准备遵循一定的程序。为了确保策划书正式推销时万无一失并避免推销准备工作的纰漏，通常要制定一套推销工作的准备程序，可以帮助策划者做到条理清楚，在介绍策划方案的时候做到有条不紊。一般策划书推销的准备程序如图5-1所示。

一般推销准备程序的主要内容表述如下。

（1）**明确目的（这里所谈的目的专指策划书的推销目的）**。介绍目的是什么？必须达到的最低目标是什么？是否预先将此目的传递给对象？

（2）**熟悉对象**。对象的知识水平如何？赞成派、反对派可能是谁？对竞争企业和费用进行调查。

（3）**准备会场**。选择礼仪小姐，确定场地、会场大小及会场布置，备齐所需设备、工具。

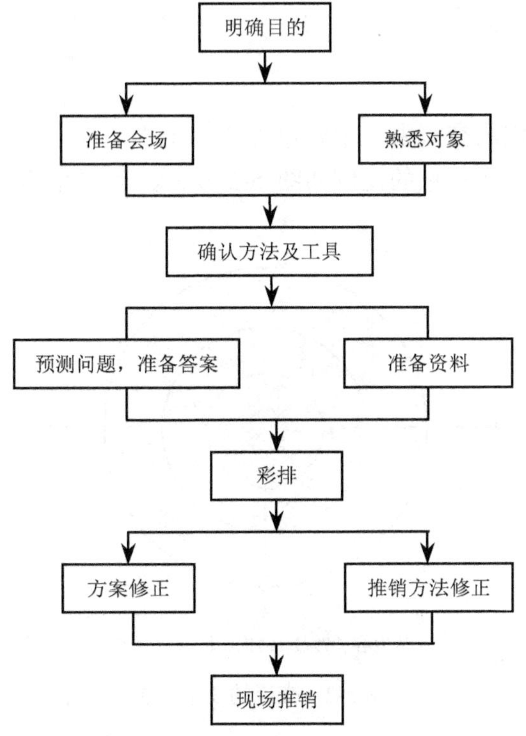

图 5-1 策划书推销的准备程序

（4）**准备资料**。准备足够的宣传资料（如小报、传单等），所用资料是否易懂？能否给人留下深刻印象？提供证据的数据是否已经充足？可能出现哪些问题？资料准备是否充分？

（5）**彩排（也叫模拟演练）**。在正式介绍策划之前可以进行模拟演练，这样做的好处是，可以提前发现准备工作的漏洞和不足。

（6）**现场推销**。现场推销主要是指在所有准备工作就绪之后，由策划人现场表演，将前期工作成果展现出来。

如图 5-1 所示，现场推销（或正式推销）是在最后一阶段进行的，但是策划书的推销自“明确目的”时就开始了，直到策划书最终被通过，推销工作才算完成。所以说准备工作与推销过程是相互交织在一起的，准备工作的程序在一定程度上也体现了策划书的推销程序。但值得注意的是，策划书推销因策划书内容及对象的不同，其推销工作的程序也会有相应的变化。策划人要根据具体情况的不同随机应变，不要被传统的程序所束缚。策划人所熟悉的策划书推销的一般程序，只是帮助策划人从整体上把握策划推销工作，以及检查和预防推销时可能出现的偏差。当然，策划书的推销需要有一定的技巧性，本节将在下一部分做详细介绍。

5.1.3 策划书推销的技巧

1. 介绍技巧

据理论研究，在人们的交流中，主要包含 3 个层次，即交流内容、语言（说话方法）及外观表现。每一层次传达信息的比例如图 5-2 所示。其中语言和外观表现要围绕着交流内容，为交流内容服务。

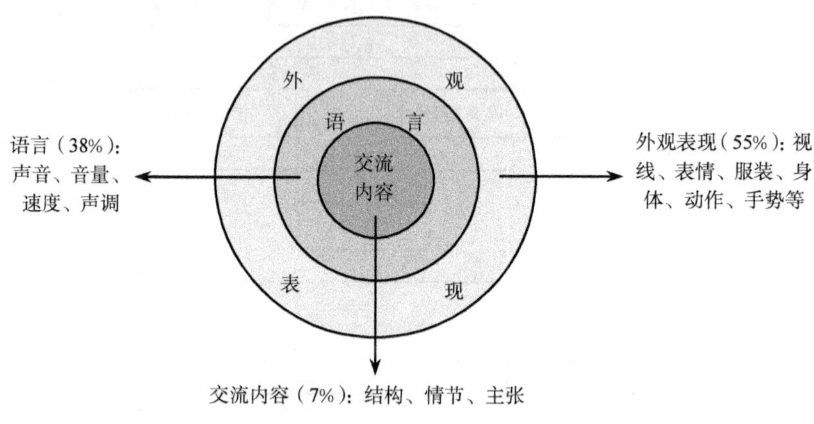

图 5-2 交流的 3 个层次

（1）**语言技巧。**首先是说话的内容、方式，应该添加一些适当的事例、有品位的幽默，这些都有助于达到良好的效果。而且说话的速度要配合对方进行调整。例如，遇到高龄的参加者较多并要求重复时，如果仍然以对年轻人说话的节奏来说话，其结果往往无法将意思顺利地传达给对方，或者取得的效果不理想。

在介绍策划方案时，说话的方法特别重要，同样的内容如果说法不恰当，结果会相差甚远。显然，认真的态度、充满自信的说话方式很重要。如果你声音很小，非常紧张，就显得对自己没有信心，这样会降低策划方案的通过率。在说话时，声音要响亮，声调的高低及说话的速度应有变化。

实用链接：让语言生动起来的小技巧

- 口语化——说自己熟悉的话；
- 问题化——把重点转换成问题；
- 细节化——多用动词，描绘细节；
- 戏剧化——使用对话，模拟当时场景；
- 简单化——多用简单句；
- 排比化——多用排比句式。

（2）**外观技巧。**人的信息传达三分靠语言，七分靠非语言。因此，语言技巧固然重要，但外观表现也是一个非常重要的因素，其主要作用是给人印象并加强记忆的。由图 5-2 可以看出，交流中处于中心地位的是最内层的内容，占到整个交流的 7%；语言处于中间层，占 38%；而外观表现处于最外层，占到 55%，很显然，它是交流中最重要的一个因素。外观表现主要包含以下几方面的内容。

1）服装。俗话说，“佛靠金装，人靠衣装”。外表留给别人的第一印象是很重要的。服装整体上要能让人感到大方、端正，才会使人产生信赖感。因此，策划方案的报告者一般应穿整洁的正式套装。

2）视线。报告者应注视对方，抓住对方视线，吸引其加入交流之中。若介绍对象人数较多时，要抓住每个人的视线就很困难。所以，此时最好预先将介绍的内容分成若干小段，根据接受者的状况选择注视的对象，每一小段一个人。另外，报告者的视线应随时观察决策者，并与其他与会者的目光做适度的接触，可以缓和地将眼神平均扫视全场，目光停留在每个听众身上约 3～5 秒钟。

3）表情与站立姿势。报告者首先要沉着冷静，而且要尽量流露出自己的真情。表情最好是温和的，与说话的内容相配合，切勿表情呆滞。建议在演讲前，做一次脸部体操，这样可以帮助表情自然放松。讲述时最好以站立方式来进行，站立时应尽量地舒展。以代理大企业广告而闻名的普兰尼曾经这样说：“报告者绝对应该以站立方式来进行报告。一旦以此方式进行，他就仿佛变成了教师，而参加者俨然成了学生，这点对说服相当有利。”反之，则会对说服造成不利的影响。另外，报告者也要注意必要的身体移动，说到重要的内容时应逐渐靠近对方，不能背向对象说话。

实用链接：身体语言运用技巧

- 双脚——两脚间距同肩宽，勿过大或过小。
- 站姿——永远要面对听众，避免出现死角。
- 表情——自然放松，真心微笑，忌呆滞。
- 手势——多用手掌少用手指，充分伸展，忌检阅式、受伤式、遮羞布式手势。
- 移动——在开放的空间不断走动，有效地贴近听众，勿背对听众。

2. 回答问题的技巧

回答问题有时候也起到关键作用。很多人介绍完策划方案后，却因回答问题不当而导致最后的失败。因此，回答问题的能力将最后决定策划方案的成功与否。在回答问题时要注意以下几个方面。

（1）**细密。**报告者要以“心”来进行演说，才能正中对方的心思，这是非常重要的一点，因此，在诉求重点和回答问题时要胆大心细，对具体例子或数字要有条不紊地进行解说、回答，这样才能给对方留下深刻的印象。另外，在介绍策划方案之前，就要认真、仔细、周到地考虑可能被问到的问题，同时做好充分的准备。如果你觉得自己考虑问题不够周到，可以让你的同事或朋友来充当提问者的角色，对你进行提问，然后你再对提出的新问题进行准备。

（2）**始终抱着欢迎提问的态度。**你要充满自信地要求大家提出问题。策划者应当了解，提出疑问其实是接受者在寻求正面的证据。实际中，对否定的疑问最好持肯定的态度并加以修正。

（3）**回答中要反复强调自己的主要观点和主要主张。**将提案报告中易触动人心的部分巧妙地传递给对方是报告者最主要的工作。因此，在不会太过于矫情的范围内，可以反复强调几次。为了加深对方的印象，在提案的最后应再度强调重点。事实上，回答问题是反复强调自己主张的最好机会。

（4）**回答问题结束时，要总结策划的概要。**

知识点

如何结束策划方案的介绍？

- 在时间充足的情况下结束。因为时间紧迫往往会显得慌乱，从而带来不利的影响，所以，要根据计划安排好介绍的节奏。
- 确认目的是否已经达到。策划者一般都希望当场得到明确的结论。这时，要充分发挥对方支持者的作用。若结论不明确，则应努力确定以后所需进行的活动。
- 要致辞表示谢意，不能失礼。

3．演示工具的运用技巧

人类感官从外界获得的信息中，由视觉获得的信息占80%多，由听觉获得的占1%。可见，只要让对方愿意观看或倾听，就能在对方身上产生影响。但为了使提案报告更加出色，通常可以活用各种视听媒介，这些媒介包括录像机、摄像机、投影机、幻灯机、电脑等。

视觉媒介分为动态画面和静态画面，录像机放的是动态画面，而投影机放的是静态画面。那么哪个是对提案报告最有效的媒介呢？美国美孚石油公司研究所的研究资料显示，静态画面和动态画面对记忆和理解的差异如表5-1所示。

表5-1　不同媒介传递的信息对记忆和理解的差异

媒　　介	记忆（%）	理解（%）
以静态画面进行一次说明时	83	56
以动态画面进行二次说明时	73	40
仅以口头说明时	76	24

表 5-1 显示，静态画面比动态画面在记忆和理解两个方面更有效果，不过，动态画面对整体印象的传达还是有所帮助的。电脑是动态画面和静态画面都能使用的工具。下面介绍一下演示工具（以投影仪为例）的运用技巧和相关软件的制作方法。

（1）**投影仪的运用技巧。**在报告现场使用的各种演示工具中，投影仪（Over Head Projector，OHP）最为简便和实用，一直受到策划人的青睐。要掌握和运用好 OHP，关键在于投影片的制作和表现手法上。

1）OHP 投影片的 3 种制作方法。手写——用油性笔直接书写在投影片上；印刷——把制作完成的原稿用复印机或扫描仪制作成彩色或黑白色投影片；打印机——在电脑上制作原件，然后用打印机直接打印。

2）OHP 投影片的 3 种表现技法。O（Overlay）——投影片上的重叠组合。Overlay 是将诉求重点使用不同颜色的投影片来重叠组合，这样有利于强调重点。投影片重叠 4 张左右，对于诉求点印象的加深效果更佳。H（Hiding）——部分隐藏。Hiding 是将重要处先行隐藏起来，再按照序号一一呈现，这种技巧能让对方集中注意力于说明处。P（Pointing）——投影片的直接演示。Pointing 是指报告者站在投影机前面，用指示器直接在投影片上将重点指出来，这是最基本也是最简单常用的方法。

（2）**多媒体文件的设计与制作技巧。**多媒体运用的关键在于多媒体文件的设计与制作。成功的展示来自成功的设计，如果以一种匆忙和随意的态度加以处理，结果会使主题无法精确地加以界定，因而观众就只能模糊地了解。多媒体文件的设计一定要考虑各种媒体的有效性，而不是无原则的拼凑和粘贴，更不是简单的资料存储器和播放器，它应成为策划者有效展示营销策划内容的有力手段。

总之，多媒体的综合使用能改善策划书的推销效果，也会影响推销效果，关键问题在于各种媒体的运用“度”。多媒体文件的设计制作应注意以下几个方面的问题。

1）界面。屏幕界面的设计不仅是一门科学，也是一门艺术。屏幕设计要生动、漂亮、实用，要有深度而且精巧，整体要有一致性。

注意点

- 适当转换背景，避免背景图案单调。
- 不同章节应选用不同的背景图案，重点语句应采用粗体、斜体、下划线或色彩鲜艳的字，以便明显区别。
- 背景画面光线太亮，容易引起视觉疲劳，影响观看者的视力。
- 背景画面不要让人感觉是多余的，否则会给画面带来的额外负担，背景画面应力求简洁单一。

2）文字。设计字幕的原则是字一定要大，一定要清晰，一定要充分利用整个屏幕空间。

文字加工可以采用 Word 或写字板加工，然后粘贴，要使用大号字、粗体字，使用与背景反差强烈的高饱和度的纯颜色字，但同时必须注意色彩搭配要协调。

文字内容不能只考虑屏幕的效果而忽略最后一排观众，安全的做法就是让文字尽可能大。而且文字设计要规范化，标题及内容文字大小要一致、规范，形成统一的格式。但为了取得较好的阅读效果，有时也可采用不同字体和不同风格来修饰文字。

屏幕内容没有必要自我解释，只有通过演讲人的分析和解释，使画面内容能够被理解时，其效果才会更加理想。记住，屏幕内容是演讲者的辅助，而不是演讲者的替代。

注意点

- 字体要粗大、清晰、美观。
- 不能将策划书单纯地搬移到屏幕上，或者简单地理解为板书的替代品或变形。
- 文字不能过多，要精练，要体现重点、难点。
- 文字不能过密，要适中，既有悦目美感，又能减轻阅读难度。
- 每幅画面的言辞不要过多，文字过多会让观众读不完或听不完。

3）声音。播放的声音必须清晰、效果好，使听众充分感知策划的内容。背景音乐可渲染气氛、烘托环境，但使用时要特别慎重，一定要选好、处理好。切换幻灯片时可适当加入声音效果，以示提示或引起注意，但应严格控制，本着宁缺毋滥的原则，防止出现不必要的声音效果。可以采用 Windows XP 本身“附件”所带的“录音机”或由专人录制成.WAV文件。语音要亲切、甜美，也可以直接利用许多素材库中的声音源。

4）构图。充分利用显示屏的空间面积，采用全方位构图。屏幕要设计得具有美感、艺术性，令人赏心悦目。这样才能使人的注意力集中，并快速准确地传递信息，从而提高兴趣。

引发视觉愉悦的规则是：画面均衡稳定，布局规整平衡，对称分布简明，整体连贯简单；画面背景和主要文字的对比强烈，反差大；字迹清晰；文字与背景的组合要充分考虑颜色的相融性，深浅搭配，冷暖色协调。

在构图时，为了更加生动、简洁、清晰地传达信息，往往需要采用各式图表工具。根据不同信息的表达需要，会用到表、饼状图、柱状图、曲线图、照片、图画、轮廓图、地图等不同的工具。例如，当读者需要了解确切数值时，可以使用表，但如果文字和数据太多，就尽可能不要用数据表，而应做出直观图，如柱形图或饼状图，以增加显示效果。当希望读者重点关注互相关联的内容时，可使用各种图。

图的种类多种多样，不同的图形用来强调不同的内容。当一个因素同其他因素相比较时，用柱状图或地图［如图 5-3（a）所示］；部分同全局比较时，用饼状图［如图 5-3（b）所示］；不同时期的同一因素进行比较时，用曲线图；显示频率或分布时，用条状图或线状图；强调方位时用地图……复杂的系统图应该剪除不必要的细节或分解显示，以便集中精力于所关注的要点上。

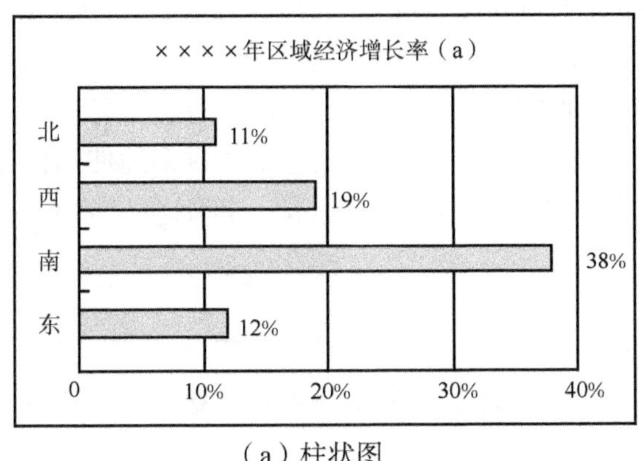

（a）柱状图

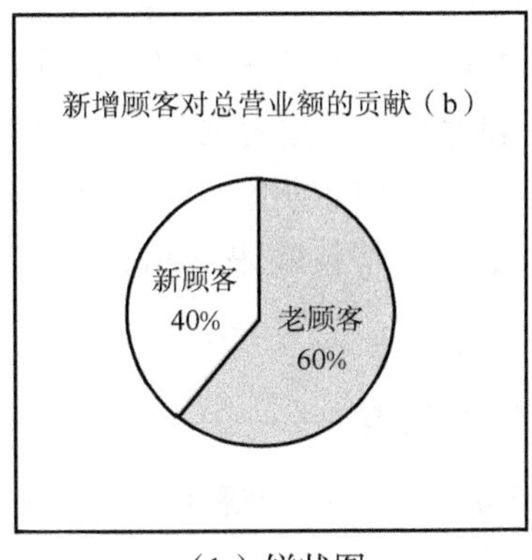

（b）饼状图

图 5-3　柱状图与饼状图示例

5）颜色。颜色是一种特殊的符号，运用色彩，可以达到提醒和区分的作用，不过在一屏画面中一定不要使用太多的颜色，这样容易导致注意力分散。背景的变换不要特别频繁，也不要大幅度地跳跃，否则会增加观看者眼睛的疲劳程度。

红、绿、蓝是计算机显示屏和投影仪中最基本的基色，由这 3 种颜色所组成的纯色，即白、黄、青、绿、紫、红、蓝、黑 8 种颜色能够在屏幕中显现出最佳效果。但需要注意的是，背景的颜色设定会淡化和降低实际的显示效果，在应用中应尽可能将文字和背景设定成对比强烈、有较大差异的颜色，这样才能保证文字清晰，主题突出。文字色应选用暖色调或亮度较高的颜色，背景色应选用冷色调或亮度较低的颜色。

6）图片。图片一定要贴切，充分体现主题思想，宁缺毋滥，否则会分散注意力。画面必须醒目、简单，不要太小，要让观众看清细节。白色的背景比有颜色的背景效果更好，有的颜色比其他一些颜色的效果更好，但无论哪种颜色，必须确定在光线明亮的情况下观众能看清楚。

图片可以通过扫描输入、数码相机拍摄、屏幕捕捉、绘图板绘制、素材图片库提取和网络下载等多种途径获得，编辑时除了注意其表现效果一致外，还要注意图片文件的大小。图片扫描是多媒体文件中媒体素材的主要来源，而展示型多媒体文件主要用于屏幕展示，因此，图形的清晰度应以此为准，不易追求过高。一般来说，屏幕展示图形，其分辨率不必超过 75dpi。dpi 值越大，图形占用的磁盘空间越大，演示时文件调用比较慢，运行的速度也慢，影响展示效果。

图片文件一般多为 BMP 格式，制作时应将 BMP 格式压缩转换为 JPEG 格式（按 65% 以上的压缩比，完全可以达到与 BMP 图片同样的效果，而且文件小、调用快），可以采用绘图板或 Photoshop 的“另存为”命令处理，也可以采用 ACD See 或 Pica view 软件的转换格式的命令（convert）。

7）链接。设计链接一定要注意能够进入新界面，也要能够随时返回主界面。跳转要灵活，要根据知识点的认知规律设计跳转链接点。栩栩如生的动态图形较静态文字更容易被人接受和理解，且更容易加深审议者对策划内容的印象。动画设计一定要真实、生动、鲜明，交替使用不同的清屏方式会增加软件的美感，但一定要注意不能过多地使用特技切换，因为策划不是特技效果展示，所使用的特技效果一定要有意义，否则会分散审议者的注意力。

注意点

多媒体演示必须遵守的原则是：永远不要假定设备运转良好，重要的演示一定要事先演练一遍。

5.1.4 策划书的推销策略

1. 充分了解接受方

提出策划方案前，需要做的第一件事情就是掌握接受方的理论层次，从而把握提案所采取的介绍方式。

案例 5-1 推销策划方案要知己知彼

某企业在提出新的市场开发的营销策划时，全体企业小组的成员都是大学本科以上学历，而且是数学解析能力较强的小组。因此在说明会上出现了一些难以理解的数字与图形。虽然策划小组的成员都可以理解，但听众一方的主管大半讨厌这些复杂的数字，也没能力立刻看懂这些麻烦的数字和图表。

例如，采用对数图进行讲解。说明的一方在阐述时就需要用到大量的专业术语，虽然阐述人自己非常明白，但对完全不了解对数或已经忘记对数的主管们来说，却不能立刻理解说明，自然也就无法认同。

➘ 评述 本来应该说明策划方案的，却变成一直在解释说明对数图了，结果就变成了“你们这些有学问的人说的话，我们实在听不懂”，而对提案的决定，也就只好暂时保留了。如果说明者能够事先测定审议者的理解水平而选定说明方式，就不会出现这种情况了。例如，不采用对数图这种复杂难懂的图，而采用单纯的条形图或饼形图，就可以清晰地说明问题了。

2．转换立场考虑问题

策划人员应该分别站在策划方案的接受方和设计方两种立场上来核对自己的策划书，把自认为不够充分或不合理的地方加以修改。

要想站在对方的立场思考问题，就必须先了解对方的性格。如 40 岁和 60 岁的人，考虑问题的方式必然不同，因此一份完全相同的策划书，在遇到性格不同的接受者时也应有不同的表现方式，以尽量满足各种需要。策划人要“随机应变”，经常动脑子，仔细核对策划书。

（1）**策划人员站在接受方的立场上核对策划书。**

1）看封面名称。站在对方立场上想想，这个名称会给人什么样的印象，再考虑一下是否符合策划主题，有没有更好的名称，可否巧妙地展现出策划引人入胜之处，会不会不切合实际等。然后，再查查其他的封面要素是否齐全，自己和对方的姓名是否填写无误。由于封面是第一印象，所以一定要力求完整。

2）检查目录的结构是否清楚易懂。目录的分类最好细一点，如果只是粗略的目录，就不能看出详细的内容。然后检查一下文章的顺序组合，是否与策划逻辑相配合，有没有遗漏的地方等。

3）核对策划流程明晰度。策划内容与流程不可相悖，否则别人就很难看懂这种策划安排了。

4）有无特殊用语。策划人也许会在不知不觉中，使用了平日爱用的专门术语或口头语，所以要仔细核对一次，对这类用语加以明确说明，以使别人能够看懂。

5）查找有无令人不愉快的说法。“说者无心，听者有意”，应避免在无意中使用不礼貌的用语而造成彼此的误会和不满，最好回忆一下对方过去的经历和习惯，有无该避讳的说法。

6）核对策划方向有无与主题偏离。

7）检查有无系统的计划安排。

8）看是否需要提高预算。一旦策划内容有所更改，那么为了应付新的情况，可能需要更多的资金和人手。

（2）**策划人员站在自身的立场上核对策划书。**

1）诉求的核对。其他的合作人员是否能适应自己的提案？一个说服力很强的策划人，能将策划内容生动描述，让其他合作人员清楚地了解。

2）内容的核对。记述中有无矛盾之处？将内容仔细核查，使别人能看懂。

3）表现的核对。表现出来的语气是否令人满意？一份策划书的语气和记号应该有一定的标准，符合标准的才算谨慎的策划。

3．让审议者成为“友方”

在产品推销中，硬性推销方式在目前已经运用得不多了，用迂回方式进行推销则越来越普遍。营销策划书推销中运用了更巧妙的“封杀反对势力”的方法，也就是所谓的“建立友情”方法。它指的是在做策划的过程中，争取担任审议员或参与决策的人，加入策划方的阵线，成为“友方”。

例如，策划人员在立案阶段，可以事先拜访担任审议的人，请他们对策划的宗旨做一番说明，并请他们提出各种建议和意见。有时在研究拟定策划方案的过程中，可以将自己的想法提出来，征求对方的意见，也可在电话中和他们商量。接下来，把他们的意见和建议纳入策划方案，并且尽可能以他们能够认出来是“他们的语言”的表现手法做处理。当策划完成时，要带着策划再次拜访他们，一方面表示谢意，一方面使对方更加认同自己。

4．将说明升华为说服

（1）**说明——为说服工作做好铺垫。**简单的策划方案，只要向审议单位简要说明，可能不必多加说服就能决定是否采用。不过，在通常情况下，都需要对审议会和决策者进行提案的说明，经过质疑、批判等过程，才能获得认可。

审议会场上策划者的态度和行动，以及需要注意的事项，主要有如下几点。

1）策划人应对自己的策划有自信，并把自信表现在态度和应答上。需要注意的是，所谓有自信，并不表示傲慢或自大，而应该很慎重、很礼貌地以能够令人产生好感的态度显示自信。

2）对于反对意见和批评意见，要以沉着的态度应对，避免发生意气用事的争论，那样会引起对方的反感。因此，最好事先多训练自己以养成应答时尽可能不直接使用否定语的说话艺术和说服方法。对待批评，要先从肯定语进入讨论，这样才更容易获得共鸣。必须牢记策划取舍的基本原则：以理性、经验和灵感去判断、决定。

（2）**将说明力提升为说服力。**充满自信、富于说服力的说明，能让对方乐于接纳。如果能将说明力提升为说服力，那么策划方案便能够在强有力的支持下得到承认。

有的说明虽然很巧妙，但可能没有说服力。相反地，非常朴实而不顺畅的说明，却有令人感到强有力的说服力。策划需要的不是雄辩饶舌，而是具有说服力的说明和应答。要想说服对方，与其单从理论构成来说明，不如以自己的想法和自信引起对方共鸣，把对方卷进自己想法的步调中。因此，如果说服力强的话，可以不必详细说明策划细节，便能获得赞同。

那么，如何才能使说明更具说服力？这里简单地归纳为以下几点。

1）对策划书要有自信。

2）尤其要对其成果表示坚定的信心。

3）将显示自信的个性融入策划方案。

4）说明时要能显示出对企业来说，这样的策划是必要而且有用的。

5）在回答质疑的问题时，要以充满信心的态度应答。

为了提高说服力，自然需要准备图表、幻灯片，乃至小规模的实验资料、其他公司的事例等，对策划的内容予以视觉化，而且有必要准备道具以便进行具有客观性的说明。除了视觉化的说明法外，还有类比法等。类比法因为具有具体性，能让每个人都了解，所以很有说服力。

5. 对否定者的说服

在提出策划方案时，如果能合理使用模拟问答、迂回请示、拉拢感情等方法，则策划方案顺利通过的可能性就会比较大。但实际上在审议时，最麻烦的，不是质问，而是否定。例如，当出现“这种预算没办法拨出来”、“这与本公司体制不合”、“这要动员太多人力”或“大概没有时间呢！”等情况时，则很容易陷入感情用事的局面。这种否定语最容易折断新创意的嫩芽，因此，策划人员必须事先研究准备，对审议者这种想法应如何做出说明、说服其加以认真考虑。此外，在审议会场，要如何进行说服，也需要下一点工夫。

实用链接：处理异议的方法

（1）“对，但是”处理法。对审议者的不同意见，如果提案者直接反驳，容易引起审议者的不快。因此，提案者可首先承认审议者的意见有道理，然后提出与审议者不同的意见。这种方法是间接否定审议者意见，比起正面反击来说要委婉得多。例如，一位家具推销员向顾客推销各种木制家具时，顾客提出：“你们的家具很容易扭曲变形。”推销员解释道：“您说得完全正确，如果与钢铁制品相比，木制家具的确容易发生扭曲变形现象。但是，我们制作家具的木板经过特殊处理，扭曲变形系数已降到只有用精密仪器才能测得出的地步。”

（2）同意和补偿处理法。如果审议者提出的异议有道理，提案者采取否认策略是不明智的，这时，提案者应首先承认审议者的意见是正确的，肯定策划的缺点，然后利用策划的其他优点来补偿和抵消这些缺点。

（3）反驳处理法。提案者对审议者异议直接否定。

6. 看准时机，一锤定音

很多人都以为策划书既已做成，那么就可以随时提出方案。其实看准时机，一次获得认可，才是最理想的办法。

对于辛辛苦苦做出来的策划方案，策划人不能不认真考虑提出的时机是否合适。当企业待审核的案件出现堆积如山的情况时，即使准备齐全、蓄势待发地将策划方案提出来，结果也会被拖延。这样一来，不但提案者为了说明而腾出来的时间会浪费，提案的气势也因此而减弱。不如看准时机，再做提案比较明智。如果某些策划者存在侥幸心理，想借机蒙混过关而提出议案，也是不明智的。因为当审议过程不够完全时，支持的力量往往也不够积极，万一有什么问题发生，策划人员就会遭埋怨。如果在实行的阶段发生任何争执，策划人员都会被视为罪魁祸首。

当由高级主管或董事长直接裁决时，如果他们正为其他许多事情忙得不可开交，不管你提出多么好的策划方案，也可能被拒绝。因此，当高级主管特别忙的时候，最好设法将策划方案的提出日程向后顺延，以免被无故地否决。相反，如果高级主管心情愉悦，且选择比较恰当的时机向其提出，成功的概率就会大大地提高。

总之，要使策划书一次被通过，选准时机是关键。

5.2 营销策划书的实施

策划方案一旦被通过，策划活动的重点就从制定进入实施阶段。无论多么杰出的策划方案，如果最后没有付诸实施，那么它只能是纸上谈兵而已。因此，策划的组织实施是策划最后的也是关键的一个必要程序。这一点也可以从策划方案的制定与策划方案的实施之间的关系中看出（见表 5-2）。即使一个优秀的策划方案，如果不能很好地实施，也会导致策划的失败。反之，一个有效的实施，不仅可使一个优秀的策划取得成功，而且可以挽救一个较差的策划方案。可见，营销策划书的实施具有非常重要的作用。

表 5-2　策划制定与策划实施的关系

		策划制定	
		优秀的	较差的
策划实施	有效	成功 实现策划的预期目标，达到既定的效果	挽救或毁灭 好的实施可以挽救一个不好的策划，也可以加速其失败的进程
	无效	麻烦 很差的实施妨碍一个好的策划发挥作用，而管理者则会认为策划本身不适合企业发展	失败 尽管失败往往由多种原因造成，但一个糟糕的策划加上不得力的实施，注定要失败

然而，策划实施并不是轻而易举的过程，它涉及大量的工作、资金和时间安排。此外，策划要得以实施还须满足两个基本条件：一是制定的策划方案具有实施的现实可能性；二是实施策划的组织和人员必须了解和掌握策划组织实施的科学方法、技巧和程序。

5.2.1　实施前的充分沟通

如果策划人本身就是实施的负责人和实行者，或者策划的规模不大，不易产生误解的话，那么策划的实施应该不会发生什么大问题，只需按照既定计划实施即可。但是，现代策划不但规模越来越大，而且由于策划工作的专业性与重要性不断提高，使策划工作显示出越来越强的独立趋势。这样，策划的制作与实施部门日趋成为两个"独立的部门"。在一些专题策划中，这种分离的趋势表现得更加明显。例如，广告策划，常由专业的广告公司制作，而具体实施则要由企业进行。

因此，在策划实施之前，应确保实施者已真正理解了策划的内容，特别是对策划意图、策划要点已有了深刻的认识（见图 5-4）。如果沟通不彻底的话，那么费尽心力做成的策划方案，很可能在实施中变质。在实际工作中，因为缺乏沟通而使策划的实施偏离预定方向，并带来许多副作用的事情是屡见不鲜的。

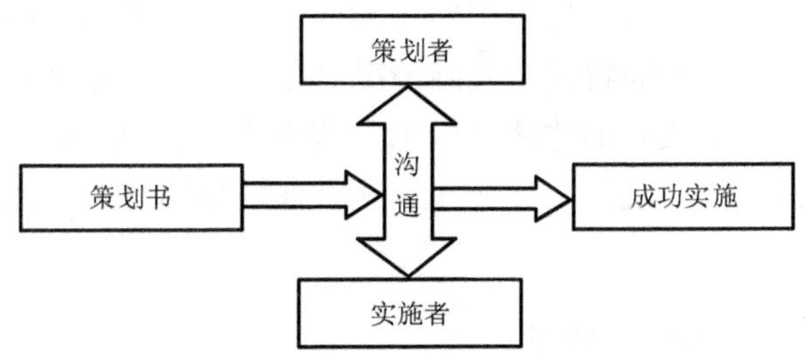

图 5-4　营销策划书实施沟通示意

案例 5-2　沟通——不容忽视

一家颇具实力的日本企业拟订了一份策划方案，要求 60 家左右承包商协助推动"秋季降低成本运动"。策划方案的主要宗旨，即运动的主要目的，在于使合作的厂商互相竞争，将进货成本降低。进货成本对过去一年进货成本的降低比率，以及总金额降低最多者，可获得奖金。

这项策划是由该企业工厂管理部门所拟、经过主管会议通过并颁布实施的。策划人的策划本意是想借本策划的推动，达到以下目标。

- 让企业尤其是负责对外发包者重新认识成本概念。
- 让承包工厂的经营者养成强烈的成本意识。
- 让负责外包管理的人亲自到承包工厂指导对方，共同研究，从实际下工夫，学习如何降低成本。
- 希望借本策划活动为契机，造成运动风气，达到使所有外包作业持续降低成本的目的。

然而有个别人却曲解了这项策划方案的基本意图，对各外包厂商设定降低成本目标的强制配额。发包负责人为了达成配额而威胁承包厂商，强迫他们。

这项策划的结果是虽然收到了一些降低成本的效果，却增加了外包厂商的不信任感，等到运动一过，便纷纷发生延长交货期、产品质量低下、不再合作等完全出乎意料的结果。

➘ **评述** 如果沟通不到位，则策划者的本意很容易被曲解，离成功的目标也渐行渐远。

5.2.2 实施进程

1. 实施的两阶段

（1）**模拟布局。**舞台剧目在正式上演之前，都需要彩排，策划方案在正式实施之前，也需要彩排。策划方案的彩排实际上就是模拟布局。这时候，策划者必须根据已经拟妥的预算表与进度表，运用“图像思考法”，模拟出策划实施的布局与进度。

（2）**分工实施。**策划人一方面把各部门（营业、生产、人事、财务、总务等）的任务详加分配，分头实施；另一方面将根据实际情况修正预算表与进度表，严密控制策划方案的预算与进度。这时，整个策划书才从“构思”落实到“实施”阶段。策划人运用组织、协调与说服的能力，使各部门既分工又合作，让企业的整体战斗力发挥得淋漓尽致，从而达到策划方案的目标。

2. 运用组织力量，提高实施效果

一个企业要实现任何策划方案，都离不开组织的配合协助。也可以说越能够活用组织的力量并高度发挥团队力量的策划，越是高明的策划。因此，策划者应该充分考虑策划与组织的关系，想办法借着组织力量，达到预期目标。这个原则，可以适用于从策划立案、实行到结束的全过程。如果整个过程都能够获得强大的组织力量的支援和协助，是最理想不过的了。

在实施策划过程中，经常会遇到现场排斥的现象，从组织本身来说，这是必然的。组织本来多半具有保守和自卫的性格，除日常公事之外，任何新的尝试和计划，对组织而言，通常都被认为是“多余的事”、“麻烦的事”。因为实施新的策划就要求组织成员在原有工作之外，还需多花时间和行动去尝试。这种排斥的反应也是组织管理的基本任务。为了突破这种敏感的排斥性，使组织的成员协助策划的顺利推行，就不得不将策划意图渗透到组织末端，尤其必要的是实行部门负责人的共鸣、支持与协助。

以促销策划来说，作为总指挥官的营业部经理、作为地区指挥官的营业所主任，是否非常热心地了解、支持这些策划，并热心地去执行这些策划，几乎决定了整个策划方案的成败。

案例 5-3　Adidas 的组织力量

进入 2009 年后，中国运动品市场冷清不少，曾经活跃一时的运动产品不知道奥运会后该如何营销。反而阿迪达斯和耐克等国际品牌却表现出了超常的耐心和耐力。

为了激励消费者，同时团结员工力量，Adidas 推出“无兄弟，不篮球”（Basketball is a Brotherhood）系列活动，使员工更深入理解组织的力量。“我们必须一致，因为坏事情总是不期而至。”阿迪达斯集团主席兼首席执行官赫伯特·海纳这样说。阿迪达斯是带有团队基因的体育品牌，倾向于团队合作与团队共享。它的篮球主题以“够 NBA，够兄弟”著名，也即相信团队、相信兄弟，就没有不可能！

评述　协助实施策划方案的负责人，给予他们强有力的支持，使策划获得良好的成果，是身为策划者的责任。

5.3　营销策划书实施效果测评与反馈

最后这个阶段通常包括两种可能的情况：当策划方案没有获得通过时，策划人员应该仔细分析其中的原因并据此调整策划的结构和具体内容，以便在以后再次提案时获得通过；当策划方案获得通过并付诸实施，而实施结果不佳或偏离预定方向时，应随时根据反馈信息做一些调整，使策划方案按预定的方向取得预期的效果。策划方案实施以后，其效果到底如何，要用特定的标准及方法来进行检测和评价。这种检测和评价可以在方案的实施过程中进行，也可以在整个方案实施后进行。通过实施效果的检测和评价，及时充实、调整策划方案是很有必要的，这有助于企业的营销活动进入较佳状态。

5.3.1　效果测评的主要形式

（1）**进行性测评。**这是指在营销策划方案实施过程中按阶段来测评，主要目的是了解前阶段方案实施的效果如何，并可以为下个阶段实施营销策划方案提供指导、经验、教训等。

（2）**终结性测评。**这是指在策划方案实施的最后阶段所进行的总结性测评，这样可以掌握整个营销策划方案的实施效果，也可以为以后的方案设计提供依据。

5.3.2　实施效果测评的原则

（1）**有效性原则。**坚持有效性原则，是指测评工作必须达到测评的目的，要以具体结论而非空泛的评语来证明营销策划的实施效果。这就要求在测评时必须选取真正有效的、确有代表性的测评指标作为衡量标准，并且尽可能采用多种有效的测评方法，综合考察，广泛收集意见，以得出客观的结论。只有这样，才可以真正地将营销策划方案的效果予以充分体现和评价。

（2）**可靠性原则。**可靠性原则要求前后的测评工作具有连续性，所采用的测评指标方法和被测对象要相对稳定。

（3）**相关性原则。**相关性原则是指测评的内容必须与所确定的策划目标相关。在进行策划活动时，要根据不同的策划目标来界定策划的相关性。

5.3.3 策划书实施阶段的中间考核

一般策划方案的实施时间都比较长，为了及时掌握策划的实施效果，需要进行中间考核和评价，这与策划能否获得良好的效果有密切的关系。中间考核与评价的方法，因策划内容的不同而会有千差万别。

案例 5-4 差强人意的试销

某家企业选择了两个特定的地区，实施新产品试销的策划方案。这种新产品对旧产品做了大幅度的改良，无论外观、性能，还是价格，都与旧产品具有相当大的差别。

1. 策划

在A地区，企业打算在20家零售店里把新产品和旧产品并排陈列出来，并通过广告强调新产品的特色，以与旧产品相区别，试销期预计为3周；在B地区，企业打算在同等规模的15家零售店里，把旧产品收集起来，在店里只摆放新产品，广告则特别强调新产品的性能，试销期同样也是3周，重点由店员引导顾客购买。

这次试销策划的主要目的是，希望由A地区获得新产品和旧产品的比较资料，由B地区观察新产品对顾客的吸引程度和店员的引导效果。此次试销活动由总公司营销策划部门所策划，由A、B地区的分公司营业员负责实施。策划部门与地区分公司充分协调后，决定策划的实施工作可以交由具体部门来全权负责。

2. 实施结果

在A、B两地区都获得了非常理想的销售记录。因为成绩好得出乎意料，令策划者都难以置信，于是到现场调查分析，结果发现两地区负责营销的人员，拜托认识的亲友和厂商大量购买试销品。原来，新产品的购买是事先约好的。

评述 为什么会发生这种情形呢？因为地区营销员不了解试销的真正意图，以为试销产品卖得好坏，会影响自己的业绩，因此非常热心地推动这种私下约定的购买。如果在方案实施期间做好中间考核，就可以防止这种误解，从而获得正确的试销结果。可见，策划人员有责任对策划的实施进行考核，一直到策划得到正确的结果为止。

5.3.4　实施效果测评的主要指标

因为营销策划的目的有经济目的和非经济目的之分，所以对于非经济目的实施效果的测评，如社会效果、政治效果、文化效果、法律效果等可以用定性方法来进行，而对经济目的实施效果的测评则主要采用定量测评方法、选择可用的指标来进行考察。

1. 市场占有率

某一品牌产品某一时期在某地区的市场占有率是指该品牌产品在该时期内的实际销售（量或额）占整个行业实际销售（量或额）的百分比。市场占有率既是评价企业日常业绩的重要指标，也是评价市场营销方案实施效果的重要指标。

2. 品牌形象和企业形象

品牌形象和企业形象是反映企业在市场中所占地位的重要指标，也可以作为测评营销策划方案实施效果的一个指标。在当前市场环境中，人们除重视商品实际功能外，还注重其“软价值”，如所获得的良好感、优越感、幸福感、超价值的服务等。所以在营销策划中，策划人员会以提升品牌形象和企业形象作为策划的重要内容。在测评时，品牌形象、企业形象是否得到提升及提升程度如何成为方案实施测评的常用指标。在具体测评过程中，可以根据企业自身的情况对知名度、美誉度、印象度及重复购买率等进行测评。

3. 成本指标

在营销策划方案的实施进程中，成本指标也是测评的一个重要指标。这里所讲的成本指标是指在策划活动过程中对各项成本的控制，如付给相关工作人员的报酬、各种公关活动费用等。如果成本控制恰当，则可以表明此营销策划方案收到的效果是较理想的。

5.3.5　策划书的实施效果反馈

在策划实施结果出来时，策划者还必须对其做充分的分析和评估，总结出经验和教训，以便在下次的策划中进行改进，至此才算该项策划工作的真正结束。策划书实施控制常用的方法是反馈方法。

反馈通常分为负反馈和正反馈。负反馈能保持系统稳定并可减少（或消除）系统动态性能的偏差，在工程控制系统中多数采用；正反馈在系统中有“激励”或“放大”的作用。在社会经济系统和生物系统中往往正、负反馈作用同时存在。与反馈相应的还有前馈概念，但前馈的应用需要知道所需的先验信息，它无法减小系统中不确定性的影响。

知识点

策划实施结束了，还应做什么工作？

- 尽可能正确掌握预测值与结果值的差异。
- 分析产生差异的原因。
- 找到实施过程中有关的问题点、反省点和改善点。
- 总结对下次策划立案及实施时的教训、启示和创意等。

作为策划者，应该将这些结果的研究、分析，做成总结报告书，向上司和客户提出，其中最重要的是预测与结果的差异分析。

实施效果反馈是营销策划的最后一个环节，同时也是下一项策划工作的开始，它实际上贯穿于营销策划的整个过程。如图 5-5 所描述的流程是从策划实施环节开始的。首先设定目标和进行结果预测，目的是便于检验策划的实施结果是否符合预期目标。在实际的营销策划书实施过程中，常常会出现偏差，造成偏差的原因有多个方面，如实施时没有按照策划书所规定的操作方法进行；策划书的操作程序设计有问题；采用的预测方法不当等。然后对得到的不同结果进行分析，寻找问题点，总结、提炼以获得启示和教训，并及时给出解决方案。如果是策划本身的问题，需要对策划方案进行调整和修订，将新的方案付诸实施，而如果仅是实施中的操作问题，则可省略此步骤。

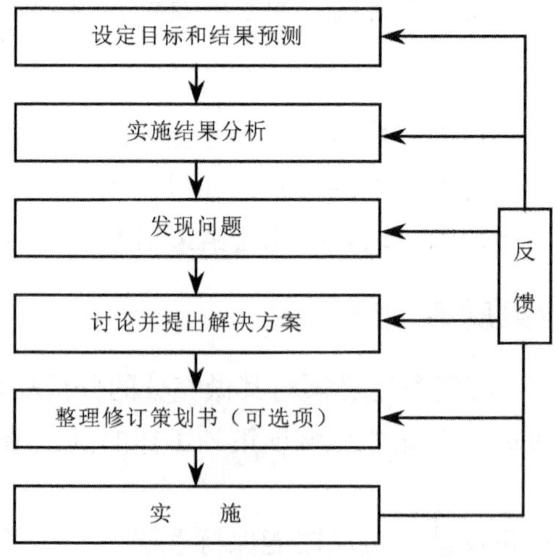

图 5-5　策划实施的一般反馈流程

案例 5-5　反馈的作用

某公司拟订了一个公关策划来调节公司与公众的关系，其流程如图 5-6 所示，强调了公共关系中反馈的作用，反映出公共关系不断调整的特性。公共关系在策划中也起到很大的作用。公关工作就是不断调整一个组织与公众的关系，使其达到和谐一致的过程。另外，图 5-6 还体现了反馈活动的互动性和实时性。

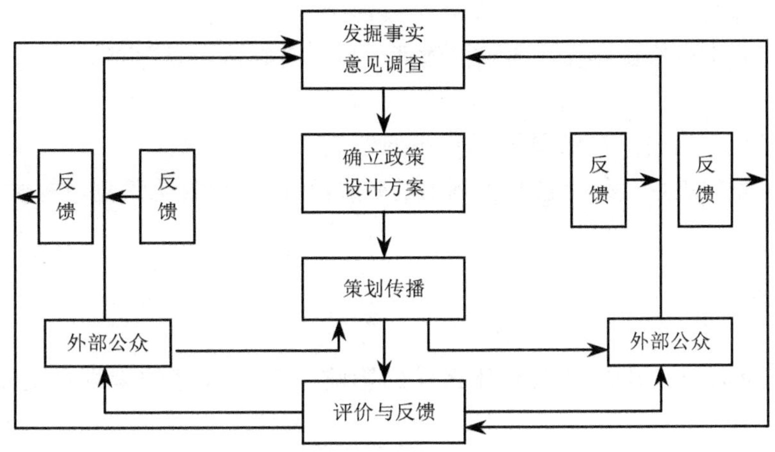

图 5-6 公关活动策划流程

评述 在策划实施过程中所出现的各种问题，对策划者来说，可以作为以后策划工作参考或借鉴的宝贵资料。

在前面的章节里已经提到的策划者与实施者之间因为沟通无效而造成的后果，产生的曲解，或者实施时技术上所遭遇的各种问题，与实施者合作时的经验不足，还有当初没有列入预测范围的各种条件等，都可以作为经验材料加以总结分析。此分析不仅应该由策划人来做，也应尽可能包含策划小组和实施人员在内，必要的话可以召开总结会议对结果进行检讨、反省、分析和研究。

总之，结果的研究、经过的分析、通过检讨反省所得到的具体启示、教训和改善方法等，对策划者来说，可以作为以后策划中的教训和经验，也可以从中获得新的创意。这种将经验、教训和创意反映在以后策划活动中的行动，被称为回馈行动。越优秀的策划者，这种回馈能力越强。

本章要点

- 推销在营销策划书推出过程中的作用十分关键，且贯穿于从策划创意的产生到策划书被通过的全过程。
- 在推销策划书时，要注意掌握介绍的技巧、回答问题的技巧及演示工具的运用技巧等。

- 营销策划书推销中要注意的问题有："充分了解接受方"、"转换立场考虑问题"、"让审议者成为'友方'"、"将说明升华为说服"、"对否定者的说服"及"看准时机，一锤定音"。
- 营销策划书的实施要做好事前的沟通工作，否则将会因沟通不够而出现实施的偏差。
- 实施过程分为模拟布局和分工实施阶段。
- 营销策划的最后工作是进行策划书的效果测评与反馈，为策划者提供有用的信息。

练习题

（1）你认为推销对营销策划有什么样的影响？创意很好的策划也需要推销吗？为什么？

（2）为了使策划书的推销效果达到最好，我们需要做好推销前的准备工作，这些准备工作及程序包括哪几个方面？

（3）上网收集一个策划书推销案例，试对其推销技巧进行评价。

（4）假设策划书推销取得成功，你是项目负责人，接下来你将如何实施？实施过程中应注意哪些问题？

实训项目：策划书推销的技巧

【实训目标】

（1）培养策划书推销的技巧与能力；

（2）培养实践动手能力。

【实训内容与方法】

班内同学分为若干小组，每小组收集一份自己推销的策划书，并选一名代表进行推销演示，其他同学对其表现依据表5-3进行打分，并相互交流心得。

表5-3 评分

	项　目	得分（满分为10分）
介绍技巧	语言	
	着装	
	视线	

续表

	项　目	得分（满分为 10 分）
	表情与站立姿势	
回答问题	细密	
	态度	
	清晰	
演示工具运用技巧	幻灯片制作方法	
	幻灯片表现技巧	

经典案例赏析

勇敢地去敲门——译云翻译成功启示

现在的译云翻译，一年光领事馆就有近百万元的单子，不但拥有十几个驻沪领事馆、几十家跨国公司的翻译业务，还在全国开了 23 家翻译连锁门店。陈弋桃也从一个初出茅庐的大四学生变成了一个职业总经理。现在，译云翻译的目标不再是一家普通的小公司，而是一个遍布全国乃至全球的翻译网络渠道，成为翻译界的另一个携程，成功地登录纳斯达克！这个 23 岁女孩的成功故事告诉了我们什么？只要你勇敢地去敲门，那扇门说不定就会为你敞开！

1．拜访奥地利领事馆

一天，一个女孩把电话打到了奥地利领事馆，打电话的人名叫陈弋桃，21 岁，是复旦大学世界经济系的大四学生，她打这个电话不是咨询出国，也不是找朋友，而是要和领事馆做生意，赚领事馆的钱，这是怎么回事？

几个月前，陈弋桃创业成立了一家名叫译云的翻译网站。网站成立后，陈弋桃的第一个任务就是要拉客户。

领事馆的人给陈弋桃拿出一份不到 1 000 字的翻译稿件，让她报价，陈弋桃报价 200 元，对方同意让陈弋桃拿回去试试看。但对方仍存有疑虑，决定到她们公司验证一下，结果由于陈弋桃当时谎报了年龄和身份，使对方疑心更重了。后来，看了她的翻译网站比较专业后才打消疑虑。就这样，陈弋桃终于拿下了奥地利领事馆的翻译业务。

2．扔块石头试水深水浅

说到这里，你可能也会觉得奇怪了，陈弋桃一个大四学生，她怎么会想到去做一个翻译网站呢？这还要从她大三实习的时候说起。

戴剑飚，译云网站的投资人和真正操盘手，他曾经和陈天桥、邵一波等一起被评为第一届上海 IT 十大新锐。他亲自动手设计了一套网上翻译系统，又给了在他的公司实习的陈弋桃 4 000 元作为启动资金，成立了译云翻译网站。戴剑飚当时只想拿它来做个实验，就像往水里扔石块一样，想看看这里的水到底有多深，有没有水花，可能咕噜咕噜什么声音都没有，也可能到时候溅起一个蛮大的水花。但令他想不到的是，陈弋桃很快就打来了报喜电话，奥地利领事馆成了公司的长期客户。接着，陈弋桃又成功说服美国领事馆，接下了 150 美元一天的业务。当然，事情并不总是一帆风顺，在做美国领事馆的业务中，有一次因为一名翻译员着便装去见施瓦辛格，令领事馆很没面子，而差点丢掉了这个重要客户。

3．答谢聚会，扭转乾坤

为了稳住老客户，开发新客户，陈弋桃决定办一个答谢聚会。经过一番努力，答谢聚会终于如期举行，美国、奥地利、瑞士、加拿大、新西兰、挪威等各大领事馆的人悉数到场，因为人太多，签名的桌子前排成了长队，整个聚会上，陈弋桃忙着跟所有的人碰杯，忙得连一口酒都没有来得及喝。

思考讨论题

（1）你从译云的成功中得到什么启发？

（2）如果你有一个创业策划案，你如何将其推销出去？

CHAPTER 6

第 6 章　营销组合策划

"从商品到货币是惊险的一跳。"

——马克思

学习目标

☑ 定义营销组合策划

☑ 描述产品策划、价格策划、分销渠道策划和促销策划

☑ 说明营销组合策划的策略与技巧

关键词：营销组合策划，产品策划，价格策划，分销渠道策划，促销策划

6.1　营销组合策划概述

营销组合策划是指在营销活动中，把产品、价格、渠道和促销及其策略有机结合，综合应用，以实现其营销目标而进行的一整套策划活动。

营销组合策划是营销策划中的重要内容，包括产品（品牌、包装、服务）、定价、销售渠道及促销组合等方面的策划，还包括策略策划。要准确地理解营销组合策划的概念，首先要对其内容有一个全面的了解。

6.1.1　产品策划

产品是企业经营的核心，也是企业赖以生存和发展的基础。当今社会，高新技术产品发展日新月异，市场竞争日趋激烈，产品更新换代迅速。一个企业的兴衰存亡，关键在于是否有适销对路、很好满足消费者需求的产品。市场竞争归根结底还是产品的竞争，产品是企业竞争取胜的根本，也是企业进行产品策划的起点。

1. 产品的整体概念分析

产品是指通过交换来满足消费者或用户某一需求和欲望的任何有形的商品和无形的服务。菲利普·科特勒等营销学者认为，把产品分为 3 个层次更能深刻和准确地表述产品整体概念的含义，其整体概念如图 6-1 所示。

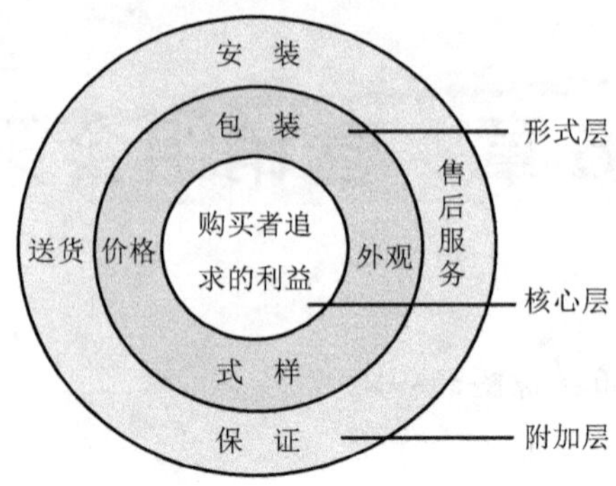

图 6-1 产品整体概念

（1）**核心产品。**核心产品是产品整体概念中最基本的层次，是购买者购买某一特定产品时追求的基本效用和利益，是顾客需要的中心内容。

（2）**形式产品。**形式产品是核心产品的存在形式和载体，它通常向购买者展现出一些可以使人感知的特征，如产品的质量水平、档次、款式、特色、包装及品牌等。值得注意的是，核心产品与形式产品是密不可分的，核心产品总是通过形式产品提供给购买者。

（3）**附加产品。**附加产品指的是消费者或用户在购买某一特定的形式产品时所得到的其他方面利益的总和，包括咨询服务、产品介绍、提供信贷、免费送货、安装调试、技术培训、产品保证、售后服务等。

2．产品策划的内容

产品是一个多要素的组合体，产品策划也同样包含着许多内容，如表 6-1 所示。

表 6-1 产品策划的内容

产品策划类别	每种策划类别的具体内容
产品设计策划	产品设计是产品生产的起点，也是产品竞争取胜的关键。一般来说，产品设计有以下基本导向： • 个性化导向——顺应时代的潮流 • 适用性导向——消费者满意的第一要务 • 心理导向——产品设计的心理魅力 • 灵活性导向——市场对企业的“指令” • 优势化导向——扬长避短，发挥优势 • 民族化导向——弘扬民族文化，发掘国粹产品
产品开发策划	企业在瞬息万变的市场竞争中，适时开发新产品，推出新产品，是企业得以生存和发展的唯一有效的方法

续表

产品策划类别	每种策划类别的具体内容
产品定位策划	企业必须赋予自己的产品某些特色，使产品在消费者心目中树立起某种特殊形象，从而和竞争者相区别
产品品牌策划	品牌策划是设计富有鲜明个性、能反映产品性能或特色的产品名称和标志的过程，其目的在于促进产品销售，扩大市场占有率
产品包装策划	包装的功能不仅仅局限于对产品的保护，它还有着积极的自我推销作用，良好的包装是策划的一项重要内容
产品价格策划	对一个产品来说，制定合理的价格是其受到消费者欢迎的重要因素之一

3．新产品开发策划

在科技日新月异的今天，企业不能以一成不变的产品参与瞬息万变的市场竞争，而必须适时推出新产品，以满足消费者不断变化的需求和欲望。在这种形势下，保持企业生存和发展的唯一途径就是进行有效的新产品开发。

（1）**新产品的含义。**对新产品的定义可以从企业、市场和技术 3 个角度进行。对企业而言，第一次生产销售的产品都叫新产品；对市场来讲则不然，只有第一次出现的产品才叫新产品；从技术方面看，在产品的原理、结构、功能和形式上发生了改变的产品叫新产品。营销学的新产品包括上述 3 个角度的内容，但更注重消费者的感受与认同，它是从产品整体性概念的角度来定义的，即凡是产品整体性概念中任何一部分的创新、改进，能给消费者带来某种新的感受、满足和利益的相对新的或绝对新的产品，都叫新产品。但是，新产品是一个十分广泛的概念，同时也是一个相对的概念，因为“新”与“旧”是相对的，具有特定的时间和空间标准。

（2）**新产品开发程序。**开发新产品是一项十分艰难的工作，不仅需要投入大量的资金，而且过程复杂、成功率低，具有很大的风险性。因此，企业的新产品开发应该按照一定的程序进行。新产品开发的基本步骤为：寻求创意、甄别创意、形成产品概念、初拟营销规划、营业分析、产品开发、市场试销和正式上市。

1）寻求创意。所谓创意，即开发新产品的构想。在这个阶段，企业应注意收集各方面的有关信息，寻求尽可能多的创意，为新产品开发提供较多的思路和机会。

2）甄别创意。所谓甄别创意，即对已有的创意加以评估，研究其可行性，筛选出可行性较高的创意。创意甄别的目的就是淘汰那些不可行或可行性较低的创意，将公司有限的资源集中于成功率高的创意上。

3）形成产品概念。甄别后的产品创意，必须经过进一步开发、完善才能形成产品概念。产品概念是企业从消费者的角度对特定创意所做的详尽描述，是具体化、明确化、已经成形的产品构思。从产品创意到产品概念一般要经过如下两个步骤：① 产品设计，其任务是将产品创意用文字、图形、模型等形式明确地表现为产品的几种设计方案；② 产品鉴定，其任务是结合市场定位对每种产品的所有设计方案都进行认真评价修改，通过产品概念的市场实验了解顾客的反应，进一步完善设计方案后再加以定型。

实用链接：影响新产品概念开发的因素

（1）顾客喜好。在技术扩散很快的市场中，仅靠技术规格来角逐市场将很难获胜。现在的顾客不仅在功能上对产品提出要求，还要求产品让人感觉舒服，要能给人带来美感。

（2）主观估计。在实际的新产品开发活动中，客户及开发小组的主观估计是不可缺少的。这些主观估计往往有助于促进产生富有创造力的产品概念。但开发小组的主观估计也会出现各种各样的偏差，这些偏差会对产品概念的开发产生重要的负面影响。

（3）数据来源与处理。成功的新产品概念并不是依赖单一方法的数据收集，而是综合研究了多种数据来源。其中某些数据源可以应用于产品开发的许多阶段，某些数据源对于评估若干产品方案有特别重要的价值。

（4）生产成本和可制造性。即使产品概念能够满足客户的需要，但如果它的生产成本过高因而不能满足公司的利润要求，那么这个产品概念就不具有现实的价值。在最初的设计过程中要考虑生产成本、生产可行性及装配维护要求，设计者同时设计产品概念和生产流程。

（5）环保因素。基于环保的设计不再只是选择，而是越来越成为必须。越来越多的基于环保的新产品概念正在出现，这些产品生产时使用更少的资源，使用时也消耗更少的资源，是由毒性较小和能够回收的原材料生成的，易于拆卸后进行回收。

4）初拟营销规划。产品概念形成后，企业的有关人员应该拟订一个新产品的营销规划草案。新产品的营销规划草案由下述 3 个部分组成：① 说明目标市场的规模、结构、行为，新产品的市场定位、未来几年的销售额、市场占有率、利润率等；② 概述新产品的计划价格、分销渠道、促销方式及第一年的市场营销预算；③ 阐述新产品的远景发展情况并提出设想，如长期销售额和利润额目标、产品生命周期不同阶段的营销组合策略等。

5）营业分析。在这一阶段中，企业应该在营销规划草案的基础上，对新产品未来的销售情况、经营成本和利润率做出进一步的评估，判断其是否符合企业目标的要求，以便决定是否进入新产品的正式开发阶段。

6）产品开发。通过营业分析后，研究开发部门、工程技术部门就应该进入研究试制阶段了。只有通过研究试制阶段，才能把抽象的产品概念转化为实体形态的产品模型或样品。

7）市场试销。市场试销就是企业将新产品与品牌、包装和初步市场营销方案组合起来，然后把新产品小批量投入市场，以检验新产品是否真正受市场欢迎的过程。

并非所有新产品都必须经过试销，如果企业已经通过其他各种方式收集了消费者和经销商的意见，并已经根据这些意见对新产品和营销组合方案进行了改进，而且对新产品的市场潜力有比较准确的把握，就可以不经试销直接大量投放市场。

案例 6-1　本田“N360”小轿车的上市之路

日本本田公司生产的“N360”小轿车由于急于早日上市占领市场，因而只用一年零两个月就突击研制出来了。按常规来说，新车从设计到批量生产上市，在美国一般需要 4～5 年，即使在日本，至少也要 2～3 年的时间。而本田公司由于求胜心切，不重视试销便仓促上市。新产品上市后，一开始由于这种车的马力大、速度快而赢得了消费者的好评，销售量也非常惊人。殊不料，消费者使用一段时间后，该车即频频出现摇晃、打转现象，造成上百起车毁人亡的事故，这就是日本著名的“缺陷车事件”。几百名受害者及其家属联合组成了一个“受害者同盟”，向本田公司讨一个公道。本田公司为了尽快摆脱这一窘境，四方请罪，八方周旋，为此付出了巨大的经济代价。

评述　忽视产品的质量，自然经不住市场的考验，失败在所难免。

8）正式上市。新产品试销成功后，就可以批量生产，全面推向市场了。在这一阶段，企业将要投入大量的资金用于生产条件的配置和市场营销的需要，对此企业必须慎重地进行决策并全面加强管理工作，以确保新产品经营成功。

总之，产品开发要想一次成功，一方面，必须遵循一套科学的程序，有计划、按步骤地进行；另一方面，要使新产品开发收到事半功倍的效果，又需要借助策划的艺术性，在策划的具体步骤和具体环节上开拓创新，以求先声夺人。

6.1.2　价格策划

1．价格策划的内容

（1）**价格的制定策划。**这主要是指产品初期的价格策略，包括高价策略、中价策略和低价策略。

（2）**价格的调整策划。**这是指产品在进入市场后的后期定价策略，主要有主动调价策略、被动调价策略和折扣价格策略。

2．价格策划的程序

（1）**价格信息的收集与预测。**一个完整的价格策划，首先应该从价格信息的收集与预测开始，这不仅是进行价格策划的前提，也决定着策划方案的正确与否。

1）确定价格信息的内容。价格信息收集的内容通常可以分为两大类。一类是仅能对价格运动的各种变化和特征进行直接描述的价格信息，它表明目前价格的基本状况和过去状态。一般包括某一特定时期内价格水平信息、相关价格信息、历史资料信息。另一类是直接或间接影响价格变化的各种因素信息，表明价格可能发生的运动方向。这方面主要指市场供求信息，包括市场货币流通状况，消费结构、消费习惯与爱好的变化情况，居民收入变化情况，市场供应力与供求结构状况。

在收集市场信息时，对消费者需求和满意程度的信息及竞争对手行为的信息要特别加以注意。体现消费者需求和满意程度的信息主要有：购买的数量和批量、对质量的肯定和意见、对价格水平及付款条件的建议、对售前和售后服务的要求、对促销做法的评价等。

2）对价格信息进行收集与整理。在信息收集过程中，要注意信息收集的方法。信息收集的方法多种多样，具体采用哪种方法，要依据信息内容、人员、手段、资金等具体情况而定。信息收集工作完成后，还必须进行加工和整理，使之成为准确、精练且便于利用的信息。具体内容已在本书的第2章论述过，这里就不再赘述。

（2）**确定价格策划方案的内容。**企业价格策划方案一般包括定价目标、定价策略、定价方法与价格水平、其他营销措施配合等内容。

1）定价目标。定价目标是企业在价格策划时有意识要达到的目的。定价目标是企业经营目标在价格策划中的表现，是企业策划方案首先要解决的问题。企业定价目标可划分为4类，以供企业选择，具体内容如表6-2所示。

表6-2　定价目标的内容

定价目标类别	每种定价目标的具体内容
以获取利润为定价目标	（1）以扩大眼前利润为目标。旨在短期内通过高价的形式获得尽量多的利润 （2）以一定的收益率为目标。追求一定的投资收益率，获取一定时期内的稳定收入 （3）以获取合理利润为目标。这种目标被广大的中小企业所采用
以扩大市场份额为定价目标	采取扩大市场份额为定价目标的企业，多采用低价吸引消费者，这样做虽然可能会使商品的单位利润水平下降，但由于销售量的增加能弥补降价所造成的损失，所以利润总量一般不减少，甚至增加
以应付和防止竞争为定价目标	这种定价目标主要是针对竞争对手确定的。当企业面对来自竞争者的威胁时，应根据竞争者的情况和自身条件采取相应对策
以创造和维护企业形象为定价目标	良好的企业形象是企业在经营中创造的无形资产，也是企业经营的重要手段。树立这一定价目标，就是在价格行为中维护消费者利益，兼顾企业利益，维护社会公德和商品道德，服从国家宏观发展目标要求，遵纪守法等

2）选择定价策略。定价策略是在特定的定价目标指导下，根据成本、供求关系、产品特点、市场竞争状况及需求心理等因素而确定的定价方针和政策，是价格策划的基本内容之一。

3）选择定价方法。选择正确的定价方法是实施定价策略的重要环节。定价方法是对产品进行具体价格计算的方法，大致可以分为三大类，即成本导向定价法、需求导向定价法和竞争导向定价法，其中，每类中又有许多具体的方法。

各种定价方法有利有弊，在选择时首先要与定价目标和定价策略的要求相一致，其次要考虑企业的规模大小、市场性质和竞争状况、产品的特点、企业营销能力和计算方法等。

4）其他营销要素的配合。营销的其他要素在市场上已形成的影响，是企业价格策划的前提，为了保证价格方案的落实，还必须有其他营销要素的配合，这是价格策划方案必不可少的内容。就产品而言，必须保证有与价格相一致的商品实体和相关的服务，还要选择保证价格策划方案落实的商品分销渠道，并通过有效的促销手段把产品、价格及早传递给消费者。

（3）**价格策划方案的筛选。**价格策划除了上述内容，在实际中由于可供选择的目标、策略、方法及配套措施的多样化，还可以有不同的组合，因而形成不同的价格策划方案，同时也存在一个选优问题。

1）价格策划方案择优的原则。

- 经济性原则。这一原则要求企业在做出方案选优时，必须体现企业的经济效益，即价格策划方案要有利于企业收回成本并获取利润，但并不是说按照这一方案进行的每次交易都要有可观的利润，只要有盈余，都符合经济性原则。
- 可行性原则。价格策划方案能否实现的关键在于它是否与实际情况最接近。这就需要企业对各方案进行反复比较论证，运用定性分析和定量分析的方法去测试。合理的价格策划方案既要保证企业自身的利益，又要兼顾国家利益和消费者利益。

2）价格策划方案择优的方法。

- 经验推断法。根据上述定价目标、定价策略、定价方法选择的限制条件，企业决策层再根据自己的经验及掌握的市场信息、企业现状，从多个方案中选择最优方案。
- 专家论证法。企业聘请有关专家组成论证组，将设计的多种方案通报给各位专家，然后由他们提出意见，将大家一致认可的可行性方案留下，放弃其他方案，再对留下的方案进行论证筛选，择出最优者，并将专家意见补充进去。
- 盈亏平衡分析法。这种方法是根据保本销售量公式，推导出保本价格，然后将保本价格与方案设计的价格进行比较，从中选优的方法。
- 排斥法。这种方法是比较各方案的效益大小，去掉劣者，选出优者。这种方法对单一指标如企业定价目标或定价策略选择时比较简单。产出相同，选投入费用最低者；

投入相同，选产出最高者。如果决策是多元指标，就需要换算后再比较。

- 决策树法。决策树作为一种图解方式对于解决复杂的问题非常有效。

6.1.3 分销渠道策划

1. 渠道策划的内容

分销渠道是指某种货物或劳务从生产者向消费者移动时，取得这种货物或劳务的所有权或帮助转移其所有权的所有企业和个人。因此，一条分销渠道主要包括个人、中间商（因为他们取得所有权）和代理中间商（因为他们帮助转移所有权）等，渠道策划的内容包括以下几点。

（1）**渠道结构设计。**企业生产的产品在从生产者流向最终消费者或用户的过程中每经过一个对产品拥有所有权或负有销售责任的机构，称为一个“层次”。层次越多，分销渠道就越长；层次越少，分销渠道就越短。企业经营者在进行渠道策划、选择企业的分销渠道时，要考虑几方面因素的影响，具体内容如表 6-3 所示。

表 6-3　分销渠道的影响因素及具体内容

分销渠道影响因素	每种影响因素的具体内容
市场	市场性质决定分销的策略。市场大且相对集中时，直接的市场销售最能够取得成功。市场分散太广，顾客的购买形式不确定时，应以间接销售为主
产品	产品的特性能在某些情形下决定渠道路线。易腐烂的产品就须直接销售。专门性的产品，也可能必须直接销售。季节性的产品，一般是由中间商销售。当产品的单位价值较低时，通常使用中间商
组织	强大的组织有能力从事直接的市场销售活动。很弱小的企业，则需要利用中间商，处理主要的工作
中间商	中间商能力的大小是企业考虑渠道的重要因素
竞争者	竞争者的渠道往往是企业参考的重要对象
环境	环境制约着渠道路线的确定，尤其当经济环境不景气时，更要注重节约成本

（2）**代理商的选择。**营销策划者在明确了影响销售渠道设计的各种因素后，就要着手分析企业确定的主要渠道的选择方案。通常要重点分析选择方案的三类构成因素，即中间商的类型、数目及每一渠道参与者的条件与相互责任。

1）中间商类型分析。营销策划者应明辨适合其经营业务的渠道中间商的类型。

2）中间商数目的确定。营销策划者必须决定在每一渠道层次中间商的数目。在分析时，根据中间商的数目不同，有 3 种销售类型可供选择，如表 6-4 所示。

表 6-4　销售类型

销售类型	每种销售类型的具体内容
密集销售	日用品和一般原料的生产者通常采用密集渠道的销售策略，即尽可能在更多的商店中销售其产品。这些产品必须占有地利，以便创造最大限度的品牌展露度和便利性
独家销售	所谓独家销售，是指生产企业要求经销商不得再经营与之竞争的产品。通过授权独家销售，生产企业希望销售活动更加积极并能做到有的放矢，而且能够在价格、促销、信用和各种服务方面对中间商的政策加强控制。独家销售有利于提高产品形象和获得较高的利润
精选销售	处于密集销售和独家销售之间的是精选销售，即利用中间商的数目不止一个，但对有意经营某一产品的中间商并不全都加以利用

3）渠道成员的参与条件与责任分析。营销策划者必须分析生产企业确定的渠道成员参与的条件与责任是否适宜。营销策划者首先要了解生产企业是否已制定明确的价格目录和折扣明细表，能否确信其折扣可使中间商感到公平、合理。其次要了解生产企业是否对提早付款的经销商给予现金折扣，是否对经销商有不合格产品退换或价格下降的保证等。经销商希望了解生产者将在何处授特权给其他经销商。他们还希望了解在其区域内的销售实绩总额。

2．渠道策划步骤

一个完整的渠道策划可分为 4 个步骤，如图 6-2 所示。

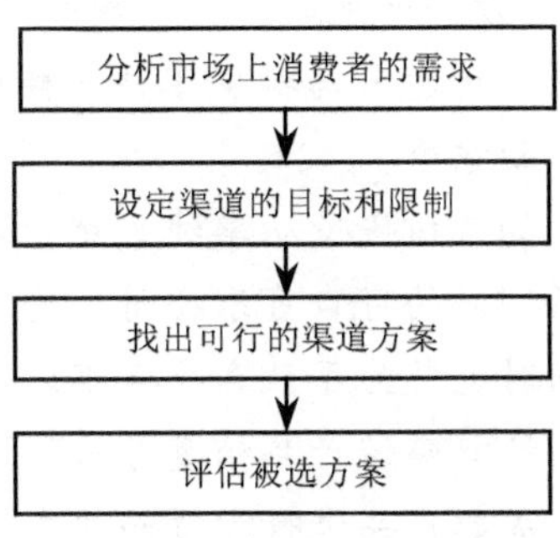

图 6-2　渠道策划步骤

（1）**分析市场上消费者的需求。**主要指通过市场调研，找出并分析消费者的需求。在这一步，要充分考虑消费者的当前需求和潜在需求、对产品的需求和对服务的需求。

（2）**设定渠道的目标和限制。**根据第一步的分析结果，设定渠道的目标，即应该建立怎样的渠道，才能最大化地满足消费者的需求。在设定目标时，应充分考虑设定渠道的限制因素。

（3）**找出可行的渠道方案。**根据渠道目标和影响因素，尽可能地列举可行的渠道方案。

（4）**评估被选方案。**根据渠道设计的限定性因素，选择最佳方案。

案例 6-2 可口可乐在中国的渠道系统

可口可乐公司于 20 世纪 70 年代重入中国，从当初只进入高档饭店渠道到目前渗透到市场的每个角落，可以说渠道运营起到了至关重要的作用。它在中国的渠道系统如表 6-5 所示。

表 6-5 可口可乐公司在中国的渠道系统

<table>
<tr><th colspan="3">现代渠道</th><th colspan="8">传统渠道</th></tr>
<tr><td colspan="3">关键客户</td><td rowspan="2">批发</td><td rowspan="2">101</td><td colspan="6">直营</td></tr>
<tr><td>大卖场</td><td>连锁超市</td><td>便利超市</td><td>餐馆</td><td>交通</td><td>食品店</td><td>酒店娱乐</td><td>网吧</td><td>……</td></tr>
</table>

从表 6-5 可以看出，可口可乐渠道系统的主框架是由批发、关键客户（Key Account，KA）、101（CSS）和直营这 4 个主渠道构成的。

在可口可乐公司与客户签订的合同当中，除通过很多方面来促进客户取得合理的返利之外，合同奖励的关键指标主要是销量、生动化和账款（可口可乐公司的账款主要指在一定账期内未收回的货款，而非赊账经营），但这 3 个指标在各个渠道的要求很不相同，重要程度也不一样，具体内容上也有很大差别。

（1）KA。对 KA 来讲，生动化考核占了对其考核的最主要部分。对 KA 的店面表现、常规堆头、特殊堆头及各项促销活动的开展而进行的检查考核非常详尽地写在了合同里面。通过对 KA 的生动化和账款考核，避免其与批发客户一样对销量的达成进行盲目的追求，从而极大减少了与其他渠道的正面竞争。

（2）批发客户。对批发客户的考核慢慢从单纯的销量考核过渡到销量考核和非碳酸销量考核的结合。在以碳酸饮料而闻名的可口可乐公司，将非碳酸饮料的考核单独列出来，一是为了非碳酸饮料的成长，同时也是为了让客户牢牢记住可口可乐公司更要成为一个全方位的饮料公司。加强对批发商的非碳酸产品销量考核，避免了批发商只做成熟品牌的惯病，解决了客户一直将可口可乐成熟产品进行带货而冲击其他渠道的问题。当然，客户也更多地获得了由可口可乐公司提供的非碳酸产品所带来的更多的利润。

（3）101 客户。通过只给予 101 渠道客户的配送货物奖励，使该渠道客户脱离流通渠道（因为不允许其进行货物流通，假如有部分货物流通，公司将予以严肃处理），避免了与批发客户争夺渠道下线客户，从而消除了渠道窜货的隐患。

（4）直营客户。直营渠道系统针对的基本上是售点，直接面对消费者。由于有业务员进行直接服务，能依据实际情况实施个性化的策略，所以，直营客户冲击或被其他渠道客户冲击均不太可能，因为他们也能从个性化服务中获得自己的利益。

➘ **评述**　可口可乐公司综合运用各种手段来进行渠道的平衡，使各个渠道均和谐发展，从而避免了渠道内耗。

6.1.4　促销策划

促销是指企业运用各种沟通方式、手段，向消费者传递产品、服务和企业信息，实现双向沟通，使消费者对企业及其产品、服务产生兴趣、好感与信任，进而做出购买决策的活动。

1．促销策划的手段

现代促销的沟通方式、手段主要有广告、人员推销、公共关系和营业推广四大类，它们具有各自的特性。

（1）广告是一种传播广泛的非人员沟通方式，它把图像、文字、声音、色彩、气味等精彩地、艺术地有机组合在一起，连续地、重复多次地进行高度渗透性的信息刺激，具有极强的传播性和影响力。

（2）人员推销以交际、人际关系、面对面的谈判为沟通特征，特别具有针对性、人情味和灵活性。

（3）公共关系注重塑造形象、推销形象、协调关系、增进感情、提高信任度，从而解除消费者的疑虑。

（4）营业推广能够迅速产生鼓励作用，通过现场演示、样品赠送等方法使消费者迅速地了解产品，从而缩短新产品上市的时间。

促销的本质是沟通（交流）信息、赢得信任、激发需求、促进购买。因此，促销作为一项系统工程，由信息沟通机制、形象塑造机制和需求激发机制组成，这 3 种机制的正常运转及其相互有机组合，可以实现促销系统的最佳整体运动状态，从而实现促进销售的根本目标。

2．促销策划的步骤

一般来说，促销策划分为 5 个步骤，如图 6-3 所示。

（1）**建立促销目标。**促销目标是从总的促销组合目标中引申而来的，因此，它在总体上受企业市场营销总目标的制约，表现为这一总目标在促销策略方面的具体化。所以，在制定促销目标时，要较为具体，对各项活动都要有一个准确的规定。

（2）**制定促销方案。**在确定了促销目标后，接下来就要制定具体的促销方案。在制定方案时，需要特别注意的是要确定刺激程度，选择合适的对象、媒介、时机，合理分配预算。

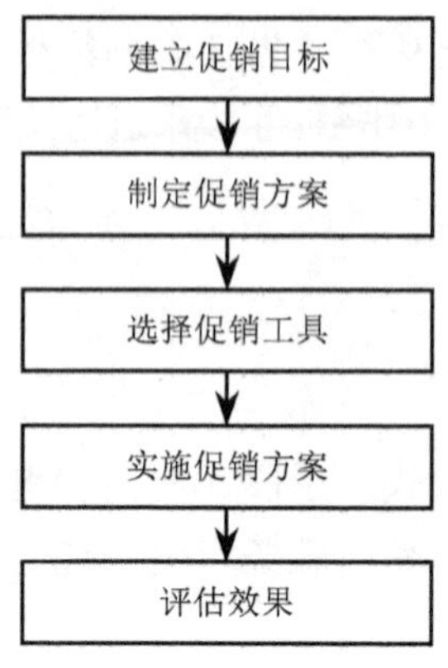

图 6-3　促销策划的步骤

1）确定刺激程度。要使促销取得成功，一定程度的刺激是必要的。一般而言，刺激程度越高，引起的销售反应也会越大，但也可能存在边际效应递减的规律，因此，要对以往的促销实践进行分析和总结，并结合新环境条件确定适当的刺激程度。

2）选择对象。对象可以是市场中的每个人，也可以是有选择的某类团体。应确定哪种对象是促销的主要目标，因为对象选择的正确与否都会直接影响促销的最终效果。

3）选择媒介。在促销过程中，选择恰当的媒介是非常重要的。它不仅关系到促销费用的高低，更关系到促销活动的直接效果。传统的促销媒介主要有报纸、电视、收音机、杂志4种。如今，随着网络技术的发展，互联网也越来越被广泛地应用于促销宣传。

4）选择时机。在什么时间开始促销、持续多长时间效果最好等，也是值得研究的重要问题。持续时间过短，由于无法实现重复购买，很多应获取的利益不能实现；持续时间过长，又会引起开支过大和减弱刺激购买的力度，并容易在顾客心目中降低企业产品身价。有关研究表明，每季度3周左右为最适宜的促销时间。

5）分配预算。分配预算即促销预算在各种促销工具和各个产品间的进一步分配。这要考虑到各种促销工具的使用范围、频度，各种产品所处生命周期的不同阶段等多种因素加以平衡和确定。

（3）**选择促销工具。**根据已经制定的促销方案选择合适的促销方式，促销主要有广告、人员推销、公共关系和营业推广这四大工具，它们各有其特点和适用范围。此外，还存在这样的情况，同一特定的促销目标可以采用多种促销方式来实现，这里就有一个促销方式的比较选择和优化组合问题，其目的是实现最优的促销效益。

（4）**实施促销方案。**再好的方案都要经过实践的检验，否则，只能是纸上谈兵，所以，促销方案的实施是整个促销策划的重中之重。实施中要注意测量市场反应，对促销范围、强度、频度和重点进行必要的调整，保持对促销方案实施的良好控制，以顺利实现和达到预期的目标和效果。

（5）**评估效果。**这是一项重要而困难的工作。应当明确，评估工作实际上在选择促销手段之前就已经开始了。例如，制造商向推销员和中间商介绍其将使用的促销手段，听取他们的意见，通过获得他们对这些促销手段的反应来做出某种判断。市场营销者也可以通过各种方法来了解消费者的意见。又如，销售商设了两种奖品，它可以在一部分零售店中使用奖品 A，在另一部分零售店中使用奖品 B，通过对两组零售店销售情况的比较来判断哪种促销手段更容易被消费者接受。

案例 6-3 微电影营销

红星美凯龙投拍的微电影《时间门》、慕思寝具投拍的微电影《床上关系》，它们的共同特征首先是制作精良，从导演、演员到剧情，都不亚于院线影片。其次是植入形式巧妙，从头到尾品牌与影片巧妙融合，基本看不到硬性露出，且最终能够做到线上线下整合传播。从所达到的效果来看，也是非常可观的。《时间门》在 2013 年 56 首映礼盛典上，获得最具营销价值奖。《床上关系》上线当日点击过百万人次，截至 2013 年 7 月 29 日，其网络点击总量已突破 1.4 亿人次。在微电影市场，突破 1 亿人次点击量的微电影屈指可数。这似乎在向人们传递一个信息：浅层次的品牌植入已经过去，微电影营销正在进入一个深开发时代。

资料来源：沈瀛. 微电影营销——品牌你投对了吗[J].V-MARKETING 成功营销，2013（09）.

评述 《时间门》、《床上关系》的微电影营销充分体现了促销的本质——交流信息，赢得信任，激发需求，促进购买。要抓住目标顾客的心，从而实现促销的根本目标。

6.2 营销组合策划的策略

营销组合策略是组合策划的重要内容，为企业营销组合策划提供了策略上的保障。由于营销组合的内容较为丰富，对其不同的组合又可形成不同的策略，因此，营销组合策划的策略较为广泛。在本章中，我们只对其主要策略进行选择性介绍。

6.2.1 产品生命周期营销策略

产品生命周期是指某一产品从完成试制投放到市场开始到最后淘汰出市场的全过程所经历的时间。通常情况下，一个完整的产品生命周期要经历 4 个阶段，即导入期、成长期、成熟期和衰退期，各阶段特征如表 6-6 所示。

表 6-6 产品生命周期各阶段特征

特征＼阶段	导 入 期	成 长 期	成 熟 期	衰 退 期
认知度	低	迅速提高	很高	开始减弱
顾客	数量少 多为革新者	数量迅速增多 早期采用者	数量达到高峰 中间大多数	数量减少 迟缓者
销量	低	迅速增多	销量高峰	迅速下跌
成本	单位成本最高	单位成本一般	单位成本低	单位成本低
利润	负利润	利润上升	高利润	利润下降
竞争者	极少	数量增多	数量基本稳定	开始减少

1. 导入期的营销策略

当产品以全新的形象出现在市场上时，对大多数消费者而言，对产品的有关信息知之甚少。因此，这一阶段的营销活动应主要放在让消费者了解该产品上，使消费者对产品有一个较为全面的认识，并且得到他们的认同。所以这一时期的营销策略主要有以下 4 点。

（1）**新产品定型。**广泛收集市场对新产品的反应，在征集消费者意见的同时，对各类意见进行分析、归纳、综合，找出相对集中的意见，改进新产品，为新产品定型。

（2）**价格策略。**在导入期，每个企业可根据自身的情况和面临的问题，选择相应的价格策略。可供企业选择的价格策略有：高价快速推销策略、高价低费用策略、低价快速推销策略、双低策略。

（3）**渠道策略。**一般情况下，新产品上市所需的各种营销资源比较有限，这时要选择合适的经销商进行合作，利用经销商的资金和网络可以大大缩短上市时间和减小上市的风险。

要分析各类渠道的长短、扁平、优缺点，以及根据自己产品的特点来设计渠道。此时，应主要考虑市场的铺货率、信息沟通的灵敏度、市场管理的复杂性这 3 个问题。

制定招商广告和招商政策时要把握两个核心点，一是建立起经销商的信心，与厂商共享利益、共担风险；二是要确保经销商有利可图。在制定经销商、政策上可以实行分级、分时间、分区域的政策，关键是事前要保证政策透明，让经销商感到按照一定的销售量来获得利润。

（4）**促销策略。**在产品的导入期，促销活动通常有下面两种情况：一是快速促销，即利用各种促销工具及其组合，进行各种促销活动，使消费者在短期内熟知这一产品并产生购买行为，便于快速地启动市场；二是低速促销，即不举行或很少举行促销活动，让产品在市场上慢慢渗透，直到逐步被消费者所认知。

2. 成长期的营销策略

在成长期，消费者和广大用户已开始迅速接受新产品，需求量增加，因此，这一时期的营销策略主要包括以下几点。

（1）**产品策略。**在切实保证产品质量的同时，实施产品组合策略，挖掘产品的广度和深度，提高产品的覆盖面，同时还要努力降低成本，从而增强产品竞争力。

（2）**价格策略。**实施价格调整策略，对于不同的产品，制定不同的价格，以满足不同层次消费者的需求。此外，还可在适当的时机降低价格，以吸引对价格较为敏感的消费者。

（3）**渠道策略。**对原有的渠道进行改良和调整，实施深度分销，积极地寻找并打开新市场，开辟新的细分市场，使产品得到更多的展示机会和更广泛的销售面。

（4）**促销策略。**调整广告策略的目标，使之由提高产品的知名度逐渐转变为建立消费者对产品的信赖度和提高购买量。

3. 成熟期的营销策略

成熟期持续的时间长短，直接影响企业的经济利益。因此，产品策划者应想方设法地延长产品成熟期的时间。为此，可采取如下几种策略：① 在对原产品保持不变的同时，努力地开发新产品，积极地开拓新市场；② 价格方面实施价格调整策略，一般来说，运用降价策略打入新的市场；③ 进行深度分销，挖掘渠道的潜力，建立更广泛的销售渠道；④ 开展各种促销活动，采用富有震撼力的广告，通过让利销售、折扣、有奖销售等策略吸引其他品牌的使用者。

4. 衰退期的营销策略

这一时期是产品即将被市场淘汰，生命周期即将结束的时期。当企业进入衰退期时，可采用如下两种营销策略。

（1）**保留策略。**努力维持产品的生产和销售，具体方法有：① 新生策略，即通过营销努力恢复衰退产品的销售量；② 继续策略，即保持原来的营销策略不变，听任这种产品继续衰退下去，直至完全退出市场；③ 集中策略，即停止某些方面的努力，将其资源全部集中在一些最有利的市场和分销渠道上；④ 收割策略，即大幅度地削减衰退产品的营销费用，以增加目前的利润。

（2）**淘汰策略。**当企业决定淘汰某种产品时，是完全抛弃，还是转手给其他企业？是果断而迅速地淘汰，还是以渐进的方式缓慢淘汰？若按既定日程逐渐减少，则便于有秩序地转移货源，并使顾客从容地安排其使用习惯的改变，为已出售的产品保留一些替换零件和服务。

6.2.2 新产品开发策略

企业主要有以下几种新产品开发策略。

（1）**抢先策略。**顾名思义，抢先策略就是抢在其他企业之前，将新产品开发出来并投放到市场中去，从而使企业处于领先地位。采用抢先策略的企业，必须有较强的研究与开发能力，要有一定的试制与生产能力，同时还要有足够的人力、物力和财力，另外，还要有勇于承担风险的决心。

（2）**紧跟策略。**当企业发现市场上的畅销产品时，就不失时机地进行仿制进而投放市场。采用紧跟策略的企业，对市场信息收集、处理和反应必须迅速，而且还要具有较强的、高效率的研究与开发能力。大多数中小型企业都可以采取这一策略。

（3）**引进策略。**把专利和技术买过来，组织努力消化、吸收并创新，使之变成自己的技术，并迅速转变为生产力。它可以分为3种情况：① 将小企业整个买下；② 购买现成的技术；③ 引进掌握专利技术和关键技术的人才。

（4）**产品线广度策略。**产品系列是指与生产技术密切相关的一组产品。一个企业拥有的产品系列的数目，称为产品系列的广度。产品线广度策略按选择宽窄程度，分为宽产品系列策略和窄产品系列策略两种。前者指企业生产多个产品系列，每个系列又有多个品种，是一种多样化的经营策略，许多大型跨国公司和企业集团一般都采用这一策略。后者指企业只生产一两个产品系列，每个产品系列只有一两种产品。市场补缺者往往采用这一策略。宽产品系列策略是一种多样化经营策略，产品的多样化经营，不仅分散了市场营销过程中的种种风险，而且避免了单一产品生产单一化的风险。

（5）**产品线深度策略。**所谓产品系列的深度，即每个产品系列内品种规格的多少。当一种产品的销量迅速扩大时，有一定实力的企业可以以该产品为基准，及时推出它的系列产品，以便尽量占领多个细分市场。

实用链接：新品“开门红”的六大策略

实践证明，90%以上企业的成功是因为新品的成功，但数据同时也显示，在一个行业中通常仅有20%的新品能成功立足市场，失败者甚多。所以，企业要确保自己的新品上市“开门红”，就得在整体战术规划上讲求一些策略，所谓“以正合，以奇胜”。

（1）巧借机会，借船出海。产品的成功与人的成功有相似之处，即机会很重要。一个产品即使有好的质量和推广团队，也会因为“生不逢时”而夭折。所以，企业练就寻找商机、捕捉商机、利用商机的能力是非常必要的。例如，李宁品牌借助2008北京奥运体育赛事，扬名世界。

（2）独树一帜。在中国，如果谁提到“今年过节不收礼”，随便一个人都能跟你说“收礼只收脑白金”。可见，脑白金已经成为中国礼品市场的第一个代表。

然而，脑白金在进入市场时却费了不少脑筋。起初，脑白金想靠一个“睡眠”概念进入市场，但在红桃 K 携“补血”、三株口服液携“调理肠胃”概念创造中国保健品市场高峰之后，保健品行业信誉跌入谷底，脑白金单靠一个“睡眠”概念怎么可能迅速崛起？于是，脑白金寻找了一个“送礼”的轴心概念，靠着“送礼”这个概念，脑白金在保健品行业多年处于“盟主”地位。

（3）在传统中创新，借花献佛。新闻发布会向来被作为新品上市最正式和最常用的形式而得到众多厂商的青睐，其好处在于借媒体记者的力量最大限度地提高产品的社会认知度。但因为产品的快速更迭，越来越多的产品采用形式单一、内容类同的发布会。现如今新闻发布会逐渐被记者视为鱼腩，难以引起他们的关注，这自然也影响产品的宣传效果，所以，当企业决定以新闻发布会推介新品时，适度的创新将成为能否实现预期目标的唯一法宝。

（4）半遮半掩，制造悬念。中国人自古就欣赏神秘美。在集艺术与科学于一体的产品市场营销中，适度制造产品的神秘感将有助于产品的销售。

台湾三阳摩托车为了取得市场竞争优势。在新产品上市以前，连续 6 天在报纸上刊登巨幅广告，提醒消费者注意。第一天，台湾两家主要报纸刊登一则没有注明厂牌的摩托车广告，内容是：“今天不要买摩托车，请您稍候 6 天。买摩托车您必须慎重考虑。有一部意想不到的好车就要来了。”第二、第三、第四天，内容大致一样，只换天数。到了第五天，广告内容改为“让您久候的这部无论外形、冲力、耐用度、省油性等都能令您满意的野狼 125 摩托车，就要来了，烦您再稍候两天。”第六天的广告内容又改为“对不起，让您久候的三阳野狼 125 摩托车，明天就要上市了。”第七天，野狼 125 摩托车正式上市，报纸上打出整版巨幅广告。市场大为轰动，“野狼”一时间成为抢手货，这个创造销售奇迹的厂家因此名声大振。

（5）高举“技术革了价格的命”的旗帜，低价入市。在新品入市定价策略上，常用的办法是高价撇脂法和低价渗透法，前者基于利润目的和品牌特定定位，后者则多基于市场占有率。所以，在追求“开门红”的前提下，以低价入市不可谓不是一种好策略。当然，在消费者日趋理性，熟知“便宜没好货”的今天，为低价寻找一个好理由同样重要。

（6）爱屋及乌，妙用代言人。在 2004 年的中国，刘翔当属最著名的人物之一，而“刘翔特别版”可乐也称得上上市最成功的新品之一。这一杰作的制造者就是可口可乐公司，原理则是“名人代理产品”法。

在刘翔在巴黎世锦赛夺得铜牌之前，可口可乐与他取得了联系。经过认真筛选和评估后，可口可乐看中了他的潜质，只花一个星期就与他签订了合同。2004 雅典奥运会期间，可口可乐每天在赛事直播中都要播放由刘翔和滕海滨出演的“要爽由自己”的广告。随着奥运圣火的越烧越旺，随着刘翔夺得小组第一名，并开始与欧美人竞争金牌，这些都极大地刺激了消费者的消费欲望，推动了可口可乐的品牌影响力和终端销售。刘翔夺得奥运冠军后，以刘翔名字命名的“刘翔特别版”可乐在各地几近脱销。

6.2.3 以需求为导向的定价策略

由于市场竞争的升级和消费者消费观念的成熟，传统的定价策略已越来越显得“力不从心”。当前，作为一种新思维，以需求为导向的定价策略则受到了众多企业的青睐。

需求导向定价法是以消费者对商品的评价为出发点来确定商品价格的定价方法。它的产生是与市场状况的变化及现代营销观念的产生密切相连的。在卖方市场条件下，企业的产品营销观念决定了企业多采用生产成本导向定价法。而进入买方市场后，市场形势的变化及现代市场营销观念的产生把企业营销的重点由生产者转向了消费者，因而也就产生了与之相适应的定价方法。

1. 理解价值定价法

这种定价方法是指厂商以消费者对商品的理解和认识程度为依据制定商品价格的方法。这种方法的基本思路是，企业定价的关键不在于卖方的生产成本，而在于买方对商品价格的理解水平。正是利用了这种定价方法，卡特比勒公司的产品才备受用户的青睐。

案例 6-4 卡特比勒的牵引机定价

卡特比勒公司是一家生产经营牵引机的公司，它的定价方法不是成本定价，而是根据消费者的理解价值来定价。如市场上销售的牵引机价格大都在 2 万美元左右，而该公司却卖 2.4 万美元，虽高出市场价 4 000 美元，却十分畅销。当顾客问该公司牵引机为何贵 4 000 美元时，该公司经销人员给消费者算了如下一笔账：

20 000 美元是与竞争者同一型号机器的价格；

+3 000 美元是本产品更耐用多付的价格；

+2 000 美元是本产品可靠性更好多付的价格；

+2 000 美元是本公司服务更佳多付的价格；

+1 000 美元是保修期更长多付的价格；

28 000 美元是上述各项的合计；

–4 000 美元是价格优惠折扣；

24 000 美元是本产品最终价格。

上述解释使消费者十分信服，从而对该公司产品的理解是付 24 000 美元能买到价值

28 000 美元的牵引机，从长远看，使用这种牵引机成本更低，受益更大。

评述　以消费者的需求为导向进行合理的定价，是企业产品备受消费者青睐的主导因素。

2．需求差别定价法

需求差别定价法又称区别价格定价法，是指根据产品的需求程度和需求弹性的差别判定商品的价格。按商品、消费者、位置和时间的差异，需求差别定价有以下几种主要类型。

（1）**以顾客为基础的差别定价。** 消费者的收入水平不同，其需求弹性也存在差异。对同一商品而言，低收入阶层对价格变化反应敏感，弹性较大；而高收入阶层则反应较迟钝、弹性较小。因此，厂商应根据不同消费者的收入水平，划分产品档次，区别定价，以适应各阶层的需求。

（2）**以商品式样、花色为基础的差别定价。** 同一质量、规格的商品，根据式样、花色的不同而制定不同的价格，如流行式样商品的价格要高于普遍式样商品的价格。

（3）**以地理位置为基础的差别定价。** 以同一商品的位置或地区不同，制定不同的价格。如在商业布局中有“金角银边草肚皮”之说，即角的位置租金比边贵，边的租金比肚皮贵，说明黄金之地的商业位置优越，租金也贵。同样，同一家电影院内，因座位差别，票价也有区别。

（4）**以时间为基础的差别定价。** 人们在不同的季节、不同的时间，对商品和劳务的需求有明显差别。季节性消费的工业品就是如此。旅游旺季对旅游包需求增加，而淡季时减少。因此，在不同季节和时间，商品和劳务的定价也应有所不同。

总之，需求导向定价法越来越多地被广大企业所采用，它反映了消费者的需求特点，其价格易被广大消费者接受，具有较强的竞争能力。但是按这种方法计算价格也有一些不利因素，如侧重需求制定价格而忽视生产能力的可接受性，则不利于补偿成本；由于消费者对商品主观评价受多种因素影响，在不同时期有所不同，因而企业很难准确判断，易形成价格偏高或偏低问题；差别定价落实不好易引起消费者的反感等。

实用链接：用价值营销对抗价格战

中国企业对价格战已经是司空见惯了。从最早的冰箱大战到彩电大战，从空调大战到手机大战，再到最近掀起的经济型轿车大战，无一不是以降价作为竞争手段。那么能否找到一种方式可以避免价格战呢？

价值营销将是越来越多企业对抗价格战的出路。

所谓价值营销是相对价格营销提出的，但价值营销不同于价格营销，它是通过向顾客提供最有价值的产品与服务来创造新的竞争优势而取胜的。著名市场营销学权威菲利普·科特勒认为："顾客是价值最大化者，要为顾客提供最大、最多、最好的价值。"企业"价值营销"，应在有形竞争和无形竞争上下工夫。有形竞争即实物（产品）质量竞争，无形竞争即环境、品牌和服务等竞争。企业要在产品质量、产品功能、开发能力、品牌形象等方面进行创新和提高，优化价值竞争的群体组合，实现创造价值经营，拉开与竞争对手的差异，从而不断创造新的竞争活力。

6.2.4 促销策略

1. "推"和"拉"的策略

（1）**拉引策略。**拉引策略就是企业先通过广告等直接面向最终消费者，采取强大促销攻势，把新的产品或服务介绍给最终市场的消费者，使之产生强烈的购买欲望，形成急切的市场需求，然后"拉引"中间商纷纷要求经销这种商品。拉引策略的运作程序如图 6-4 所示。

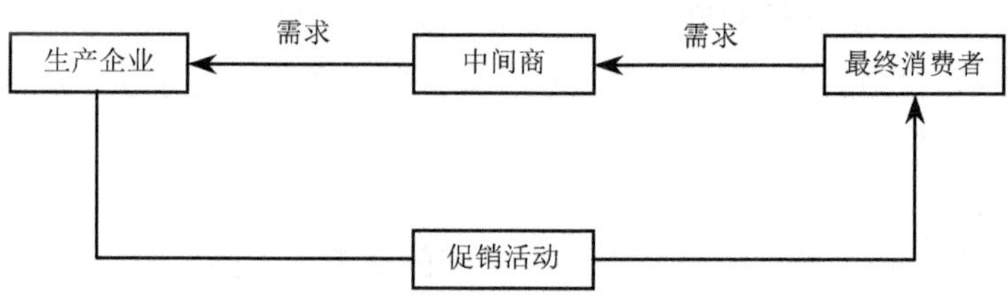

图 6-4　拉引策略的运作程序

（2）**推动策略。**推动策略是厂商以人员推销为主要手段，首先争取中间商的合作，充分利用中间商的力量把新的产品或服务推向市场，推向消费者。其运作程序如图 6-5 所示。

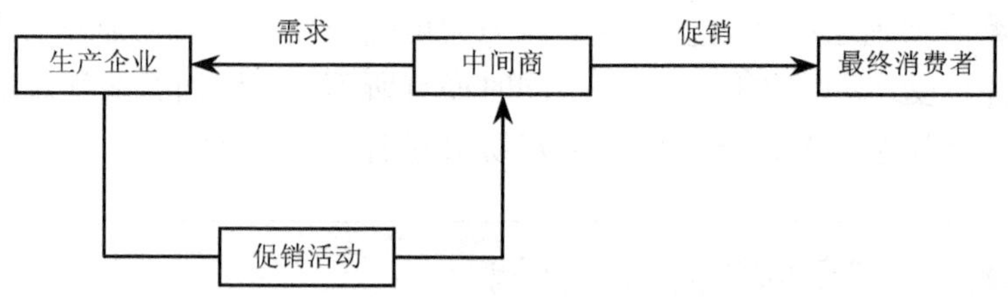

图 6-5　推动策略的运作程序

在营销过程中，由于中间商和生产企业对某些新产品或服务的市场前景存在不同的看法，因此，在很多新产品上市时，中间商往往因为过高估计市场风险而不愿意经销。在这种情况下，生产企业通常采用拉引策略，先向消费者直接推销，然后拉引中间商经销。反之，推动策略是生产企业与中间商对新产品或服务市场的前景看法比较一致、在双方愿意合作的情况下经常采用的手段。运用这种策略，对生产企业来说，较之拉引策略风险小，而且推销周期短，资金回收快，但是其前提条件是必须取得中间商的共识与配合。

（3）**拉引策略和推动策略的配合使用。**通常情况下，企业把上述两种策略配合起来使用，在向中间商大力促销的同时，通过大量的广告刺激市场的需要，其运作程序如图 6-6 所示。

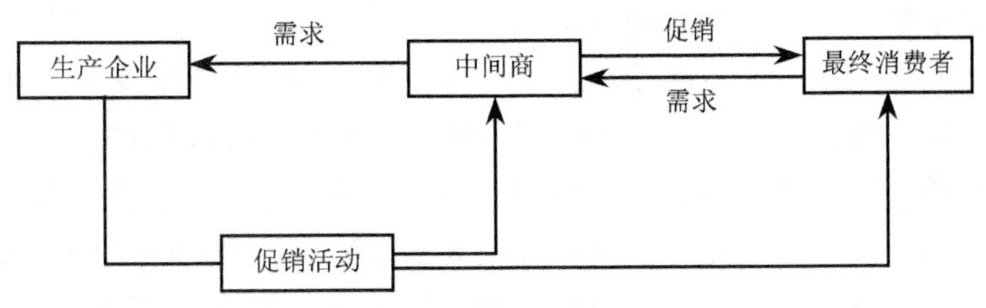

图 6-6 拉引策略和推动策略的配合使用

注意点

企业作为促销活动和信息沟通的主体，为了有效地进行促销，应该明确下述几个问题。

（1）谁是信息接受者。企业在开展促销活动之前，首先要明确把信息传递给谁，是中间商还是最终消费者，是特定商品购买者还是一般公众，是现实的购买者还是潜在的购买者。确定了谁是信息的接受者之后，还必须了解他们的需求、对企业及其产品的印象及接受信息的习惯。

（2）达到什么效果。企业开展促销活动，进行信息传递，最终目的是实现商品的潜在交换。但是，商品潜在交换的实现是受到多种因素制约和影响的。在企业试图克服这些不利影响因素的过程中，会出现一系列要解决的具体问题。这种情况导致了企业在不同时间、不同对象、不同环境下进行的促销活动，追求的目标与期望达到的效果是有所不同的。

（3）提供什么信息。这里要解决说什么和怎样说的问题。说什么，即传递什么样的信息来实现促销的目的。怎样说，即简要介绍还是详细解说，从这一角度还是从另一角度。

（4）选择何种媒体。一条信息传递的效果，不仅取决于信息的内容和结构，而且取决于信息传递的方式，因此，企业必须选择适当的媒体来有效地传递信息。企业在制定促销策略时，应注意从各种媒体中选择对接受者影响大而且费用最合理的媒体，构成一套有效的媒体组合。

（5）如何收集反馈信息。信息传递出去之后，企业还必须注意收集反馈信息，了解消费者或中间商对促销活动的反应，以便对促销工作加以改进。因此，建立有效的信息反馈系统是一项非常重要的促销基础工作。

2. 人员推销策略

人员推销是一种古老的推销方法，也是现代产品销售中一种重要的促销方式。它是由销售人员直接与潜在顾客接触，以谈话的方式做口头说明、示范和表演，以期达到销售产品的目的。人员推销应依据产品特点、市场供求状况及预期顾客的需求等，采用不同的推销策略。

（1）**教育式策略。**这种策略是通过培训、示范等教育方式向消费者传授有关商品的知识，让其了解产品的用途、优点和使用方法，促使消费者购买。它适用于推销新产品，价格较贵的高档产品，有特殊效用、特殊使用方法及技术要求较高的产品。

（2）**"刺激–反应"策略。**推销人员事先并不了解顾客的需求，因而要有充分的思想准备，以应付各种类型的顾客。刺激是通过推销人员的演讲，激起顾客的兴趣，并观察其反应，然后根据其反应有的放矢地进行演讲，并投其所好，从而激起顾客的购买欲望。这种策略适用于日用品的推销。

（3）**因人制宜的说服策略。**推销员在尚未了解顾客需求的情况下采取试探性策略。对已基本了解其需求的顾客，采取针对性策略；对尚无明显需要或有顾虑的顾客，则采取诱导性策略。

（4）**平等互利，为顾客服务的策略。**推销人员在推销商品时应处处为顾客着想，向顾客提供必要的服务，真正做到把顾客当做上帝，这样成功的概率才会大大增加。

（5）**利用中介者推销策略。**它是通过顾客、有关企业和特聘人员进行再宣传的人员推销策略。具体方法有：利用顾客进行再宣传，即选择适当的顾客，在向他们推销产品的同时希望他们承担一定的再宣传义务；利用有关企业推销，即当企业力量不足时，可以寻找与自己业务相关的企业合作，互相宣传、推销产品；利用顾客偶像来推销，即利用顾客崇拜的偶像来提高企业产品的声誉。

本章要点

- 营销组合策划是营销策划中的重要内容。它是指在营销活动中，把产品、价格、渠道和促销及其策略有机结合，综合应用，以实现其营销目标而进行的一整套策划活动。
- 营销组合策略是组合策划的重要内容，它为企业营销组合策划提供了策略上的保障。其内容主要包括：产品生命周期营销策略、新产品开发策略、以需求为导向的定价策略、促销策略和人员推销策略等。

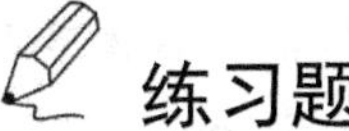

练习题

（1）营销组合策划是营销策划中的重要内容，试阐述其定义及其包括的内容。

（2）假设你到市场上购买了一款 MP3 播放器，它所具有的歌曲播放功能你认为是否是产品整体？为什么？

（3）营销组合策略是组合策划的重要内容，其主要包括哪几个方面？

（4）你认为我国空调行业进入了产品生命周期的哪个阶段？针对此阶段空调企业采取了什么样的营销策略？对其策略进行评价。

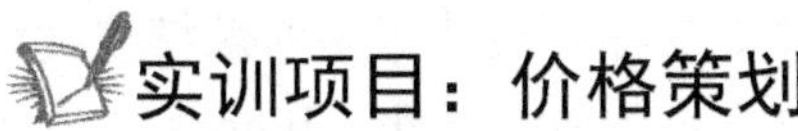

实训项目：价格策划

【实训目标】

（1）培养营销价格策划能力；

（2）培养营销组合策划能力；

（3）培养实际动手能力。

【实训内容与方法】

在班内同学所带物品中挑选 5 件，一部手机、一支笔、一个书包、一块手表、一个 MP3。在班内再另外挑选 5 位同学，分别为 A、B、C、D、E，由他们猜测这些物品购买时的价格，并陈述理由按照接近程度得分为 5、4、3、2、1，这些物品的主人作为裁判，评分如表 6-7 所示。

表 6-7　评分

	手　机	笔	书　包	手　表	MP3	总　分
A						
B						
C						
D						
E						

经典案例赏析

苹果手机的营销组合策略

2007 年第一部 iPhone 的上市引起了市场的巨大轰动，其凭借精心设计的外观和创新的全触控操作吸引了一大批的忠实用户，很快在手机行业占据了相当的市场份额，拿着苹果手机变成了一种时尚。2013年9月21日凌晨，苹果公司正式发布了新一代iPhone手机，这一代分为iPhone 5s和iPhone 5c两个版本，在中国定价分别为5 288元和4 488元起。2013年世界500强排名，苹果公司排名第19位。iPhone是如何在竞争残酷的手机市场中脱颖而出的？这主要得益于它的营销组合策划。

1．产品（Product）——创作性的产品，给顾客全新的体验

自第一代iPhone上市以来引起了手机行业巨大持续的轰动，苹果之所以会有如此大的成功，主要是因为苹果提供了创作性的产品，给顾客全新的体验。其表现有以下几方面。

（1）差异化的产品提供了不同的、全新的体验。产品差异化，以多点触摸屏取代传统手机键盘，在外观差异化的同时，便利软件开发者自由设定最符合软件需要的触摸按键位置。性能差异化，iPhone的配置远远高于竞争对手。操作系统体验差异化，iPhone与对手们最大的差异体现在操作系统上。苹果公司在iPhone上直接采用了经过界面优化的桌面电脑操作系统Mac OS X，使这一高配置的智能手机拥有了Mac OS X的所有优点：运转迅速、界面华丽、操作简便。

（2）以用户为主导的设计理念。

1）专注。像苹果这样的大企业多数都比较注重产品线的宽度与深度，但是苹果却较为专注。苹果的专注并不是许多企业所强调的对行业的专注，而是更为聚焦的对某一产品的专注。倾公司之力，集中精力去做好一件产品，从iPod，iPhone的推出一直到iPad都是如此，这样的专注为精品的打造提供了足够的资源支持。

2）创新。早在20世纪80年代，苹果电脑仍处于设计研发阶段时，乔布斯就会将一个又一个新奇的点子抛给工程师。一次他在百货店看见一台食品处理机，觉得它的设计好极了，便让苹果公司的设计师们进行模仿。乔布斯甚至一度希望苹果电脑看上去像保时捷跑车。对苹果公司来说，电脑就应当像跑车或高档厨房家电，因为当时高端人群（能买得起或渴望买保时捷的人）才是他们的营销对象。这样的设计会让目标客户第一眼就会喜欢上这个产品。

3）简约。乔布斯主要的一项工作就是驳回一切复杂的设计。很多新产品的设计都有一个缺点，即产品拥有过多的功能。乔布斯拒绝的原因，不仅出于对复杂设计的一贯反感，还有成本考虑，并制造期待效应。这样可以用最低的成本为客户提供最好用的产品，充分满足客户需求，让用户乐于购买并且乐于喜欢使用。

4）细节。苹果产品对细节非常重视，乔布斯还亲自为iPhone的每个下拉菜单进行设计。这样做好每个细节才能让用户无可挑剔，让90%的用户都对产品满意。

（3）一体化的产品策略。苹果的一体化产品策略使其设计可以完美地以实物产品的形态呈现在大众眼前。苹果进行了深入的产业链纵向整合，其从芯片到操作系统，从软件到硬件都是自己设计的，因此无须借助外部的力量，使得谈判成本降到最低，所以可以达到产品各个组成部分的高度协调与统一。这就是其纵向一体化带来的对产品深度的把控能力，为精品的打造提供了基础。苹果采取封闭运营的策略也同样是为了增加对产品的把控能力，使公司不仅可以提供最好的硬件，同时也能够提供最好的软件。

2. 价格（Price）——给人的印象就是贵

苹果的产品给人的印象就是贵，在 iPhone 推出的初期，苹果公司在宣传中曾称之为“电子产品的奢侈品”。

（1）苹果手机的高定价策略就是典型的声望定价。因为消费者具有崇尚名牌的心理，往往以价格来判断产品质量，认为价高质必优，这种定价策略既补偿了提供优质产品或劳务的商家的必要耗费，也有利于满足不同层次的消费需求。如此的定价策略是苹果一直以来的做法，之所以这么做主要是因为苹果手机总是能提供全新的产品或与其他产品不同的体验，总能拿出抓得住消费者“钱包”的产品。

（2）在 iPhone 的定价中另一个明显的特点就是差别定价。第一，基于产品的差别定价，每一款 iPhone 都会有不同的版本，从刚开始的 4GB 版到现在的 32GB 版，还有白色版，不同的版本有不同的价格，同时也适应不同的消费群体，提高了销售收入。第二，基于消费者的差别定价，苹果手机在全球不同的国家和地区的销售价格各有高低，针对不同的市场采用不同的价格。第三，在苹果手机的定价中还可以看到的就是奇数定价，所谓的奇数定价是利用消费者在数字认识上的某种心理制定尾数价格，使消费者产生商品价格较廉、商家定价认真及售价接近成本等信任感。标价 2 000 元的商品，绝对要比标价 1 999 元的产品难以按标价出售。

3. 渠道（Place）——多营销渠道策略

购买 iPhone 可以通过多个渠道，第一是苹果的 App Store 零售店，第二是苹果的在线商店，第三是与苹果合作的运营商，第四是其他的分销商，包括亚马逊、沃尔玛及国内的苏宁、国美等。其中最具特色的就是苹果零售店，在苹果零售店内，用户可以免费体验，并会有工作人员指导操作，用户在别的手机厂商那里就没有这样的体验。

4. 促销（Promotion）——产品创新和促销策略

（1）上市前的产品炒作。以第一部 iPhone 发布的前后宣传为例。

发布前：在 2007 年 1 月之前，Apple 以小道消息等形式，利用互联网信息传递迅速的特点，以传言的形式开始为 iPhone 造势。

发布：2007 年 1 月的 Apple 大会上，简单展示了 iPhone，但缺少相对完整的描述，用户很难掌握 iPhone 的具体情况。之后，在奥斯卡颁奖典礼上，打出了 iPhone 的广告片 *Hello*，因此人们及各种媒体纷纷猜测 iPhone 的具体细节。截止到 3 月底，向 iPhone 美国独家运营商 AT&T 发邮件询问 iPhone 信息的人超过了 100 万人次。

上市：2007年6月底，iPhone正式发售。此后，Apple通过大量的广告对iPhone极富创新性的设计、应用、功能等各个方面的情况进行了非常详细的介绍，以吸引用户购买iPhone产品。同时，Apple接连发布iPhone销量迅速增长的信息，以捷报频传的方式增强iPhone影响力。

（2）精心的广告设计。为了配合奥斯卡颁奖典礼，广告代理TBWA公司从31部经典电影中选出了31句人物在接电话时所说的“Hello”，拼接在一起做成了30秒电视广告片。这支不强调产品的产品广告成为整个直播过程中最抢眼的环节，引发了大规模的报道。伴随“Hello”带来的好奇和口碑，苹果公司又继续投放了4支以介绍iPhone功能为主要诉求的电视广告，解答了人们在产品性能方面的困惑。最终，史蒂夫·乔布斯给好莱坞的大老板们打了一圈电话，所有人都相信又一部“1984”广告即将出炉，并以能够参与其中而自豪，纷纷拱手奉上版权，问题迎刃而解。

（3）精明的宣传活动策划。

1）WWDC开发人员大会。苹果以最直接的方式向专业人士、媒体新闻报道者和苹果粉丝介绍最新款iPhone。从第一代iPhone开始，苹果就通过其首席运营官乔布斯向大家宣布新产品，并当场演示，在发布演讲结束时还能第一时间试用真机。以如此坦陈的方式推出新产品，深受广大消费者和业界人士赞扬，新闻媒体者也能及时发布第一手产品报道。

2）网络。每次iPhone新一代机型发布前夕，都会有包含各种猜测和期待的小道消息在互联网上流传，在吊人胃口的同时也悄悄地扩展着iPhone的影响力。例如，2010年在苹果全球开发者大会前夕，有关新一代iPhone的消息越来越多，如是否存在后备版本的iPhone，甚至有人自制了一段以假乱真的iPhone 4的广告宣传片，短片模仿了苹果以往广告的风格特色，iPhone的关注度可见一斑。

3）媒体。iPhone刚刚发售期间，全世界的媒体都在关注这个产品的动向，新闻上到处能见到iPhone的踪影。这些媒体自发的宣传如果折算成苹果自掏腰包制作的广告费用，无疑是一个天文数字。

资料来源：[1] 金错刀. 向iPhone学习营销“酷文化”[J]. 中国市场，2007（46）.

[2] 储然. iPhone手机影响分析[J]. 现代电信科技，2010（10）.

思考讨论题

（1）该案例所反映的营销组合策划的要点是什么？

（2）你认为苹果手机还应该做好其他哪些方面的营销策划工作？

（3）请参照本例再编一个营销组合策划案例。

CHAPTER 7

第 7 章　营销定位策划

“夫用兵之道，攻心为上，攻城为下；心战为上，兵战为下。”

——《襄阳记》

学习目标

- ☑ 探讨企业如何让顾客记住其产品
- ☑ 解释企业希望产品或服务有什么特殊的定位
- ☑ 探讨企业能否与众多的竞争对手共存共荣
- ☑ 定义营销定位策划
- ☑ 描述企业的定位策略，并说明其是否与自身的地位相称

关键词：营销定位，品牌定位，产品定位，企业定位，细分，目标市场，避强定位，迎头定位，重新定位

7.1　认识营销定位策划

7.1.1　回顾“定位时代”

“定位”一词真正引起人们的关注，是从 20 世纪 70 年代开始的。当时美国《广告时代》杂志邀请了年轻的营销专家阿尔·里斯（Al Ries）和杰克·特劳特（Jack Trout）撰写了一系列有关营销和广告新思维的文章，总标题就是《定位时代》。系列文章刊载之后，引起全行业的轰动，于是，“定位”成了营销界人人谈论的热门话题。

营销学大师菲利普·科特勒也认为定位概念跳出了营销界一贯的思维方式，称其具有“革命性”，实在是当之无愧。它提醒人们把“一致性”贯穿于“4P”的全过程。

（1）**定位影响产品。**沃尔沃（Volvo）当年做出了一个明智的决定——诉求安全，后来成为传世经典的沃尔沃“安全定位”。当初这个瑞典小公司，今天已经成长为世界上最强大的汽车品牌之一（被福特收购的时候，沃尔沃也凭此卖得一个好价钱）。

（2）**定位影响价格。**哈根达斯（Haagen-Dazs）当年决定推出高价冰激凌系列，建立了高级冰激凌的定位，这在过去的几十年里一直是经久不衰的营销成功案例之一。

（3）**定位影响促销。**小凯撒（Little Caesars）之所以成为比萨饼业中的老大，原因在于

它把“买一送一”的促销概念上升为定位策略。它的“两份比萨一份价”的电视广告被认为是有史以来最难忘的广告之一，同时也使小凯撒成为增长最快的比萨连锁店。

（4）**定位影响渠道。**可口可乐的成功证明了百年品牌离不开渠道的定位与开发。公司定位主张产品“无处不在”，实际上就是除了进行渠道深挖之外，不断地更新渠道、开发新渠道的结果。

回顾定位时代，“定位”概念从被提出到现在已逐渐被人们所接受，并且在企业营销实战中发挥着越来越重要的作用。在今天，定位甚至超出营销范畴融入人们的生活中。

案例 7-1 艾维斯公司实行“对比”定位

当今市场中，有时竞争对手的形象与你自己的形象同样重要，甚至还更甚于你。定位时代一个早期成功的范例便是著名的艾维斯。艾维斯定位可作为一个建立“反向”定位的经典案例而载入营销史册。像艾维斯这样的定位是与其行业的领先者背道而驰的。

过去的13年里，艾维斯一直都在赔钱。于是该公司承认自己应排在本行业的第二位。自从“反向”定位以来，该公司每年都赢利。艾维斯得以获得巨额利润就是因为它认清了赫茨汽车出租公司第一的地位，而没有与之硬碰硬地对抗。

“艾维斯只是汽车租赁业的老二。为什么选择我们呢？因为我们更努力。”

评述 许多营销人员都误解了艾维斯的成功经验。他们认为该公司的成功是更加努力工作的结果。其实，艾维斯之所以成功，是因为它把自己与赫茨公司进行了对比定位。

要想进一步理解艾维斯公司的宣传活动为什么能成功，不妨先设想一下，预期客户的头脑里有一个标着“租车业”的产品梯子。梯子的每层都有一个品牌名称，赫茨在最高一层上，艾维斯在第二层，全美租车公司在第三层，如图7-1所示。只有认清了自己在市场中所处的位置，艾维斯才可能制定出最合适的营销策划方案。

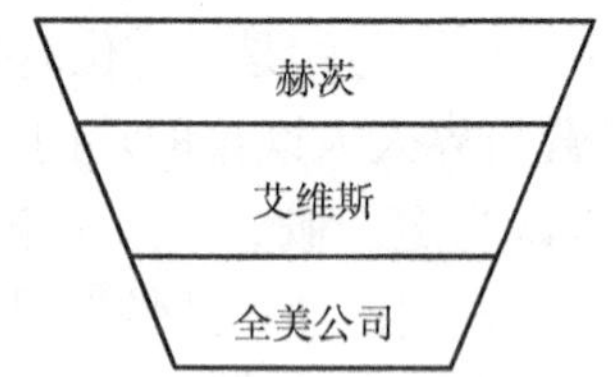

图7-1 关于租车业的头脑“阶梯”

7.1.2 营销定位的基本问题

1. 营销定位的含义

阿尔·里斯和杰克·特劳特两位营销专家于1969年在《广告时代》发表的关于定位的

系列文章中指出："定位要从一个产品开始，那种产品可能是一种商品、一项服务、一所机构，也可能就是你自己。但是，定位不是你对产品做的事。也就是说，定位的对象不是产品，而是针对潜在顾客的思想，是你对未来的潜在顾客心智所下的工夫，即你要为产品在潜在顾客的大脑中确定一个合适的位置。"

里斯和特劳特认为，一个公司无论有没有在广告中为其产品或服务进行定位，事实上，它的客户都会对这些产品或服务有一个整体的评价，从而形成自己对这些产品或服务的独特看法。即使一个公司已经对其产品或服务进行了市场定位，但它可能还会惊奇地发现，客户对本公司产品或服务所形成的印象并非与公司的定位相统一。这就是说，无论一个公司是否意识到了产品的定位问题，其实对客户来说，不同的产品在他们的心目中都会占据不同的位置。

可见，定位并不是公司从自身的角度出发去考虑应该在目标市场上做些什么，而是要针对客户心理来确定在目标市场上应该传递和确立什么。在此基础上，菲利普·科特勒给定位下了一个简单的定义："定位就是对公司的产品进行设计，从而使其能在客户的心目中占有一个独特的、有价值的位置的行动。"

经典著作《行销定位》给定位所下的定义是：定位始于产品，但不是关于产品，而是关于顾客的心理，是关于你如何在顾客的心里替产品找到一个位置。

综上所述，营销定位是指根据竞争者在市场上所处的位置，针对消费者对产品的重视程度，强有力地塑造出本企业产品与众不同的、给人印象鲜明的个性或形象，以满足别的企业未满足的消费者需求空档，从而使产品在市场上和消费者心目中占有一席之地。

2. 营销定位的基本思想

营销定位是营销观念的具体体现，是以了解和分析顾客的需求心理为中心和出发点的。其含义是为自己的公司或产品设定独特的、与竞争者有显著差别的形象特征，以引发顾客心灵上的共鸣，留下印象并形成记忆，而且力求使顾客心目中的企业或产品形象与企业希望的一致。

因此，定位又称"抓心策略"，即能够让产品或企业走进顾客心灵深处的方法。

人的心理就像电脑的储存库一样，有一格一格的空间用来储存所需要保存的信息、情报。在运作上，人脑和电脑有许多相似之处，但二者最重要的差别是：电脑"吃掉"所有你给它的资料，而人脑不同，它有选择性。人们为了应付日益复杂的事物，学会了简化一切。其简化方式，就是将所有的事物加以分类、分级。因此，我们可以想象，在顾客头脑中，有一系列的梯子，在每个梯子上的每层都有一个品牌名称。如果有一个公司想要占据某层，就必须驱逐已经占据在它上面的品牌，或者把自己的品牌和其他公司相联结。定位就是教你如何爬上顾客心中的阶梯（见图 7-2）。

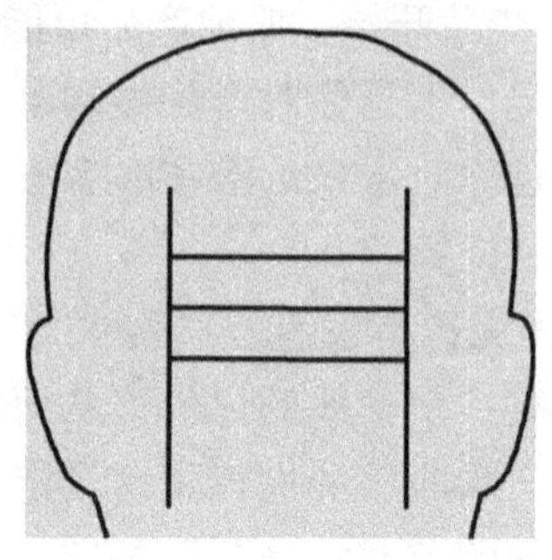

图 7-2 人脑的记忆阶梯

3．营销定位的原则

市场细分是否有效，营销定位是否准确，关系到营销策划的成功与否。因此，必须遵循一定的原则进行营销定位。

（1）**可进入性原则。**可进入性原则是指在市场营销策划中所确定的营销定位，是企业能够达到的。一方面企业具有进占这一市场位置的资源条件和竞争能力，另一方面企业能够把产品信息传达到该市场的众多消费者中。除此之外，产品还得能够通过销售渠道抵达目标市场。不能进入的细分市场不能成为营销定位的市场。

（2）**现实性原则。**市场营销定位的现实性原则是指作为营销定位的细分市场必须是现实的、可操作的。有许多细分市场，从理论上看是有潜力的、可行的，但在企业的经营实践中往往不能操作。在市场营销定位时，最危险的事情就是将理论市场当做现实市场进行操作，结果使企业蒙受损失。

（3）**价值性原则。**所谓价值性原则是指作为营销定位的目标市场，必须有可供开发的价值，尤其是经济价值。有许多市场，虽然非常广阔，却无开发价值，如果企业把营销活动盲目定位在这类市场上，后果也就不言而喻了。

7.1.3 营销定位策划的内容

营销定位策划主要是围绕营销定位展开的，针对营销4P组合策略进行的策划活动。企业的营销定位策划可分为产品定位策划、品牌定位策划和企业定位策划等。

1．产品定位策划

产品定位策划是营销定位策划的一个重要组成部分。产品定位就是在营销定位总体目标的要求下，根据竞争环境、营销战略定位和消费者的习性，为产品确立一个核心价值概念，同时辅以相应的外在形象，以此在目标消费者心中为产品占领一个稳定的位置。产品定位的具体内容包括：产品的质量定位、产品的功能定位、产品的造型定位、产品的体积定位、产品的色彩定位、产品的价格定位等。产品定位除了初次对消费者心理定位外，还可以对现有产品进行再定位（Repositioning）。对再定位而言，策划人员必须一开始就发展营销组合策略，以使该产品特性能确实吸引既定的目标市场中的消费者。

总而言之，无论产品初次定位，还是产品再定位，第一要素就是要设法填满消费者的心，使消费者因心中已有所属而无空隙再接受其他竞争者的产品。

2. 品牌定位策划

美国营销学权威菲利普·科特勒认为：品牌就是一个名字、名词、符号或设计，或是上述各项的总和，其目的是使自己的产品或服务有别于其他竞争者。

品牌定位是勾画品牌形象和所提供价值的行为，以此使细分市场上的消费者理解和正确认识某品牌有别于其他品牌的特征。品牌定位，是指建立一个与目标市场有关的品牌形象的过程。企业在进行品牌定位之前，有必要先了解品牌决策的基本内容，包括使用已有品牌、使用谁的品牌、使用统一品牌还是单独品牌等。

基于品牌决策的内容，品牌定位一般可以分为两个层面：① 产品品牌定位，主要诉求产品的功能性利益，包括产品的品质，如“北极绒”保暖内衣强调保暖功能，“邦迪”创可贴主要突出“方便、可靠”的产品品质；② 企业品牌定位，当企业有多种不同的产品时，企业品牌就必须凸显出来，企业品牌定位往往不从产品的功能性利益考虑，而是给消费者提供一种心理属性上的利益，因为消费者除了要获得产品的功能性利益外，还需获得一种心理上的满足，例如，动感地带就用“我的地盘我做主”进行情感定位，给消费者一种情感上的满足，这样能增强目标消费群的购买欲望。品牌定位策划有如下几个步骤。

（1）**确定品牌涵盖的产品线。**品牌不是产品，但品牌包含产品，品牌在产品之上增加了附加价值。因此，品牌定位必然离不开产品这个实体。如果一个品牌的旗下有多种产品，那么品牌定位就要考虑能够兼容这几种产品，找出它们的共同优势。即使只有一种产品，也要考虑这个品牌在将来是否还要发展更多的产品，将来的产品也要在共同的品牌定位之下。如果品牌在将来还要发展更多的产品，而品牌的定位又与之相冲突，那么这种定位就要重新设定。反复无常的定位对品牌有百害而无一利，除非原有的定位确实已经过时或被稀释。

（2）**寻找产品本身的风格。**品牌定位包含产品定位，这种定位不是信手拈来的，而是来自产品与生俱来的特性，否则，这种定位是站不住脚的。

案例 7-2 农夫山泉的品牌定位

关于农夫山泉的品牌定位是这样的：它是一种来自千岛湖水下 70 米深层的天然水，好喝且有点甜，它提供给那些注重生活品质、能接受稍高价位的人。在我国瓶装饮用水市场上，娃哈哈、乐百氏早已稳居领袖地位，而作为后来者的农夫山泉，如何才能赶上甚至超过它们呢？农夫山泉没有跟随，而是颠覆，开辟出一个新的市场——天然水，与纯净水平起平坐，至少在这个类别中，农夫山泉已经成为领袖，以独一无二的定位俘获了消费者的心。

我们不难看出，农夫山泉"有点甜"及"天然水"的定位不是空穴来风，而是产品实实在在的特点，如果离开了产品的这些特点，这些定位只会成为不堪一击的笑料。

评述 只有根据产品自身的特点进行独特、恰当的品牌定位，才会抢占市场先机，俘获消费者的心。

（3）**击中目标消费者的心。**在进行品牌定位时，脑海中必须有一个清晰的对象，即目标消费者。不要以策划者自己的想法代替他们的想法。

（4）**审视品牌生态环境和企业资源。**品牌不是生活在真空中，它们与生长的环境息息相关，并且在很多时候，直接受到企业历史和现有资源的制约。天马行空的定位，终有一天会陨落。所以，品牌定位必须结合企业的规模、技术水平和实力等相关因素。企业一定要做"力所能及"的事。例如，企业要进军高科技产品领域，就必须有相应的高科技技术和研发能力；企业要定位于国际品牌，就要有雄厚的资金支持和全球市场的经营管理水平。

（5）**创造品牌差异。**市场领先法则说明："第一"要胜过"更好"。创造出一种新产品，在人们心目中先入为主，比起努力使人们相信你可以比产品首创者提供更好的产品要容易得多。按照一般的经验，最先进入人们脑海的品牌，平均而言，比第二品牌的市场占有率要多一倍，而第二品牌的市场占有率比第三品牌又要多一倍。品牌定位就是要找出这种"第一"，创造品牌之间的差异，否则就会给人以"模仿秀"的感觉。

（6）**持续的定位。**定位不是一项短期的工作，而是一项长期的工作，它需要不断地去传播、去强化。例如，力士一直定位于请国际影星做形象代言人，诠释其"美丽"的承诺，达70年之久而不变；耐克一直定位于体育赞助，从不涉足其他活动。

3. 企业定位策划

一个理想的品牌定位虽然能够帮助一个企业在市场上推出一系列相关的产品和服务，但在许多情况下，一个企业可能需要多种品牌定位，并需要将这些不同的品牌定位统一到一个整体定位系统——企业定位上来。

企业定位就是要在顾客心目中塑造一个可信的、具有亲和力的、高尚的企业整体形象。例如，一提到电脑，大多数人会在头脑中立刻排列出IBM、戴尔、联想等一系列企业的名字。因此，作为一个整体企业，应该设法在顾客心目中占据一个明显而突出的位置，这是公司整体发展的需要。

7.2 营销定位策划的基本流程

广义的营销定位策划涵盖的内容很多，并无整齐划一的程序可循。而其中的市场定位是营销定位策划的核心过程，所以，本节重点以市场定位来说明营销定位策划的流程（见图 7-3）。

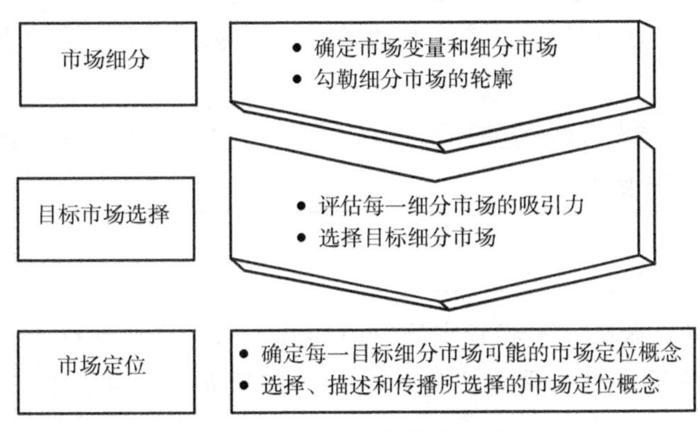

图 7-3 市场定位策划流程

7.2.1 市场细分——成功定位的必要准备

随着商品经济的繁荣，“千篇一律”的产品已无法满足消费者个性追求的需要，这是因为不同消费者有不同的欲望、不同的资源、不同的地理位置、不同的购买态度和购买习惯等。每个购买者实际上形成了一个单独的市场，所以按照理论来说销售者应为每个购买者设计一个单独的市场营销方案。例如，波音公司仅为几个主要的买主制造飞机，并且定制产品和营销方案以满足每个特殊顾客的要求。但是，绝大多数销售者面对的是数量众多的较小买主，因此，不值得进行彻底的市场细分，取而代之的则是寻找具有不同产品需要和购买行为的较宽的购买者阶层。

案例 7-3 青山农场：顾客忠诚细分

美国纽约州锡拉克斯市有一家“青山农场”，但它不是真的农场，而是一家蔬果食品店。这是一家有近 70 年历史的老店，被誉为全美最好的小蔬食店。多年来，青山农场能在市场上保持骄人的纪录，离不开它独特的忠诚计划。

青山农场与众不同的地方，在于它真正地了解它的最佳客户在何处，并且真正为他们提供令人满意的服务。青山农场的 CEO 凯瑞·霍金思回忆说，冻火鸡的销售就充分反映出菜场行业虚张声势的营销习气。按照美国的传统，感恩节期间，每家食品店都给前来采购的顾客一只免费或几乎免费的火鸡——而不管他们在店里的消费有多少。一个感恩节，任何一家小食品店都要为此增加10万～20万美元的成本。这在霍金思看来，无异于奖励那些只顾挑便宜货的人，在一个微利的行业，这样做根本就不值当。

终于有一天，青山农场过感恩节时不再给所有的顾客送火鸡了，而是开始奖励自己的忠诚客户。奖品是实实在在的现金——买100返15（美元），当场兑现。还有，顾客一周之内连续消费100美元的，就能享受“钻石级”待遇：包括感恩节期间一只16～20磅的火鸡——不是冻的，而是附近农场提供现宰的；此外，在圣诞节来临之际，还加送一株圣诞树——是霍金思家族亲自选择的7英尺高的道格拉斯冷杉（这对美国中产家庭来说是很体面的）。

评述 青山农场没有像其他同行一样，不加区分地对顾客进行奖励，而是区别对待，事实证明，这样做的效果更好。

知识点

市场细分又称客户区隔，是指将市场分为具有不同需要、特征或行为的不同购买者的过程。这些不同的购买者群体需要不同的产品或市场营销组合，我们通常称之为细分市场或子市场。

一般来说，市场细分主要包括地理细分、人口细分、心理细分和行为细分等。

（1）**地理细分。**作为一种相对静态的因素，地理因素一般作为企业进行市场细分的首选依据。由于自然气候、传统文化、经济发展水平等因素的影响，长期处于不同地理环境的消费者形成了不同的消费习惯和偏好，具有不同的需求特点，他们对企业所争取的市场营销战略、产品价格、分销渠道、广告宣传等市场营销措施具有不同的反应。例如，在化妆品需求方面，城市居民与农村居民、沿海居民与内地居民有明显的差异；在服装需求方面，南方不同于北方，山区、草原与平原也各有不同。

案例7-4 雷诺烟草公司的地理细分

美国雷诺烟草公司在将其产品推向芝加哥市场时，按地理因素将其细分成了3个子市场，根据这3个区域不同的人口特点推出了不同的产品。

（1）在芝加哥北部海岸地区生活的人们大多受过良好的教育，而且对自己的身体健康，尤其是对体重的变化特别敏感。针对这一特点，该公司推出了低焦油品牌香烟。

（2）在芝加哥的东南地区蓝领工作者相对比较集中，保守是该地区消费者的最大特点，所以该公司在此细分市场上推出了温斯顿牌香烟。

（3）芝加哥南部地区黑人较多，于是该公司在此细分市场上大量使用黑人出版的报刊和广告向该地区推广有强烈薄荷味的沙龙牌香烟。

➘ **评述** “知己知彼，百战不殆”。只有了解了区域市场上的目标客户群，才能在此市场中立于不败之地。

（2）**人口细分。**人口因素是细分消费者群体最流行的依据。

知识点

人口细分是指根据各种变量，如年龄、性别、家庭人口、家庭生命周期、收入、职业、教育、宗教、种族、国籍等，把市场分割成不同群体。

案例 7-5 王老吉的消费人群细分

王老吉凉茶为广药集团旗下产品。王老吉凉茶创立于清道光年间（1828 年），至今近两百年历史。凉茶起源于广东，产品形式经历了水碗凉茶—凉茶包—凉茶粉—凉茶饮料等载体变化，除了红罐王老吉、绿盒王老吉外，2012 年 10 月成功推出 500 毫升和 1.5 升瓶装王老吉凉茶，2012 年 12 月 27 日王老吉凉茶家族再添“吉祥三宝”：固体凉茶、低糖凉茶和无糖凉茶，开创了凉茶产品新形态。

王老吉根据不同的年龄段、不同人的兴趣对消费者进行了细分，从而了解自己本身对不同阶段人群所形成的作用。

对于儿童和青少年，王老吉打出的口号是“清热解毒”，从而受到父母们的热烈欢迎；对于上班族（青年，中年），王老吉的作用的是缓解压力；对老年人，王老吉的作用是预防上火。

资料来源：http://wenku.baidu.com/view/804c598c6529647d2728524b.html

➘ **评述** 通过上述对不同阶段人群市场的细分，王老吉公司把握了市场的脉搏，一举获得了成功。

（3）**心理细分。**心理细分是指按社会阶层、生活方式或个性特征等，把消费者分成不同的群体。处在同一人口因素群体中的人们可能会有不同的心理构成。具体分类如表 7-1 所示。

表 7-1 心理细分因素

生活方式	朴素型、追求时髦型、大众型
社会阶层	下层、中层、上层、上上层
个性	保守或激进、内向或外向、独立或依赖
社会风格	剖析型、表现型、驱动型、和蔼型

（4）**行为细分。**行为细分是指按照购买者对产品的了解程度、态度、使用及反应，把购买者分割成不同群体。由于客户关注的产品或营销因素不同，他们对同一产品或服务的认知和反应自然也就不同。即便不同的客户对同一组因素感兴趣，但他们在购买决策中赋予各因素的权重也可能存在较大差别。因此，企业必须区分具有各种行为的客户，并据此设计高品质的营销策略。行为细分的变量主要包括利益、购买时机、使用状况、媒体习惯及营销组合等。下面介绍的是一个关于行为细分的案例。

案例 7-6 牙膏市场行为细分

以牙膏市场为例，一个有关行为细分的研究已经完成，且划分了 4 种主要类型——注重防蛀、注重洁齿、注重产品的口味与外观及注重价格。

调查发现，注重防蛀类型的人群大多属于有孩子的家庭。他们特别关心龋齿发生的可能性，并且显示出对氟化牙膏的明显偏好，他们往往有点焦虑，在生活方式上不像其他类型的群体那样善于交际。这一类型被称为“焦虑型”。

注重洁齿类型由对牙齿光洁程度特别关注的人组成。与第一种类型的人差异很大，这一类型包括相当多的刚结婚的年轻人。他们比普通人吸更多的烟，生活节奏快，交际频繁，生活方式非常活跃。这一类型被称为“社交型”。

十分关注产品口味与外观的消费者所使用的薄荷牙膏常常超过平均使用量。他们比其他类型的人更以自我为中心，生活方式外向，善交际，但还没有达到快节奏生活者的程度。他们被称为“感觉型”。

最后关于价格导向型的人群，男性居于主导地位。他们使用牙膏比平均量要高。这一类人很少看到不同品牌的差别。他们比别人更容易换牌子，且喜欢买减价牙膏。在个性上，他们既感性又独立，喜欢考虑自己并靠自己判断选择牌子。他们被称为“独立型”。

评述 只有通过对市场行为的细分，才更容易生产适销对路的产品。

（5）**客户关系细分。**现代企业逐渐发现仅仅提供优质的核心产品与服务是远远不够的，它们必须了解客户的需要，并把客户看做一种能够提供收入流的资产，也就是要与客户建立良好的关系。

企业要想建立良好的客户关系，就必须了解客户与企业的现有关系如何，也就是要以关系为指标对现有客户进行细分。这些关系指标包括客户的终身价值、信任感、可靠性、交流程度等。下面简要介绍如何利用客户的终身价值指标对客户进行细分。

客户的终身价值又称客户寿命期价值，它等于对一个客户所期望的终生收益减去记忆该客户的终身成本。构成终身价值的客户的当前价值和增值潜力是客户价值细分的两个具体维度，由此可将整个客户群分成 4 类（见表 7-2）。

表 7-2 4 类客户的资源配置和保持策略

客户类型	客户对公司的价值	资源配置策略	客户关系保持策略
Ⅰ	当前价值低，增值潜力低	不投入	关系解除
Ⅱ	当前价值低，增值潜力高	适当投入	关系再造
Ⅲ	当前价值高，增值潜力低	重点投入	全力维持高水平的客户关系
Ⅳ	当前价值高，增值潜力高	重中之重投入	不遗余力地保持、增强客户关系

7.2.2 选择目标市场——寻找定位的“靶子”

细分的目的在于从客户分析中寻找企业的“财富之源”。企业不能停留在对市场的划分上，还需要对各类细分市场进行评估，以决定设立几个及设立哪些目标市场。下面我们来看一下企业是怎样评估和选择目标市场的。

1. 评估细分市场

企业在评估各种不同的细分市场时，必须考虑下列 3 个因素：细分市场的规模和增长程度、细分市场结构的吸引力、企业的目标和资源。

（1）**细分市场的规模和增长程度。**企业必须首先收集并分析各类细分市场的现行销售量、增长率和预期利润量信息。通常情况下，企业只对有适当规模和呈现增长特征的市场感兴趣。但是，适当规模和增长程度是一个相对量。大多数企业都愿意把销售量大、增长率和利润额高的市场作为目标市场。然而，对每个企业来说，并不是规模最大和增长最快的细分市场就是最具有吸引力的。有一些较小的企业会发现它们缺乏必要的技能和资源来满足较大细分市场的需要，或者这些市场里竞争太激烈，因此，这些企业需要考虑选择那些较小和较逊色的细分市场，其实这对它们来说更加有利。

（2）**细分市场结构的吸引力。**有时细分市场可能具备理想的规模和增长速度，但是在利润方面还缺乏吸引力，因此，企业必须分析影响细分市场长期吸引力的重要结构因素（见图 7-4）。

（3）**企业的目标和资源。**如果某一细分市场适合企业的目标，那么该企业还必须看其自身是否具有占领该市场所必需的技能和资源。如果企业缺乏赢得细分市场竞争胜利所必需的力量，或者不能够适时地获得这些力量，那么该企业就无法进入这个细分市场。除必需的力量以外，企业还要有超过竞争者的技能和资源，才能在细分市场上最终获得胜利。只有当企业能够提供优越的价值并取得竞争优势时，企业才能进入细分市场。

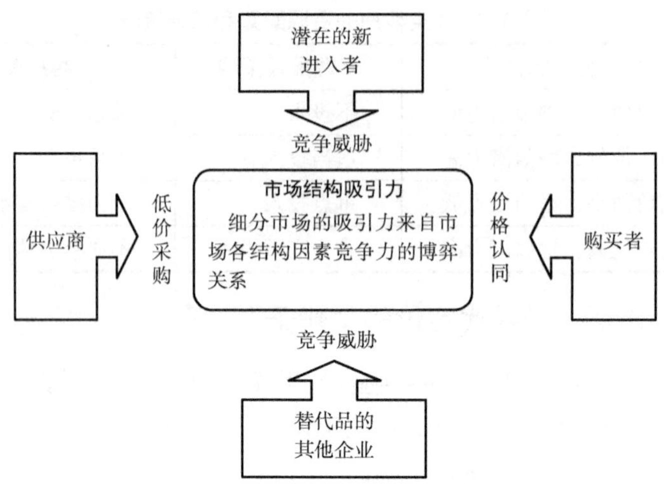

图 7-4　市场结构吸引力的细分模式

2. 目标市场选择的原则

在市场细分的基础上，企业所确定、选择的目标市场必须具有足够的潜力，能为自己带来足够的利润。因此，在确定目标市场时，企业应该遵循下述 3 个原则。

1）所确定的目标市场必须足够大，或者正在扩大，以保证企业能够获得足够的经济效益。

2）所选择的目标市场是竞争对手尚未满足的。

3）所确定的目标消费者最可能对本品牌提供的好处做出积极反应。

3. 选择目标市场的策略

目标市场的选择是企业选择某一部分市场作为营销对象的决策，主要有以下 3 种策略。

（1）**无差异性营销策略。**这是指企业以整个市场（全部细分市场）为目标市场，提供单一的产品，采用单一的营销组合策略。这种策略的特点是企业只注重细分市场的共性而不考虑细分市场的特性，把整个市场看成一个无差别的整体。此策略的优点在于，能够通过单一产品的大批量生产降低产品成本和提高设备利用率，同时避免开发费用的过量投入，节省促销费用，利于用低价争取广大消费者。其缺点在于不能满足消费者各种不同的需要，只是停留在大众市场的表层，无法进一步发展；同时这种策略缺乏弹性，难以适应市场的频繁变化。

（2）**差异性营销策略。**这是指企业在对市场进行细分的基础上，根据各细分市场的不同需求，分别设计不同的产品并运用不同的市场营销组合，服务于各细分子市场。差异化主要体现在产品的差异、服务的差异、人员的差异、品牌的差异等主要方面。很多企业都采用此种目标市场策略。这一策略的缺点是，由于增加了企业产品种类和市场营销组合的多元化，会使企业用于设计、试制、制造和改进工艺的生产成本、管理成本、促销成本都大大提高。

案例 7-7　宝洁的差异性营销策略

宝洁公司（P&G）生产的洗衣粉类产品有强力去污的碧浪、汰渍，还有物美价廉的熊猫；洗发用品类产品有“去头屑专家”形象的海飞丝，宣称能从头皮开始营养再由发根滋润到发梢的潘婷，以头发飘逸柔顺为卖点的飘柔，宣称国际美发先锋、强调创新精神的沙宣等。宝洁公司生产多种规格、多种花色的品种，其目的是满足各种消费者的需要。通过不同的产品来满足各个细分市场可以为企业吸引到更多的消费者，提高企业的销售额，从而增强企业在市场上的竞争力。

评述　差异性营销策略由于扩大了企业的销售层面，提高了销售额，增强了企业竞争力，因而备受众多企业的青睐。

（3）**集中营销策略。这是**指企业集中全部力量于一个或极少数细分子市场，提供能满足这些细分市场需求的产品，以期在竞争中获得优势。大多数中小企业都采用这种策略。其优点在于可以充分利用有限的资源，发挥企业在某些方面的优势，以达到集聚力量、与竞争对手抗衡，从而提高产品的市场占有率的目的；其缺点在于集中市场营销策略需要承担较大的风险，由于企业所选择的目标市场的范围较狭窄，一旦市场情况突变，或者出现强大的竞争对手，企业可能随时陷入困境，而且没有回旋的余地。

7.2.3　市场定位——获取顾客

如果说市场细分是成功定位的必要准备，目标市场选择是寻找定位的“靶子”，那么定位就是将箭射向靶子——顾客的心（见图 7-5）。选择目标市场、确定目标顾客群只是企业一相情愿的事，如何令顾客以同样的想法把你的产品作为购买目标才更为关键。为此，企业需要将产品定位在目标顾客偏爱的位置上，并通过一系列营销活动向目标顾客不断传达这一定位信息，让顾客注意到这一品牌，并感到它就是他们所需要的。

定位实施的过程实际上就是一个沟通的过程，即企业将定位诉求通过各种信息传播渠道向社会公众特别是目标顾客群告知的过程。定位的成功与否在很大程度上取决于沟通是否切实有效，即顾客对定位的反应是否与企业的预期相一致。定位沟通的实施步骤如下。

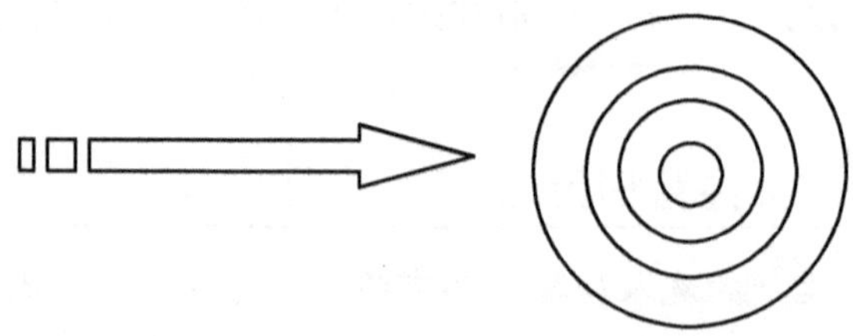

图 7-5 市场细分、目标市场和定位之间的关系

1. 寻找定位沟通的目标受众

在进行定位沟通之前，还应对信息传播的目标受众进行再确认，进一步了解目标受众的需要、态度、偏好及其他特征。因为目标顾客是一个不断变动的群体，所以选择目标市场不是一个静态的过程，而应动态地跟踪目标群体的需求变动进行调整。

2. 预设定位沟通的目标

为了有效地检验定位的效果，需要预先设立定位沟通的目标，这有利于定位的有效实施。根据人们从认识产品到购买产品的一般心理过程，可以分以下几个阶段分别设立目标。

（1）**引起注意。**如果大多数目标受众不了解某企业、产品及其定位，那么企业的首要任务是让他们引起注意，如简练地重复其名字多次。这对新的或知名度低的企业和产品来说尤为重要。

（2）**寻求认知。**若目标受众已经注意到企业或产品的存在，但所知不多，尤其是对定位诉求知之甚少，那么建立顾客对企业或产品定位诉求的认识则是最迫切的沟通目标。在一种新产品或新形式的劳务刚上市时，往往以此为目标。

（3）**赢得喜欢。**若顾客对定位诉求感觉不深刻或印象不佳，则企业应搞一些活动来建立顾客对企业或产品有利的感觉，这当然要以改善产品为前提。

（4）**建立偏好。**寻求建立顾客的偏好。一般通过宣传产品的品质、价格、性能及其他特征来招徕顾客。在竞争激烈的情形下，达到这一点非常重要。偏好一旦形成，即表示顾客已经在心目中对企业或产品做了排位，定位就算初步达成了。

（5）**树立信念。**如果顾客有了偏好，但还没有发展到购买信念，企业则要帮助顾客建立、发展购买信念。

（6）**促使购买。**引导顾客及时采取购买行动，如以较低的价格提供产品、奖金、有限的使用机会，或者发出“此商品很快售完”的信息等。

3. 设计适合对象的信息

如果对沟通对象了如指掌，那么向沟通对象传递信息的设计完全可以做到得心应手。如果对对方了解不多或该信息十分重要，一定要花些时间进行系统分析并有意识地运用分析结果指导信息设计的修改。信息设计具体包括以下几方面的内容。

（1）**信息的内容。**明确该说什么才能产生所要的反应。包括常用诉求、主题、构想或独特的推销主题等。需要明确地陈述某种利益、激励因素，认同目标受众思考做某件事的理由。

（2）**信息结构。**它包括提出结论、单面或双面及表达顺序等。

（3）**信息格式。**它与表达方式相关。例如，印刷品用文字、色彩、标点符号等；广播用语言、音响、声调等；电视用画面、色彩、造型、音响、语言等；人员用语言、动作、表情等；产品就做实物；包装就用质感、香味、大小及色彩等。

（4）**信息来源。**它是指由谁出面来传播信息。选择目标受众喜爱的、信赖的角色来传播信息是明智的做法。

4. 选择恰当的信息传播渠道

依据速度、传递准确度、成本、信息量、沟通对象人数、时效性和树立信誉能力等各方面的不同，传递渠道也应各不相同。针对某一对象，出于某一目的或基于某一特定情境，渠道也有优劣之分。

（1）**书面传递信息（较容易）。**

1）展示繁复的财政数据。

2）说明法规、政策或手续的细节。

3）减弱不良情绪的宣泄。

当然，书面信息比电子邮件正式。电子邮件适用于同已经熟知的友人之间的日常通信。而使用纸张给第一次接触的人写信则比较正式些。

（2）**口头传递信息（较容易）。**

1）用感情打动说服对方。

2）将对方的注意力集中在某一点上。

3）回答问题，解决冲突，达成共识。

4）对原原本本呈现会令人难以接受的建议适当加以润色。

5）敦促对方尽快将建议付诸实施或给予回复。

无论使用口头还是书面传递方式，传递的信息越正式，采用的传递方式就应该越正规。

5. 获得反馈

（1）**消费者对定位沟通的主题知道多少。**消费者对主题的了解程度是很容易被高估的。如果你提供的信息对有的消费者来说完全是新的内容，那么你必须努力做到以下几点。

1）通过下定义、概念解释、举例子等方法将主题表达清楚。

2）将新的信息与消费者已有的常识相联系。

3）通过分段或加小标题的方式使新的信息易于理解。

4）用文件草稿在传递对象的抽样人群中进行试读，看他们能否领会和运用你所写的内容。

（2）**消费者会不会持反对意见。**有主见的消费者通常对变化很反感。将定位诉求传递给这些消费者时，你必须努力做到以下几点。

1）观点要清楚明确。

2）不要使用有煽动性的言论。

3）减少说明或提出要求等内容的篇幅。有可能的话，下次沟通时再提出此类内容。

4）说明你的建议是现有的最好的解决办法，但是它并不十全十美。

（3）**消费者对定位诉求的语言、结构和格式有哪些期望。**

1）消费者喜欢什么样的诉求风格。好的策划者可以调整其风格以适应消费者的要求。

2）有没有激进或禁忌的词汇会令消费者顿生反感。为得到诉求对象的认同，应避免对有的消费者使用情绪激烈的字眼，如罪犯、非美国人、女权主义者、极端主义者、自由主义者等，并应根据不同的文化背景，替换那些敏感的词汇。

3）消费者所需信息的具体程度如何。如果消费者认为定位诉求中提供的信息不够具体，那么其定位也不可能成功。若认识对方，可以直接问清楚对方要求的具体程度，不认识则尽可能提供所有的相关信息，方便对方的理解和实施。

4）消费者习惯什么样的诉求结构。消费者的个性和文化背景不同，所偏好的篇章结构也会有所不同。按照消费者习惯的方式组织资料，能取得事半功倍的效果。

总之，有效的反馈，可以及时地发现定位实施中存在的问题，从而可以采取相应的措施调整出现问题的环节，为下一轮沟通做好铺垫。

7.3 营销定位策划的方法和策略组合

7.3.1 营销定位策划的基本方法

1. 避强定位（占领空档）

避强定位，是指企业力图避免与实力最强或较强的其他企业直接发生竞争，而将自己的产品定位于另一市场区域内，使自己的产品在某些特征或属性方面与最强或较强的竞争对手有比较显著的区别。

避强定位的优点在于，能够使企业较快速地在市场上站稳脚跟，并能在消费者或用户心目中树立一种形象，而且市场风险较小，成功率较高，因此常常为多数公司所采用。但避强定位也存在不足之处，由于避强往往意味着企业必须放弃某个最佳的市场位置，因此很可能使企业处于最差的市场位置上。

案例 7-8 七喜的避强定位

美国的七喜汽水在最初投放市场后，效果一直不理想，因为当时美国的饮料市场由两大可乐一统天下。后来，为避免与两大可乐的正面竞争，七喜采用避强定位的方法从而占据了市场位置。它在广告中宣称：饮料分为两大类，一类是“可乐饮料”，另一类是“非可乐饮料”，市场上最好的“可乐饮料”是可口可乐，最好的“非可乐饮料”是七喜饮料。

这样就使七喜处于与百事、可口对立的地位，成为可乐饮料之外的另一种选择。它不仅避免了与两巨头的正面竞争，还巧妙地与两品牌挂上了钩。成功的定位使七喜在龙争虎斗的饮料市场中坐上了第三把交椅。

评述 在激烈的市场竞争中，企业根据自身的实力采取避强定位的措施，有时不失为一种明智的选择。

2．迎头定位（对比定位）

这是一种与在市场上居支配地位的竞争对手“对着干”的定位方式，即企业选择与竞争对手重合的市场位置，争取同样的目标顾客，彼此只是在产品、价格、分销供给等方面稍有差别。

（1）**迎头定位的含义。**迎头定位是指企业根据自身的实力，为占据较佳的市场位置，不惜与市场上占支配地位的、实力最强或较强的竞争对手发生正面竞争，从而使自己的产品进入与对手相同的市场位置。迎头定位可能引发激烈的市场竞争，因此具有较大的风险。但另一方面，由于竞争对手是最强大的，因此竞争过程往往相当惹人注目，甚至产生所谓的轰动效应，企业及其产品可以较快地为消费者或用户所了解，易于达到树立市场形象的目的，一旦成功，就会获得巨大的市场优势。如可口可乐与百事可乐之争，是众人皆知的“对着干”的典型案例。

当然，迎头定位者必须清醒估计自己的实力，这要求企业必须有与竞争对手不相上下的竞争实力。否则，以鸡蛋碰石头，后果不堪设想。

迎头定位通常在以下情况下可以进行。

1）居民购买力发生了突然的增长，需求总量明显增加。

2）供给方面发生了结构调整，或者有可能推出较为新型的产品，或者公司有实力与竞争者抗衡。

（2）**迎头定位的条件。**迎头定位往往要求企业设法抢占制高点，这样花费的代价也是巨大的，因而企业必须具备以下几个条件。

1）有较强的实力，可与竞争对手进行较量。

2）有迅速攻击能力，能快速地发动进攻。

3）以大面积市场范围为目标，市场太小会导致得不偿失。

3. 重新定位

重新定位就是进行二次定位。重新定位的过程，实际上是重复定位的步骤。这包括重新进行领域界定、重新进行市场细分、重新选择目标市场、重新分析竞争对手、重新寻找自己的优势。例如，万宝路从女士香烟到男士香烟的转变。但这一过程绝不是上一次定位的简单重复，而是在原来基础上的一次扬弃。在重新定位之后，所有的营销传播工具，包括广告、渠道公关等必须重新整合，以配合定位诉求的改变。

（1）**重新定位的原因。**① 原有定位不能达到营销目标；② 发展新市场的需要；③ 竞争的需要。

从理论上看，某些定位是不错的，确实找到了市场空隙，或者发现了一块空白领地，但在执行过程中却遇到困难，达不到营销目标。一是传播的困难，原有定位不能如预期的那样被消费者所接受。二是定位的目标虽然实现了，在消费者心目中也辟出了一席之地，但无法借此达到营销的目标，市场占有率、利润等均不理想。如果这两种情况都以对定位策略的出色执行为前提，那么，失败原因只能是定位决策的根本失误。此时，企业要考虑改弦易辙，重新定位。

另外，由于市场形势的变化，如政府政策、法律、经济环境及消费者需求的变化，也会导致企业的原有定位对其自身的发展形成制约，无法实现营销目标。在这种情况下，无论原有定位曾经取得多么辉煌的业绩，企业都应根据实际情况，重新调整原有定位。

案例 7-9 宝马、碧生源、波司登的重新定位

作为运动和操控性能突出的豪华轿车品牌，宝马的定位是喜欢享受驾驶乐趣的专业人士。而在中国，宝马却被认为是暴富阶层用来炫耀身份的道具，并且经常与“为富不仁”相联系。在销量下滑的同时，宝马也终于意识到中国市场的特殊性。对中国喜欢享受驾驶乐趣的专业人士来说，宝马的高价位是一道很难跨越的屏障。为此，国产宝马在 2005 年进行了最高 10 万元的价格下调，以求走出“有钱人才能买得起的奢侈品”，将它的目标客户群重新定义为有知识、有品位的成功人士。重新定位后，到 2012 年，宝马在中国取得了 30.32 万辆的好成绩，同比增长 39.7%，成为德系三强中增幅最快的品牌。得益于在中国市场的快速增长，宝马品牌的年销量达到 154 万辆，在全球豪华车市场中排名第一位。

一句“给肠子洗洗澡吧”的广告语，让碧生源凭借减肥概念异军突起成功上市，坐上减肥产品市场第一把交椅。但如今，碧生源销量迅速下滑，跌落谷底。为了摆脱“减肥”的影响，碧生源对其品牌进行重新定位，转向市场更为广阔的普通茶饮料，目标是超越立

顿，成为中国最大的袋泡茶企业。在对外宣传上，碧生源正有意淡化其减肥品牌的形象，而宣称“草本健康的中国袋泡茶领导品牌”，几款新品已于 2013 年 6 月面世。

中国最大羽绒服企业波司登 2013 年年初启动形象升级工程，意图借助品牌重新定位打造国际化形象。在 2013 年 4 月 8 日波司登男装秋冬新品发布会暨订货会上，波司登男装执行董事总经理程伟雄宣布波司登集团将在 2013 转型突破，包括邀请国外知名设计师进行服装设计及店铺形象设计等。

资料来源：http://wenku.baidu.com/view/5833e6174431b90d6c85c735.html

http://www.fzdmag.com/? p=7289

评述 在企业发展过程中，原有定位可能会成为制约因素，阻碍企业渗透到相关行业、发展相关产品和开拓新市场。或者由于环境的变化，消费者新的需求不断涌现，企业有可能获得新的市场机会，进入新的市场。面对新的市场环境和不同文化、社会背景的消费者，原有定位也可能变得不再适合。在上述情况下，企业出于发展和扩张的目的，也需要重新调整和改变原有定位。

（2）**重新定位的具体操作步骤。**

1）重新界定领域。由于原来领域的条件已经变化，不适合自己，或者在这些领域的扩展是自身条件所不允许的，或者这些领域是自己的弱项，此时企业最需要考虑是否从该领域退出。另外，企业还需要考虑新进入的领域是否可以用同样的定位诉求。

2）重新认识企业的优势，选择最具竞争优势的定位。企业必须仔细分析原有定位需要改变的原因，从市场状况、竞争对手、消费者行为及企业本身 4 方面着手，重新考察分析市场环境，看哪些因素发生了变化，发生了怎样的变化。根据这些变化，重新评价企业在市场中的地位，看与竞争对手比，企业有何明显的被消费者认同和重视的优势。新的定位要使企业解决原有定位下面临的问题，获得良好的收益，同时新的定位要便于传播，容易获得消费者认同并与企业的一贯形象相符，新的定位还要有利于企业长期的发展，而不只是考虑短期利益。

3）传播、巩固新的定位。这是最后一步，也是非常关键的一步。企业要将新的定位信息传达给消费者，并不断强化，使它深入人心，最终完全取代原有定位。这就要求企业将市场营销活动与产品定位相配合，以广告和促销为主要手段，通过广告将信息广为传播，通过促销让消费者在接触产品的过程中不断强化这一定位。

知识点

重新定位的内容包括：功能再定位，价格再定位，服务再定位，广告再定位，公关再定位，目标市场再定位，产品形象再定位，包装再定位。

7.3.2 营销定位策划的策略组合

定位的依据是顾客的心，由于各种因素的影响，要抓住顾客的心，就必须灵活地运用各种定位策略，包括产品策略、价格策略、渠道策略和促销策略等。

1. 产品定位策略

产品定位的实质就是使自己的产品与市场上所有其他同类产品有差异。为此，产品定位必须根据产品3个层次上的各个特征，如功能、价格、技术、质量、安装、应用、维护、包装、销售对象、销售渠道和售后服务等来进行，使它们或者一个，或者几个能与其他同类产品区别开来，且这种差异越大越好，最好能使这种不同之处鲜明突出，以满足顾客的需求心理，且使顾客铭记在心，变成顾客的一种感觉或印象。产品定位策略通常包括以下两个方面。

（1）**产品功能定位。**功能定位就是通过对自己产品各种功能的突现、强调，给顾客提供比竞争对手更多的收益和满足，借此使顾客对产品留下深刻印象，实现产品某类功能的定位。

案例7-10 护肤品的永恒话题

中国人素有“要美就要白，要白才能美，一白遮百丑”的护肤观念。因此，各路商家纷纷加入美白大战，包括那些把太白的肤色当成不健康表现的欧美公司。诸如法国兰金（Lcmcomt）“雪肤护理系列”、法国CD高效美白护肤系列，以及资生堂与中国合资的欧珀莱美白系列。

护肤品的另一热门话题是防晒。大家知道，肌肤衰老有两大原因：一是生理的自然过程，这是人类没办法阻止的；二是外部因素，诸如环境污染、不良生活习惯和阳光中的紫外线。因此白天的防晒措施是保持皮肤健康和让产品发挥功效的主要前提，防晒产品也就应运而生。防晒成为众多商家开发新产品的最好理由。

此外，“保湿”也有极强的号召力。水分能令肌肤柔软嫩滑，富有弹性，是健康肌肤的首要条件。正因为如此，含保湿因子的产品也颇受消费者的青睐。

综观护肤品市场的产品定位，不难发现，商家总是千方百计满足消费者的需要，并从理性角度激发消费者的潜在需求，从而创造市场，取得成功。

评述 不同的产品功能满足不同的市场需求，如果定位准确，能给顾客留下深刻印象，则该产品就会赢得一方市场。

（2）**产品品牌定位。**企业实施品牌定位的过程，是通过定位活动明确向消费者传达品牌的特定信息，消费者根据自己的品牌知识及接收的品牌信息建立起品牌形象的过程。品牌定位是一个互动的过程：一方面，消费者的动机、需求及心理基础决定品牌定位的传达方式；另一方面，企业品牌定位传达的方式和内容可以影响消费者对品牌的态度、知觉和价值倾向。因此，要在深入了解消费者及目标市场的基础上，针对不同的消费群体，从他们的"期望需求"上找到与目标品牌的价值契合点，通过广告、公关、销售促进等手段大力宣传、重现、强化公司个性化的定位理念，才能不断传播公司品牌的利益点。

品牌定位传播的渠道和方式不是绝对的，关键是要结合自己预期希望塑造的品牌形象进行整合，重视各策略（广告、公关、销售促进等）的相互配合。

2. 价格定位策略

价格定位就是依据产品的价格特征，把产品价格确定在某一区域，在顾客心目中建立一种价格类别的形象，通过顾客对价格所留下的深刻印象，使产品在顾客的心目中占据一个较显著的价格档次。

一般情况下，价格定位要从实现企业战略目标出发，选择恰当的定价目标，综合分析产品成本、市场需求、市场竞争等影响因素，运用科学的方法、灵活的策略，去制定顾客能够接受的价格。其层次可以分为以下 3 种。

（1）**高价定位。**高价格是一种高质量的象征。只要企业或产品属于"高质量"的类别，高价位不但不会使顾客感到惊讶，反而能使顾客产生"一分价格一分货"的感觉，从而在购买过程中得到精神上的享受，达到良好的效果。

案例 7-11　金利来的高价定位策略

金利来领带，一上市就以优质、高价定位，对有质量问题的金利来领带，公司绝不上市销售，更不会降价处理。这给消费者传达了这样的信息：金利来领带绝不会有质量问题，低价销售的金利来绝非真品，从而极好地维护了金利来的形象和地位。

评述　金利来领带之所以成功上市，一是质优，二是定位准，使消费者感受到物有所值。

（2）**中价定位。**中价定位就是把自己产品的价格确定在目标市场顾客平均购买力所能支付的价格区间。

（3）**低价定位。**低价定位策略是用相对于商品质量和服务水平较低的价格来赢得市场份额的定位策略。低价定位策略一定要避免给人以劣质的印象，而要让人感觉到"低价超值"。例如，国内笔记本电脑在不断降价过程中，要重点突出其高性价比的优势。

案例 7-12 量贩超市的低价定位策略

美国的沃尔玛、法国的家乐福、德国的麦德龙、荷兰的万客隆、日本的佳世客和洋华堂等，在中国零售业中异军突起，正逐渐成长为一股越来越强大的势力。

从目前进入的外资零售企业来看，大部分是采取大型综合超市和仓储式商店这种零售业态，并以低价格、多品种、大型停车场为其主要竞争优势。其中，外资零售企业的低价格策略尤为突出，成为它们抢占中国零售市场的有力武器。外资零售企业采取低价竞争策略是有其一定的成本优势作为基础的，由于外资零售企业一次性采购批量大，具有全球性的议价能力，且实行直接从厂家采购，买断进货，定期结算，回购外销，因而能获得极为优惠的商品进价。再加上其相对较少的人力成本，高效率的物流配送，尽量缩减的广告宣传，偏离商业中心的商店选址和简单朴实的商场装修，使得其经营费用也相当低。因此，外商的低价竞争是建立在全方位降低经营成本的基础上实施的，而不是以降低产品的品质为代价的，所以给消费者的感觉是真正的“物美价廉”。

评述 消费者始终追求的是低价格高品质的商品，企业要想迎合这一点，必须在降低经营成本上下工夫。

另外，根据产品的质量因素，价格定位的策略可以分为9种：高质高价定位、高质中价定位、高质低价定位、中质高价定位、中质中价定位、中质低价定位、低质高价定位、低质中价定位、低质低价定位。如图7-6所示，图中1区代表优质高价的定位策略，2区代表劣质低价的定位策略，中间无标示区域代表中质中价的定位策略。企业采取哪种价格定位应根据自身情况和市场环境灵活决定。

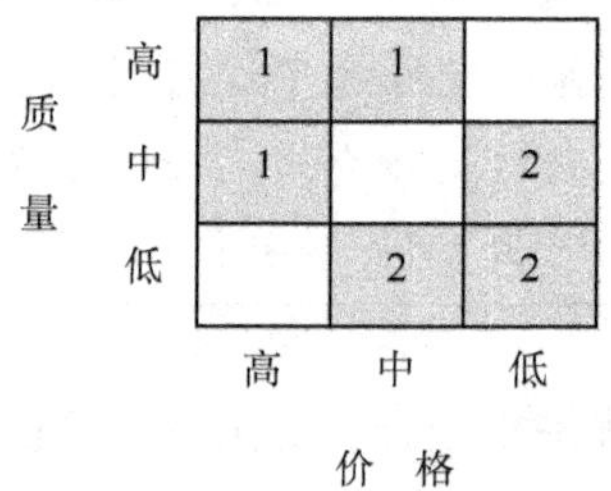

图7-6 价格—质量定位矩阵

3. 渠道定位策略

产品从公司生产出来再到顾客手中的过程，是通过一定的渠道实现的，即在“特定的时间”、“特定的地点”，以“特定的方式”提供给“特定的顾客”。营销渠道又称分销渠道，是指产品从生产公司向顾客转移过程中所经过的一切取得使用权或协助使用权转移的中介组织和个人，即产品使用权转移过程中所经过的各个环节连接起来而形成的通道。营销渠道的起点是产品的生产者，终点是顾客，中间环节包括各种代理商、批发商、零售商、其他中介组织和个人等。在市场营销中，由于公司、中间商及顾客等多种因素的影响，产品营销渠道也就形成了多种多样的状态。即便同一种产品，也有可能通过不同的营销渠道销售。一般而言，营销渠道有直接、间接、长、短、宽、窄等多种类型。不同的公司可根据自己的人力、物力及财力等因素选择适合自己的营销渠道。

案例 7-13　金长城渠道结构扁平化

金长城服务器营销中心销售模式自运行以来，收到了良好的市场效益，服务器渠道内销售量每月递增 120%；行业大客户需求量显著增长，在教育部"校校通"工程中屡获大单；其高质量的产品、强大的技术支持、完备的售后服务体系赢得了包括教育、军队、企业、电信等在内的更多行业用户。

长城服务器营销中心作为长城和用户的中间环节，起着承上启下的作用。一方面直接享受长城的全方位支持，同时需要主动加强地方渠道的建设，开拓地方二级市场。因此，长城服务器营销中心非常重视对周边市场的产品推广和服务支持，以实现长城对二级市场的把握。据介绍，服务器营销中心在实现对二级市场的建设和支持中，充当了多重角色：作为产品展示中心、产品及方案的演示中心和宣传中心，它有效提升了长城服务器的品牌形象，以此抓住末端渠道、增大市场销量；作为产品及解决方案的培训中心，为二级分销商提供技术支持，帮助其向客户提供更大的技术增值服务，从而赢得了更多行业大用户；提供充足货源，不仅是对二级市场强有力的分销中心，也是直接面向最终端用户的销售中心。另外，营销中心还拥有全面而强大的网络系统集成能力，是一个系统的服务中心。在长城服务器营销中心运行 3 个月后，目前已占领了地方分支渠道（经营国内品牌服务器）总量的 30%～40%。

服务器营销中心是基于服务器产品涉及解决方案等多方面的特殊性，专为二级渠道和用户提供全套解决方案、全方位技术服务支持的一种全新销售模式，旨在充分整合、优化渠道结构，通过减少销售流程的中间环节，使厂商与用户之间的信息流、物流、资金流、技术流高效通畅地流通，实现渠道结构的扁平化。从现实的运行业绩看，此销售模式确实值得称道。

评述　营销渠道有不同的类型，公司应根据自身的情况选择适合自己的营销渠道，金长城营销中心就充分发挥了渠道销售的优势。

4. 促销定位策略

促销定位策略就是在营销定位总体目标的要求下，根据竞争环境、营销战略定位和消费者的习性，结合产品定位、价格定位、渠道定位，确定用何种方式以多少量传达产品核心价值概念，为产品树立良好外在形象，从而达到扩大市场占有率、促进销售的目的。

促销实质上就是要实现营销者与产品潜在购买者之间的信息沟通。营销者为了有效地与购买者沟通信息，可以通过发布广告的形式广为传播有关产品的信息；通过各种营业推广活动传递短期刺激购买的有关信息；通过公共关系手段树立或改善自身在公众心目中的形象；还可以通过派遣推销员面对面地说服潜在购买者。广告、人员推销、营业推广和公共关系 4 种因素的组合和综合运用就称为促销组合。

案例 7-14 快餐业的促销定位策略

在快餐服务业的促销策略中，企业形象的建立与知名度的炒作相当重要。除了通过经营者提供的商品带给消费者的感觉外，广告与促销活动更是经营者争取消费者认知与印象的重要策略。因此，广告策略与促销战略的综合运用，乃是促销定位策略的主要课题。

麦当劳、肯德基、CD、WA、ZHG 这 5 家快餐企业的促销组合策略对比如表 7-3 所示。

另外，麦当劳非常重视公共关系，在报纸上大力寻找刊登消息的机会，这些消息有的微不足道，有的则是精心设计，以显示麦当劳的威力，如“将所卖的汉堡包连接起来，可来回月球几次”等。麦当劳另一项刻意塑造的是麦当劳在汉堡包界的权威，如发表全国性民意调查，显示美国人平均一星期吃多少汉堡包——数字精确到小数点后好几位，连美国肉食协会都视这项资料为主要参考依据。

表 7-3 促销组合策略对比

	电视广告	营业推广	实战策略
麦当劳	掀起购买热潮；大量投入电视广告；密集强打	合作促销、生日餐会；赞助、回馈社会活动	利用话题性信息；传播塑造精神人物或偶像
肯德基	较保守，不敢过分强打电视广告；着重企业形象的塑造	打折；赠送礼品；运用 DM	以地区性市场推广为主；走市场机会者的定位策略
CD	较保守，不敢过分强打电视广告；着重企业广告	赠送礼品；举办促销活动	以地区性市场推广为主；走市场机会者的定位策略
WA	只做企业形象广告；打折	打折；赠送小礼品	利用口碑宣传；配合节庆假日促销
ZHG	尚未运用	赠送礼品；举办抽奖郊游活动	以地区性市场推广为主

评述 促销组合策略的综合运用，可以提高产品的销售量，提升企业的形象与知名度。

7.3.3　营销定位策划的误区

1．定位落入 FWMTS 陷阱

成功的定位需要始终如一。然而，每当一家公司打赢了一场漂亮的定位战后，往往会掉进我们所谓的 FWMTS 陷阱，意即“忘记了使他们成功的根本”（Forgot What Made Them Successful）。

2．定位就是市场划分

很多企业一说定位，就喊出“我们做什么行业，不做什么行业”，然后把市场再分成高中低档市场，开大会小会讨论到底做哪个市场，哪个已经做了，哪个还没做等。其实，这个问题在业务战略或市场细分、目标市场选择时就应该确定。因为市场细分时，这个变量是不可或缺的，所以品牌定位不是市场划分。

3．定位就是寻找市场空白

企业进行营销定位时，最常见的一种错误就是认为要找到市场空白。其实，在现实中，消费者的每个需求在脑海中都会有几个品牌对应，空白基本不会存在，寻找差异才是最重要的。要知道，差异和空白是两个完全不同的概念，空白是现成的，差异则需要特殊的眼光、意识和观念，对原有领域有全新发现。如康师傅当年进入方便面市场时，大陆有 400 多家工厂生产的都是几毛钱的产品，而康师傅定位在 1.5 ~ 5 元，提出劲道、多种调料包的概念，迅速形成了差异，成为方便面市场的领头羊。

4．定位只要“一厢情愿”

定位事实上不是一厢情愿，不要以为企业怎么想，消费者也会怎么想。定位要兼顾企业与消费者两方面的利益，不能一厢情愿。

5．定位就是产品想卖给谁

市场细分针对的不应该是自然群体，而是消费群体。如果老人和小孩在消费方面无差别，则是一个群体。而一群老人，如果消费方式有差别，那么也是不同的群体。

定位依靠的是这种市场细分，让产品占据消费者的头脑，但并不是说企业想好了把产品或服务卖给哪个人群就完成了定位工作，只有把自己的优势和特色发挥出来，并吸引相应的消费群体，才是完整的定位。如娃哈哈儿童口服液的“吃饭就是香”就属于比较清晰的市场定位。因为对于保健品，消费的是孩子，购买的却是父母，购买这类产品时，有部分家长会担心孩子有了保健品就更加不好好吃饭，而“吃饭就是香”则可以消除他们的顾虑，放心购买。

6. 定位仅仅是广告 USP 策略

这是一些广告人常常持有的看法。尽管广告独特销售主张（Unique Selling Proposition，USP）策略是建立定位的重要手段和方法，但定位的地位和内容绝对不是 USP 可以代替的。

宝洁公司推出了很多洗发水，其广告宣传也大都采用了 USP 策略。海飞丝、飘柔和潘婷各自宣传其去头屑、柔顺、营养的功能，定位于“去头屑专家”、“柔顺专家”、“营养专家”为内容的高品位，乍看起来两者好像没有太大的区别，而实际上 USP 只是一种策略，定位则是高于 USP 卖点的概念，它要面向消费者和竞争对手，是整合营销中具有战略意义的一步。定位指明了产品应该向哪个方向走，要针对哪个目标市场，因而也就决定了它的前途与发展，而以后的工作是战术组合的问题，但 USP 只是其广告策略的一部分。而且，建立定位也不是非用 USP 不可，定位可以有不同的角度和类型，如价格、质量、使用者、产品类别、情景、竞争者、文化等。“去头屑专家”、“柔顺专家”和“营养专家”因市场空隙而产生，产品也就相应有了它们各自的利益点，USP 就是针对这些利益点而对产品所做的传播工作，用以加强这些定位。

总之，USP 广告策略有助于建立定位，但并不等同于定位。

本章要点

- 认识营销定位策划，了解其内容、原则及特点等。
- 掌握营销定位策划的流程，并能够将其运用于营销策划实践中。
- 营销定位策划也存在许多误区。

练习题

（1）你能说出多少饮料品牌？你认为企业是如何让你记住其产品的？

（2）试举一个营销定位失败的案例，分析其失败的原因并阐述成功的营销定位应遵循的原则。

（3）蒙牛对自己的定位是一个相当成功的案例，上网搜索相关资料分析其品牌定位策划成功的原因，并思考营销定位策划还有其他什么内容。

（4）营销定位的方法有许多，去图书馆或到网上搜索更多的营销定位方法，每个方法要举一个成功案例，与同学们进行交流。

（5）列举营销定位策划的误区，观察我们周围的企业是否出现上述现象。

实训项目：市场细分与选择目标市场

【实训目标】

（1）培养市场调查的能力；

（2）培养市场细分的能力；

（3）培养选择目标市场的能力。

【实训内容与方法】

全班同学 5 人为一小组，每组为一家服装公司，每家公司现在都想向市场推出自己的新品牌，需要对市场进行细分和选择目标市场。每个小组回答下列问题，并写一份策划提纲。

（1）营销定位策划的流程是什么？

（2）运用所学知识，阐述自己进行市场细分的依据，你还知道其他市场细分的依据吗？

（3）怎样对细分市场进行评估？应该遵循什么样的原则？说明自己的理由。

（4）你选择目标市场采用了什么样的策略？对此提出自己的建议。

（5）相互交换策划提纲进行交流。

经典案例赏析

可口可乐的定位之路

很难相信一个可乐的品牌可以这样永葆青春。对于当下追求变化的年轻人，对于一个只有一种味道的饮料，何以让消费者掏钱喝百年都一个味的可乐？可能消费者已经超出了为了解渴才去喝可口可乐，而是可口可乐的精神在刺激着消费者去购买它。正是因为可口可乐的品牌定位，让它屹立于众多的饮料品牌中而不倒。

可口可乐所做的广告发挥着至关重要的作用，紧贴市场的广告策略为其建立最有价值品牌这一地位功不可没。作为广告核心内容，广告语是品牌定位的一种明确表达方式，可口可乐广告语的变化所折射的品牌定位有以下几个方面。

在可口可乐处于初级发展阶段时，需要更多的人去品尝可口可乐，请喝可口可乐成为其活动的主题，它主要从产品的功能层面去宣传，解渴、好味道、清凉。

20 世纪二三十年代，随着可口可乐产品被更多的人接受和认知，广告语的宣传越发趋于感性，在功能性的诉求基础之上，增添了更多的内容和含义，如欢乐、友谊等。但这个时期仍是一个产品推广阶段，真正的品牌地位还未完全建立起来。第二次世界大战结束后是可口可乐的快速成长期，美国在世界各地推行其民主思想和生活方式，可口可乐成为美

国文化的重要组成部分。可口可乐参与重大体育赛事，进行多种形式的广告宣传和促销活动，其知名度和各地市场的占有率得以巨大提升，品牌价值节节攀升。这个时期的广告语有：我拥有的可乐世界；可乐加生活等。

1978年第一批可口可乐产品进入中国市场，当时的中国处于改革开放初期，许多中国人还不习惯这种有“中药味道”的饮料，并且这种饮料价格偏高。于是，可口可乐把市场的重点放在了几个主要城市，在夯实各项基础工作的同时，带来了全新的营销理念，可口可乐也以“贵族”的身份受到部分人的青睐。“挡不住的感觉”是当时最为流行的广告语，也表达了可口可乐要带给人们一种精神层面的感受，实际上也代表了人们对西方文化的好奇和向往。

1996年亚特兰大（可口可乐总部）奥运会应是可口可乐在中国市场最为辉煌的时刻。当时，全国已有23家装瓶厂，可口可乐品牌成为最有价值的品牌。产品经常供不应求，在中国市场每年保持20%以上的高速增长率。

可口可乐的渠道重点由批发向直营转移，要求在市场中进行更大面积的渗透，对业务执行要求更高，产品陈列面要大，品种要多，广告材料要丰富，客情关系要好。“无所不在、物有所值、情有独钟”成为可口可乐市场营销的主要策略，销售工作也从过去的引导消费变为促进销量。实际上这个时候可口可乐才真正找到品牌的核心。既有传统和古典，又不乏激情与活力。

进入21世纪，可口可乐开始感觉到前所未有的竞争压力。随着国内饮料行业的逐步成熟，以非常可乐、旭日升、健力宝等为代表的国产饮料分占市场，提前占据了许多二三级市场；百事可乐从“新一代的选择”到“畅想无极限”分刮了许多青少年消费对象；消费者消费多样性，使得可口可乐不得不改变市场策略。以不变应万变，还是以变应变？

“每刻尽可乐”是基于当时的市场环境提出的。“刻”体现在时间上，表达可口可乐紧跟时代步伐，目标锁定在青少年一代，以此达到抗衡百事可乐的目的。“尽”体现在空间上，一方面公司从碳酸饮料向全饮料公司转移，全方位地开发茶、果汁、纯净水等产品；另一方面开发二三级城市，并开始拓展农村市场，价位越发趋于大众化、平民化。

最近几年，可口可乐更是与时俱进，不失时机地寻找市场机会。开展网络营销、体育营销等方式吸引消费者的注意。同时根据一些事件设计广告语。例如，“抓住这感觉，可口可乐节日‘倍’添欢乐”；“看足球，齐加油，喝可口可乐”；“每个回家的方向都有可口可乐”。纵观可口可乐的发展历程，不难发现，其广告语的变迁，总是与品牌的市场定位紧密相连的。

可以说，可口可乐的成功来源于长期明确的市场定位，通过产品系列开发、包装的变换、新渠道的建立、营销手段的不断更新，特别是广告内容和形式的创新，赋予这个百年品牌新的生命和活力！

资料来源：http://blog.sina.com.cn/s/blog_50e12ad401008o35.html

思考讨论题

（1）该案例运用了哪些营销定位的方法和策略？

（2）假如让你去策划，在可口可乐产品定位方面，你有哪些建议？

第 8 章　服务营销策划

“你所做的一切，就是让你的顾客满意。”

——山姆·沃尔顿

学习目标

☑ 描述服务营销策划的定义和特点

☑ 说明服务营销策划的策略

☑ 探讨服务营销策划的技巧

关键词：服务营销策划，服务有形化策略，服务技巧化策略，服务可分化策略，服务关系策略，服务规范化策略，服务差异化策略，服务可调化策略，服务效率化策略，服务满意化策略

8.1 服务营销策划概述

20 世纪 60 年代以来，服务业在整个社会经济中飞速发展。据世界银行统计，发达国家的服务业生产总值占国民生产总值的 70%以上，中等发达水平国家的服务业生产总值平均占国民生产总值的 50%左右。菲利普·科特勒曾指出，服务代表了未来市场营销管理学研究的主要领域之一。随着服务业重要性的日益凸显，服务营销及其策划活动也以其自身的特点为世人所瞩目和重视，成为企业竞争和提高核心竞争力的有效手段。服务营销是营销策划活动的重要组成部分。

8.1.1 服务与服务营销

1. 服务的定义及特点

服务活动自古有之，但是将其纳入一个学科范围而加以研究则是近几十年的事情。1960 年，美国市场营销学会把服务定义为：用于出售或同产品连在一起进行出售的活动、利益或满足感。

20 世纪 90 年代，国际知名的芬兰服务营销学家格罗鲁斯对服务做出了如下定义：服务一般是以无形的方式在顾客与服务职员、有形资源商品或服务系统之间发生的，可以解

决顾客问题的一种或一系列行为。

在本书中，我们引用《服务市场营销》一书对服务的定义：服务，是指用以交易和满足顾客需要的、本身无形和不发生实物所有权转移的活动。它具有以下几个特点。

（1）**无形性。**服务产品的存在形式有两种：一种是以实物形态存在的物质产品，如作者的书、饭馆提供的菜肴等，它们可脱离服务产品的生产者而独存，并进入现实的商品流通；另一种是为满足顾客的非主要需求，以"活动"形式提供的无形服务，旨在提高顾客满意度的附加值，如购买电脑所提供的安装、保修等服务。

（2）**生产与消费的并行性。**物品从生产、流通到最终消费，要经过一系列中间环节。生产与消费这两个分离的、继起的过程具有时间间隔。然而，在服务业市场，生产者与消费者直接相关，生产过程也是消费过程，服务人员提供服务给顾客之时，也是顾客消费享用服务之时。两者在时空上不可分割，具有并行性。

（3）**服务的差异性。**服务的差异性是指服务的构成成分和其质量水平经常变化，难以统一认定。服务差异性即由服务人员素质的差异性所决定，也受顾客本身个性特色的影响。正如著名的美国服务经济专家所说："消费者的知识、经验、诚实和动机影响着服务行业的生产力。"

（4）**不可存储性。**服务不能像有形物品一样被储存，以备未来出售。虽然提供服务的各种设备可以在需求前准备，但生产出来的服务如不及时消费，就会造成损失。例如，车船、电影院的空位现象，其损失表现为机会的损失和服务设备折旧的发生。

（5）**不可运输性。**服务与实物不同，不能被运输，如酒店服务不能被送至外地消费，顾客也不能购买后携带回家。

（6）**服务业的相互替代性。**服务产品同其他实物产品之间有很强的相互替代性，如在获得物品的维修服务后，则不用再购置新商品。服务业同实物商品存在相互补充、相互促进的关系，如电脑等耐用消费品的普及会扩大与其相关的服务业市场。另外，各类服务产品间也可相互替代，如各种运输服务方式可相互替代，去某地，选择其中的一种交通工具即可。

2. 服务营销的定义及特点

服务营销理论作为整个市场营销理论体系的一个分支，专门研究服务业营销的普遍规律。服务营销是企业为充分满足消费者需求而在营销过程中采取的一系列活动。其核心理念是通过取得顾客的满意和忠诚来促进相互有利的交换，最终获取适当的利润和企业的长远发展。服务营销的运用不仅丰富了市场营销的内涵，更提高了企业在知识经济中的竞争力，在企业营销策略中起着举足轻重的作用。

案例 8-1 《泰囧》如何逆袭《1942》

随着人民生活水平的提高，收入中用于精神消费的部分也逐渐增多，电影是人们选择的娱乐休闲消费之一。由于电影消费具有无形性、不可分析性及不可存储等特征，不仅要求电影本身具有独特的魅力，也要求其营销策划具有独特性。下面就《人再囧途之泰囧》（以下简称泰囧）如何逆袭《1942》来分析服务产品的营销策划方法。

2012年年末，盛传已久的世界末日没来，却迎来了中国电影史上的一朵奇葩——《泰囧》。《泰囧》票房不囧，《1942》票房闹饥荒。从投资及制作上看，徐铮3 000万元成本的《泰囧》可谓屌丝一枚，而冯小刚超2亿元投资的《1942》绝对称得上是高富帅。然而，屌丝却成功逆袭了高富帅，而且几乎是秒杀般的逆袭。让票房过亿元，张艺谋花了15年，冯小刚花了10年，陈凯歌花了21年，姜文花了15年，徐峥只花了3天！

1. 产品定位：《泰囧》是市场驱动型

从影片内容上看，拥有大投资、大导演、大演员的《1942》诉求的是历史灾难，带给人的是精神上的冲击和沉重的心理感受，而《泰囧》卖的是一杯饮料、一盒爆米花、一声声欢笑。《1942》像1982年的法国红酒，《泰囧》像满大街都能见到的可乐；从票房上看，显然更接地气的喜剧《泰囧》胜过了历史大戏《1942》；从需求满足这个角度看，《1942》是一部好电影，却不是一个好产品，《1942》是产品驱动型，而《泰囧》是市场驱动型。

2. 营销宣传：《1942》死于“水兵”？

上映之前，《1942》和《泰囧》都按照常规做法做了充分的宣传，然而，在宣传战中，有分析说《1942》是死于“水兵”袭击。《1942》上映当天，网络上就出现大量的低评。以豆瓣为例，《1942》有多达60%的“一星”，而且很多评论更是电影首映尚未结束时就出现。于是，有人怀疑《1942》遭到了“水兵”的恶意攻击。随着网络上涌现的海量差评，《1942》的舆论也越来越差。即使冯小刚和《1942》的剧组在众多名家好友的帮助下，努力为影片积累“正能量”，都被网络上的“差评”给抵消了。在当今繁杂、自媒体的传播环境下，你不主动去解读，就会“被解读”，主动解读可控，而被解读不可控。因此，在电影的营销环节中务不可缺解读营销，通过主动解读营造正面舆论，抵消负面评价。除此之外，互联网时代改变了传统的消费模式，电影营销也应该顺变而变。如今电影消费的“借鉴消费”或“评价消费”特性越来越明显，在观影前很多人都会在网上搜索一些影评，根据大众的评论去判断如何选择，评价好的就进影院，评价不好的就不看或在电脑上看。口碑宣传，《泰囧》胜出。

3. 渠道制胜：《泰囧》得渠道得票房

所谓渠道为王，终端制胜。一部电影不管宣传得多么好，如果影院排片少，其结果就会像当年健力宝的第五季饮料一样，吆喝得热闹，市场上却买不到。《泰囧》在借力渠道上胜过《1942》，在院线分成这块，《1942》与影院大致为 43∶57，如果票房过 3 亿元则按 45∶55 分成。而《泰囧》坚持 43∶57 的分成方式，伴着《泰囧》首日票房大捷，使得影院更加愿意去推《泰囧》，从而形成良性循环，推动票房不断攀升。

4. 上市时机：《泰囧》更具差异化

原定于 2012 年 12 月 21 日上映的《泰囧》将首映期提前至 12 月 12 日。这一“退避三舍”的策略可谓巧妙，既以差异化的喜剧片满足市场需求，成为贺岁档的首部喜剧片；又避开后面《一代宗师》、《十二生肖》、《大上海》的夹攻。最终杀出一条血路。

电影对大多数观众来说是娱乐，是消遣，是精神放松。电影营销，营销的对象就是消费者，《泰囧》从内容上迎合消费者需求，从利益上迎合渠道需求，从营销时机上迎合市场趋势。天时、地利、人和造就“疯狂的《泰囧》”，就像投资方光线传媒董事长王长田说的那样：“别人看到的是一匹黑马，其实我们有备而来，是白马。”

资料来源：世界经理人论坛

评述　电影等服务产品营销和有形产品一样，要从消费者的需求出发，迎合消费者的利益，策划并实施一系列的营销活动。

8.1.2　服务营销策划

有营销活动就有策划活动。营销策划是对企业的营销活动做出的预先筹划和谋略，我们可以将服务营销策划理解为针对服务业的营销策划活动。

1. 服务营销策划的特点

和一般实体产品营销策划相比，服务营销策划具有以下几个特点。

（1）**服务营销策划以提供无形服务为目标。**无形是服务最明显的特点。如果说有形产品是一个物体或一样东西的话，服务则表现为一种行为、绩效或努力。顾客在购买服务之前是看不见、尝不到、摸不着、听不见、闻不到的，因此，他们难以感知和判断其质量和效果，他们更多的是根据服务设施和环境来衡量。服务营销策划必须以提供无形服务为目标。

（2）**服务营销策划以顾客为核心。**服务的不可分离性决定了服务产品的消费与服务产品的提供是同时进行的，也就是服务的消费者要直接参与服务的生产过程，并与服务提供者密切配合，也即顾客成为服务的一部分。在这一过程中，服务绩效的好坏不仅取决于服务者的素质，也与顾客个人的行为密切相关，这就使得服务营销工作复杂化。服务营销者在努力提高自己的素质，创建良好信誉的同时，还要时时注意揣摩消费者的心理喜好，用以区别不同类型消费者对同一服务的需求差异特性，有针对地开展服务营销工作，以增加消费者的满意度，消除和弱化其不满和抱怨情绪。

案例8-2 蓝色巨人——IBM就意味着服务

IBM的辉煌可以说在很大程度上得益于它正确的营销策略，即“IBM就意味着服务”。

IBM的开创人老沃森曾宣称：IBM要成为世界上提供最佳服务的公司。他坚持IBM必须成为一个以顾客为中心的公司，即公司的一切活动都要围绕如何满足顾客的各种需要来进行。

IBM把服务精神列为竞争取胜的重要手段。例如，一家大医院要安装一套电脑系统。电脑的牌子很多，有些牌子的科技性能及软件比IBM还先进，但医院最后还是选择了IBM。其原因在于，IBM销售人员耐心访问了医院上上下下有关人士，他们不说专门术语，不用高深的电脑知识吓唬人，而是尽量根据医院的需要，努力解决医院的实际问题。

IBM堪称最佳服务的象征，在24小时内保证解决顾客的任何抱怨和疑难，有的甚至在60分钟内就加以解决。有位用户的机器发生了故障，IBM的8位修理人员，在几个小时内从世界各地赶到。这样的高效率服务使用户深受感动。

优良的服务在IBM公司已变成一种习惯。几年前，该公司曾登出一份广告，上面只简简单单地用粗体字印着：“IBM就意味着服务。”它清楚而又十分准确地阐明了为顾客服务的内涵。“我们只要在为用户提供最佳服务方面独步全球……”IBM所提供的，不只是机器，更是服务，也就是设备本身及由本公司职工所继续提供的建议和咨询。

评述 很多与IBM公司打过交道的顾客都认为，IBM公司在服务和可靠性方面是无与伦比的，他们一致深信IBM是确实关心用户、真心为用户服务的。

（3）**服务营销策划注重的是服务质量的整体控制。**“服务是人与人之间的游戏。”由于人是服务的一部分，服务的质量很难像有形产品那样用统一的质量标准来衡量，因而其缺点和不足也就不易被发现和改进，因此，全面意义上的服务质量需从以下两方面来描述。

1）技术质量。以服务操作规程来描述和控制。

2）功能质量。以顾客感受和获得的满意度来描述。

知识点

可感受服务质量优秀的6项标准如下。

（1）职业特性与技能（技术测量度）。

（2）态度和行为（功能测量）。

（3）方便与灵活性（功能测量）。

（4）依赖性和可靠性（功能测量）。

（5）补救措施（技术测量）。

（6）信誉与可信度（形象）。

由于在服务过程中，顾客与服务者之间广泛接触和互动影响，现代服务营销管理由此扩展到内部营销、外部营销及顾客管理的整体控制。

（4）**服务营销策划具有时间局限性。**由于服务的不可感知形态，以及生产与消费的同时进行，从而使服务具有不可储存性。虽然服务设备、劳动力等能够以实物形态存在，但它们只代表一种服务供应能力而非服务本身。服务的供过于求造成服务供应力的浪费，供不应求则又使顾客失望。因此，如何使波动的市场需求与企业服务供应能力相匹配，并在时间上相一致，便成为企业服务营销管理的一项课题。另外，在服务市场上，既然服务生产和消费过程是由顾客与服务提供者面对面进行的，那么服务的推广就必须及时、快捷，以缩短顾客等候服务的时间，因为等待时间过长会引起顾客的厌烦，使其对企业的服务质量及形象产生怀疑。可见，服务营销中的时间因素对提高服务效率和顾客对服务的评价起着重要的杠杆作用。

（5）**分销渠道的不同**。由于服务的不可分离性、不可储存性，对服务分销渠道的要求和工业品分销渠道的要求不同，其渠道模式也不同。服务一般都采用直接分销的方式或由中介机构组建分销渠道，如旅游、运输、保险、金融等行业。

2. 服务营销策划的内容

服务营销作为一门新兴的学科，由制造业的营销活动导入，在导入的同时，4P 也被服务业采纳。目前，学者们普遍认为，4P 仍然为服务营销的基础，但它还不能完全体现服务业的特点。1981 年布姆斯（Booms）和比特纳（Bitner）建议在传统 4P 的基础上增加 3 个“服务性 P”即人（people）、过程（process）、有形展示（physical evidence），才能较为完整地体现服务营销的特点。

（1）**服务产品策划。**服务产品的存在形式有两种：一种是以实物形态存在的物质产品；另一种是以“活动”形式提供的无形服务。菲利普·科特勒认为：“服务产品往往依附于有形的物品，而有形产品里面也含有服务的成分。”服务产品和有形产品相比，具有几个不同的特点（见表 8-1）。

表 8-1　服务产品和有形产品的比较

	有形产品	服务产品
实体性	实体	非实体
形式相似性	形式相似	形式相异
生产分销与消费的过程	生产分销与消费分离	生产分销与消费同时进行
消费者参与	消费者一般不参与生产过程	顾客参与生产过程
存储性	可以存储	不可存储
所有权	所有权可以转让	所有权不能转让

由此可见，服务产品大都是无形的、不可感知的，并且是消费与服务处在同一生产过程之中的。正因为服务产品的这些特点，服务产品策划的内容才包括多个方面。服务产品策划，主要包括以下内容。

1）服务项目策划。它是指对企业以何种服务形式、服务方式和服务种类进入服务业进行的策划活动。一个良好的服务项目策划能够给顾客带来较高的价值，它是服务竞争取胜的首要因素。

2）服务新产品开发策划。在制造业存在新产品开发，同样，在服务业也有服务产品开发策划。开发新的服务产品，是为了适应不断变化的市场需求，是企业生存和发展的有效途径。

3）服务品牌策划。品牌代表利益认知、情感属性、文化传统和个性形象等价值观念，只有一个具有丰富文化内涵的品牌才具有持久的生命力。例如，IBM（IBM就是服务）、海尔（真诚到永远）都是服务品牌的最大受益者。因此，品牌是服务产品形象和文化的象征，好的服务品牌策划能够使企业保持长久而旺盛的生命力。

4）服务质量策划。服务质量是判断一家服务业公司好坏的最主要依据。一个好的服务质量策划对于一项服务产品的设计具有十分重要的作用，它能有效地提高顾客对服务质量的感知度，提高顾客满意度，从而使他们成为忠诚顾客。

5）服务的有形展示策划。服务虽然是无形的，但服务设施、服务设备、服务人员、顾客、市场信息资料、定价目标等都是有形的，这些有形物都可为无形的服务提供有形的展示。因此，一切可传达服务特色及优点的有形组成部分都可称做有形展示。它包括服务环境的装修、色彩、氛围、布置、服务设施用品和有形线索等，它直接影响顾客对服务质量的评价。因此，良好的有形展示策划是提高顾客对服务质量感知度的最有效途径。

案例8-3 富侨：中国足浴第一品牌

富侨是拥有十多家直营店、400多家加盟店，年产值达20多亿元的大型企业，成为中国足浴第一品牌。2007年，富侨成功打入新加坡市场。富侨用自己优雅的环境、优质的服务赢得了市场，其内部装修请教专家设计，按照高档适用、经久不落后原则设计的中式装饰，结合北派宫廷中式的华贵气势与田园中式的自然流派，形成了自己独特的风格，并以亭、台、楼、阁等典型的中式符号穿插其中，从而提高了企业的文化品位，使之生动而富有情趣。400多家连锁店都统一按照总店的要求装修。顾客一到富侨，都称赞是一种享受。

评述 服务是无形的，但富侨用自己独具特色的幽雅环境为无形的服务提供了有形的展示，有效地提高了顾客对自己服务质量的评价。

（2）服务价格策划。

1）服务价格的含义。有形产品的价格是产品价值的货币表现，那么我们就可以认为服务的价格是服务价值的货币表现。有形产品是可见的，它的质量、外观是可感知的，其价值也是可衡量的，具有客观性。而服务是无形的，作为顾客的感知服务质量，它是人的主观能动感受，而这一感受又因人而异。所以，作为服务的定价，不仅要考虑成本、需求和竞争因素，更要注重顾客的感知服务质量，这就要求做好服务的有形化，使顾客对服务质量的感知趋于一致。

2）服务价格策划的内容。产品的价格策划主要包括产品价格的制定策划和产品价格的调整策划。

3）服务特征对服务定价的影响。服务业的特征对服务产品的定价有很大的影响。在不同的服务形态和市场状况中，这些特征所造成的影响也不同。因此，制定服务产品的价格，除了要考虑成本、需求、竞争因素外，还必须考虑服务业的特征，如航空公司的边际定价策略。在需求处于低谷时，服务企业往往需通过优惠价格或降价方式来吸引顾客（见表 8-2）。

表 8-2　服务特征对服务定价的影响

服务特征	对服务定价的影响
无形性	使顾客在购买服务产品时，不能客观、准确地检查无形无质的服务，这使服务产品的定价远比有形产品的定价更为困难
不可存储性	使服务的供求始终难以平衡，产生了不同时期有差别的服务产品价格
需求的不稳定性	顾客往往可以推迟消费某些服务，甚至可以自己来实现某些服务的内容，类似的情况往往导致服务卖主之间更激烈的竞争
服务的同质性	使价格竞争更加激烈。一般而言，越是独特的服务卖方越可以自行决定价格，只要买主愿意支付此价格。另外，服务质量具有很大的差异性，服务与服务之间没有统一的质量标准来做比较
不可分性	使服务受到地理因素或时间的限制。而且消费者只能在一定的时间和区域内才能接受服务，这种限制加剧了企业之间的竞争，也直接影响服务的定价水平

（3）**服务渠道策划。**由于服务的不可分离性，所以服务渠道的策划和产品渠道的策划有较大区别，服务渠道的策划较少考虑渠道结构，而主要着手服务渠道和服务位置的选择（见表 8-3）。

表 8-3　服务渠道及位置选择

服务渠道选择	直销渠道 经由机构的分销渠道 创新服务分销渠道	无中间商 代理、代销、经纪人、批发商、零售商 租赁服务、特许经营、综合服务、准零售化

续表

渠道位置选择	与位置无关的服务业	如移动通信服务
	集中的服务业	如中心医院、学校
	分散的服务业	如上门维修

案例 8-4 从商店到社区服务中心——台湾 7-11：将想象力发挥极致

在台湾，约有 1 万家便利商店，这种密度在世界上是数一数二的。根据调查公司的数据显示，7-11 是其他便利店最可怕的对手，80.2%的人最常去的便利商店就是 7-11，而高达 84.5%的人对 7-11 印象最佳。多样化的产品并不是 7-11 独占鳌头的唯一原因，真正使台湾 7-11 得以成功的其实是其独到的创新服务。

在这里，除了一般的商品，顾客还可以买午餐、夜宵；缴电话费、水电费；复印、传真、取网络商店订的书、购买保养品；甚至提款。顾客来购物时可以顺便做很多事，逐渐地也有很多人因为可以方便地享受缴费等服务，也经常来这里买东西，甚至宁可牺牲一点点购物的方便（如舍近求远），来享受其他服务的方便。依靠互补产品和服务，7-11 不但使消费者得到了更大价值，厂家也由此获益，从而形成了多赢。例如，预订服务，秋天，顾客可以在台湾的 7-11 预订内地的大闸蟹。由于提前确定了送货时间和数量，厂家就可以实现照单发货，既减少了浪费，又节省了运输时间。在服务上不断推陈出新是 7-11 的一大特色，未来 7-11 希望向社区服务中心的定位发展。7-11 和警察局共同设立了警察社区联络服务站，为居民和旅客提供道路指引、旅游服务等帮助。每年的 7 月 11 日是 7-11 并肩工作日，7-11 还将在社区进行大规模的清扫行动。社区服务中心代表着方便、安全和关怀。试想象一下，当你可以在便利店里领取政府表格、交学费，甚至购买金融保险时，那么 7-11 是多么紧密地融入了消费者的生活中。

评述 服务综合化是现代服务业的发展趋势，7–11 正是在这方面不断地创新，从而拓展了服务渠道，使顾客在获得便利的同时，让自己和合作厂家实现了双赢，共同获得了巨大的利益。

（4）**服务促销策划。**服务业的促销活动与产品的促销活动大致相同，用于产品促销的工具、策略和策划步骤也适用于服务促销，在这里，我们只把服务促销和产品促销的不同点做一个比较。

产品促销和服务促销由于受其本身特征的影响，具有许多不同的特点。这些差异大致可分为两类：一类是服务行业特征造成的差异；另一类是服务本身特征造成的差异。

1）服务行业特征造成的差异。服务行业因类型不同而各有其特点。因此，找出所有类别的共同差异是一件不容易的事。

实用链接：产品和服务的促销区别

- 营销导向不同。有些服务业是产品导向的，因而企业不十分清楚营销措施对业务有多大程度的帮助，只把自己当做服务的生产者，而不是提供顾客需要的东西。这类服务业的经理人，大多未受过训练，也欠缺技术，当然更不懂促销在整体营销中应扮演的角色。
- 专业和道德限制。在采取某些营销和促销方法时，可能会遇到专业上和道德上的限制。传统习俗可能会阻碍某些类型促销的运用，以至于被认为“不适当”或“品位太差”。
- 许多服务业务规模很小。许多服务业公司在规模上很小，认为自己没有足够的实力在营销或在特别的促销方面花钱。
- 竞争的性质和市场条件。许多服务业公司并不扩展其服务范围，因为现有范围内的业务已经用尽了其生产能力。这些公司普遍缺乏远见，不认为在目前状况下促销努可以维持稳固的市场地位，且具有长期的市场营销意义。
- 对于可用的促销方式所知有限。服务业公司对于可利用的广泛多样的促销方式所知有限，可能只会想到大量广告和人员推销方式，而根本想不到其他各种可能更适当、有效且花费较少的促销方式。
- 服务本身的性质可能会限制大规模使用某些促销工具。例如，广告代理服务业公司极少会去使用大众媒体广告。服务的种类、特定服务业的传统，在某些服务种类中对某些促销方法的限制，使得许多促销方法不能自由发挥。

2）服务本身特征造成的差异。服务的若干特征具有不同的营销含义，所以从顾客的观点来看，消费者对产品营销和服务营销两种营销的反应行为，有着很大的差异。

- 消费者态度。消费者态度是影响购买决策的关键。服务业的非实体性是营销上一项最重要的要素。消费者在购买时，往往是凭着对服务与服务表现者或出售者的主观印象，而这种对主观印象的依赖性，在购买实体性产品时，则没有那么重要。服务销售者和服务业有两方面与制造业不同，即服务产品被视为比实体性产品更为个人化和消费者往往对服务的购买不满意。
- 采购的需要和动机。在采购的需要和动机上，制造业和服务业大致相同。不论购买实体性产品还是非实体性产品，同类型的需要都可以获得满足。不过，有一种“个人关注的欲求”，对产品或服务都是很重要的，凡能满足这种“个人关注的欲求”的服务销售者，必能使其服务产品与竞争者之间产生差异。
- 购买过程。在购买过程上，制造业和服务业的差异较为显著。有些服务的采购被视为有较大的风险，原因是买主不易评估服务的质量和价值。另外，消费者也往往容易受到其他人（如对采购和使用方面有经验的邻居或朋友）的影响。而这种影响，对服务营销而言有比较大的意义，尤其在服务的供应者和其顾客之间，有必要发展形成一种专业关系，以及在促销努力方面建立一种“口传沟通”方式。这两项做法，势必可以促使各种服务促销的努力更有效率。

案例 8-5 英派斯健身俱乐部的服务促销

英派斯健身俱乐部是中国目前连锁规模最大的高档会员制健身中心，拥有先进齐全的训练设施、领先时尚的健身模式，除了提供全面、科学、专业的健身服务外，英派斯健身俱乐部还经常举办登山、攀岩、郊游、游泳、野外拓展等活动，极大地丰富了会员的业余生活，锻炼了会员的意志，使会员的身心得到极大活跃，为会员的假期提供了一个良好的旅游场所。有些活动还邀请会员的亲朋好友一起参加，在加强交流的同时，还使更多的人通过朋友的介绍而与俱乐部建立了良好的关系，从而提高了英派斯健身俱乐部的知名度。

评述 用活动来进行服务促销，可以有效降低消费者的认知风险，便于加强沟通，使自己的服务在潜移默化中更好地被接受。

（5）**服务人员策划。**在提供服务产品的过程中，人（服务企业的员工）是一个必不可少的因素，尽管有些服务产品是由机器设备提供的，如自动售货服务、自动提款服务等，但实际上零售企业和银行的员工在这些服务的提供过程中仍起着十分重要的作用。对那些要依靠员工直接提供的服务（如餐饮服务、医疗服务等）来说，员工因素就显得更为重要。一方面，高素质、符合有关要求的员工的参与是提供服务的一个不可或缺的条件；另一方面，员工服务的态度和水平也是决定顾客对服务满意程度的关键因素之一。

服务人员策划的内容主要包括对人员的招聘、培训、激励和管理。其实，服务人员策划的内容就是服务人员策划的流程。

1）服务人员招聘。在选择前线员工时，不能像招聘普通员工那样只看重经验和技能，而更应考察态度、资质和个性等一些能为服务人员带来成功的因素。

2）培训。员工招聘只是企业人力资源管理的开始，如何使新员工成为符合企业要求的服务提供者，这是企业内部培训要解决的问题。

实用链接：员工培训的内容

（1）技能培训。许多企业为培训员工而开办了专门的学校，如假日酒店大学、麦当劳的“汉堡包大学”等，这些学校为本企业的员工培训制定专门的培训计划，配置专门的培训人员，学校的一切活动都围绕培训企业需要的人展开，只要是企业需要的，哪怕是细微的方面也会配合。

（2）交往培训。企业除了对员工进行技能培训外，还应对员工进行交往培训。由于员工在与顾客交往中可能遇到的问题难以预料，因此很难在培训中对这些问题全部加以模拟解决，所以在服务组织的培训中，交往技巧的培训在某种程度上比技能培训更重要。例如，许多航空公司对乘务员进行事件分析培训，以帮助乘务员在意想不到的情形下处理好顾客提出的苛刻要求。还有一些企业把角色扮演、创造性技巧和冲突的模拟作为培训方法。

（3）企业文化培训。灌输企业文化，使员工对一些与企业发展有关的事给予更多关注，企业文化培训不仅是企业制定战略方针的思想指导，也是对企业员工日常工作的指导。

3）员工管理。管理人员所要面对的员工各不相同，并非每个员工都能很好地完成自己的工作。在这种情况下，管理人员应学会帮助员工改变工作方法，做好工作。而对员工来说，为了更好地服务顾客，他们往往需要来自管理人员的反馈信息，无论这种信息是正面的还是负面的。因此，管理人员应及时评价员工的工作并帮助他们改正错误。

如果管理人员没有直接参与员工的工作，就应该对员工与顾客的接触给予更多的关心。这样管理人员可以获得有关员工的第一手资料，第一手资料能使管理人员更加真切、全面地了解员工及他们遇到的问题。但在实际工作中，许多管理人员仅仅满足于有关实际工作的二手资料，而这些二手资料往往带有有关人员的主观看法，管理人员难以从中发现员工所遇到的问题。

（6）**服务沟通策划**。服务的无形性也给沟通带来了较大的困难。研究者发现，沟通中存在 4 个层次的潜在难题，即语言、非语言行为、价值观和思维过程这 4 种差异。在这 4 种差异中，因语言差异产生的难题最显而易见，也最容易克服。非语言行为会影响服务质量，这个比较难以理解且容易被误解。因此，在国际营销沟通中，对不同文化的了解和认知更为重要。

（7）**服务有形展示策划。**由于服务的不可感知性，不能实现自我展示，它必须借助一系列的有形证据向顾客传递相关信息，顾客才能据此对服务的效用与质量做出判断和评价。一般来说，服务企业的有形展示包括环境、设计和社会 3 类要素，通过这些要素的组合运用，将有助于实现其服务产品的有形化、具体化，从而帮助顾客感知服务产品的利益，增强顾客从服务中得到的满足感。

8.2 服务营销策划的策略与方法

由于服务本身的无形性、不可分性、易变性和不可存储性，导致我们在开展服务营销策划时，要避免其对服务营销产生的不利影响，尽量使服务有形化、可分化、规范化和可调化，同时又要应用其灵活性的特点，做到服务的技巧化、差异化和效率化，从而提高顾客的感知服务质量，提高顾客满意度。

8.2.1 服务有形化策略

服务有形化是指服务机构有策略地提供服务的有形线索，以帮助顾客识别和了解服务，并由此促进服务营销。服务有形化策略包括服务承诺化策略与服务包装化策略两种类型。

1. 服务承诺化策略

服务承诺，是指公布服务质量或效果的标准，并对顾客加以利益上的保证或担保。服务承诺化，是指服务机构通过对服务过程各个环节的质量予以承诺，以促进服务营销。

对服务做出承诺，可以降低服务消费者因服务的无形性而需承担的认知风险，因此可以降低顾客由此产生的心理压力，增强顾客对服务的信任，从而促进服务营销，进而激发和扩大顾客需求。

案例 8-6 拉斯维加斯的网络鞋王

在网上卖鞋能卖到8亿美元？这绝非天方夜谭，在美国，年仅32岁的美籍华人谢家华从网络卖鞋做起，6年来业绩从160万美元增加到将近8亿美元，也使自己的公司Zappos.com成为拥有500万名客户的美国最大的网络营销公司之一。为顾客提供最优质的服务是其竞争的武器，其中最让人称道的是严格实施了服务承诺化。首先，Zappos.com奉行“鞋合适即穿，不合适便换”的宗旨，Zappos.com承诺：如果顾客不满意已经购买的鞋子，可以免费为顾客退货，全额退款包括邮寄费用，从而使顾客得到比别处购物更好的服务。尽管它不是第一家提供免费退货服务的网站，但是这一招最终成为Zappos.com获得成功的法宝。其次，送货速度非常迅速。Zappos.com承诺最多只需一晚，货物就可以送到客人手中；如果不满意，再免费退货。为此，2007年Zappos.com仅运输费就花掉了1亿美元。再次，最低的价格。Zappos.com承诺，如果顾客发现在Zappos.com买的鞋子比其他地方卖的同款鞋子价格高，那么Zappos.com将退还110%的差额。只要顾客订购，从18岁到80岁的顾客就都能从Zappos.com买到适合自己的好鞋。正是凭借真诚的承诺和优质的服务，Zappos.com得以迅速发展，2007年销售额突破8亿美元，占据美国市场1/5的份额。

评述 网上购物有一定的风险和不确定因素，Zappos.com对自己的服务做出诚恳的承诺，有效地降低了消费者的顾虑，增强了消费者的信任，从而取得了巨大的成功。

2. 服务的包装化策略

服务包装，是指服务环境。服务包装或环境，作为服务的有形线索，能够提示它所包装的服务信息。服务包装或环境是有价值的，它可以使服务增值。

服务包装化，在某种意义上，是指服务环境的“营销”，即有策略地设计和提供服务环境，让顾客通过接触环境来识别和了解服务的理念、质量和水平等信息，从而促进服务的购买或交易。简言之，服务包装化就是让顾客在接受服务前先接受服务的包装或环境。例如，自 1996 年年底中国建设银行开始全面导入企业形象识别系统以来，中国工商银行等金融服务企业也完成了此项工作，在客户心中树立了良好的企业形象。

案例 8-7 上海公交二汽公司——利用服务包装开展内部营销

为更好地展示公交优质服务的新形象和接受广大市民对公司服务的监督，上海公交二汽公司所属运营一线的 5 000 余名驾驶员、售票员、调度员统一着装和佩戴胸章，成为二汽公司走向社会的“流动名片”。自公交体制改革后，原全行业统一的制服已无法区分各公交公司的形象特征。为此，二汽公司推出了自己的制服和胸章：规定一线人员必须穿淡蓝色衬衫、长裤，戴领带或领结和胸章。其中胸章以白玉兰（上海市花）为背景，中间有“二汽”字样组合的公交车辆图案。二汽公司推出的制服和胸章，不但是该公司走向社会的“流动名片”，更重要的是对一线员工的一种尊重、一种期望、一种激励，使他们在服务过程中随时随地记住公司对自己的期望，激励他们更好地为广大乘客服务。

评述 作为服务的有形展示，服务包装能使顾客获得良好的服务认知，有助于提升企业的形象。

8.2.2 服务技巧化策略

服务无形性的背后是服务的技巧。一切服务业归根结底都是靠自身的、其他行业难以替代的服务技巧生存和发展的。服务技巧化，是指培养和增强服务技巧，利用服务技巧来吸引和满足顾客，充分发挥技巧在服务营销中的作用。服务技巧化，主要体现为服务的技能化。

服务技能，是指服务人员服务的熟练程度、技艺、能力等。服务技能化，旨在培养和增强服务人员的技能，利用服务技能来吸引和满足顾客，充分发挥技能在服务营销中的作用。对重视服务技能化的服务机构来说，其营销在一定程度上就是服务技能的营销。服务技能是服务产品价值的核心来源。技能是技巧的主要组成部分，服务技能的增强可以从根本上增强服务营销的吸引力。

案例 8-8 汽车服务技能成揽客新招

随着我国汽车市场的不断发展，在品质大同和价格重叠的今天，消费者购买的侧重点已经更多地放在了产品附加值——“服务”上。换句话说，如今的车市已经进入后营销时代，“服务”已经成为市场竞争的左右手。纵观车市，有些企业已经注意到了服务的重要性，从服务建设入手，用差异化售后服务手段，向消费者提供更直接、更实惠的服务。

例如，一汽大众的“严谨就是关爱”、上海大众的“大众关爱”、克莱斯勒的“关爱随行”、海马的“蓝色扳手”等服务品牌，尽管理念各有不同，但以服务为竞争关键的做法却是一致的。

评述 在市场竞争愈加激烈的情况下，汽车企业应该将服务作为未来核心的竞争武器，在这点上，“蓝色扳手”的成功给业界带来了很大启发。而以服务为导向的车市才是成熟的车市，目前的汽车市场也正是朝着真正有利于消费者的方向发展的。

实用链接：实现服务技能化的途径

（1）加强内部营销。职称评定等激励手段常被用做鼓励服务人员钻研服务技能的方法，从而提高员工的服务水平。例如，杭州解放路百货商店给营业员评定技术职称，以激励营业员不断钻研和提高柜台服务技能。

（2）举办或参与服务技能的交流和竞赛活动。服务机构可以通过组织内部技能竞赛或参与外部的服务技能交流活动来推动服务技能水平的提高。例如，上海妇女用品商店在营业员中成立了服务艺术研讨小组，经常举办服务艺术演讲会，通过研讨和演讲有效地提高了员工的服务技能。

（3）开展服务技能培训。培训是培养和增强服务技能的根本途径。例如，麦当劳快餐店，从1955年创建开始就非常重视员工技能培训，1961年开办了第一所汉堡包大学，对人员进行严格培训。现在的汉堡包大学占地82英亩，有6个剧场式的教室、17间会议室、22种语言同声传译和先进的声像教学设备。汉堡包大学现在每期培训6天，学员来自世界各地的麦当劳分店。

（4）采用服务技能定价。服务机构可以根据服务技能的不同进行服务差别定价。例如，上海众多医院根据医生的医技水平实行差价收费，以满足不同病人的需要，并激励医生提高技能水平。

（5）以服务能手为榜样，带动一般人员提高技能水平。

8.2.3 服务的可分化策略

服务的可分化是指在服务过程中让服务生产者与服务消费者之间实行部分的分离。服务的可分化主要体现为服务的自助化。

服务的自助化，是指服务生产者向顾客提供某些服务设施、工具或用品，让部分服务由顾客自行完成，以便服务生产者与消费者之间实现一定程度上的分离。服务的自助化有利于增强服务消费者在服务过程中的自主体验和责任。使顾客的自主体验经历增强，这样会加深对服务过程的兴趣和激情，从而有助于服务的再次购买。同时，顾客对服务的自我责任感增强，对服务提供者的责任期望则会相对降低，这对服务营销而言是有利的。

案例 8-9　宜家：让顾客自己动手

宜家（IKEA）是在北美和欧洲广为人知的大企业。在瑞典及欧洲各国，乃至美国、加拿大等国家，常会在电视上、报刊上及商场门前见到“自己动手”的广告词语和一只眼睛、一把钥匙加一个“啊”字的徽记。这就是宜家公司经常做的广告。

在产品销售方式上，宜家公司别出心裁。宜家出售的家具多数不是成品，而是各种组件。消费者买回去以后，将利用宜家公司提供的图纸、特殊工具，组装成自己满意的家具。由于这种经营方式具有新奇性，迎合了西方国家人们在近代形成的“自己动手”风气，盖房子、做家具、组装电器等都喜欢买组件回家自己动手安装，宜家公司积极响应了这种需求，因此生意自然兴隆。宜家的广告宣传是“自己动手”，但顾客进入该商店却觉得一切十分方便和尽如人意。家具组件一般是比较大的，商店为了便于顾客搬动，在商店入门处准备有许多灵活的小车，顾客可以用来选购组件。另外，商店里还设有孩子“寄存”处，顾客如带有小孩来，可将小孩“寄存”在有很多玩具的大箱子里，孩子们可兴高采烈地玩耍，不必跟随父母进商店找麻烦。同时，商店里提供有各种产品说明书和组合图、记录本、铅笔、带尺，以便顾客选购组件时使用。商店里所提供的样品和图片，是从全世界 1 500 多家家具厂生产的款式中精选的，顾客在宜家公司所有分店可选购到各种款式的家具组件，所附的各种图解说明均用英文、德文、法文、瑞典文和丹麦文写明。产品品种之多、样式之繁可谓荟萃世界各国的精华，同时又以极方便的方式服务于消费者。

评述　营销要注重消费对象的需求变化。近几年已经出现了新型的消费者，这些新型的消费者不但购买他们所想或所需要的东西，还希望从购买行为中获得满足或欢乐。宜家“自己动手”的家具销售理念，正好满足了该类消费者的需求。

8.2.4　服务的关系化策略

服务的不可分性对服务营销存在有利的一面，服务生产与消费不可分，在客观上成为服务业的一种要求，使得服务业比制造业更需要关心顾客的需求，更需要改善与顾客的关系等。为了利用这有利的一面，服务营销采取关系化策略，即在服务营销中通过强调关系营销、内部营销、口碑沟通、公共关系、与顾客接触“真实瞬间”的服务质量等来实现对顾客的优质服务，而服务细微化的实现是关系化营销的重要策略。

知识点

优质服务的理念：

（1）在接到要求时。多一点准备，通过专业帮客户解决问题，满足客户的理性需求。

（2）在提供服务时。多一份关怀，通过优秀的服务创造良好的感觉，满足顾客的感性需求。

（3）在客户满意时。多问一句话，通过好奇寻找问题的根源，满足客户的硬性需求。

服务细微化是指服务机构或人员从细微处关心顾客、贴近顾客，从而使服务关系进入更深的层次。“见微知著”是古人对服务细节精辟的提炼，服务机构只有通过对细微处的观察，才能满足顾客的真实需要或偏好，从而使服务营销更加有效。

服务的细微化有利于顾客对服务质量的感知。服务质量较大的主观性会影响服务过程的每个具体细节，因而会对整个服务过程的质量产生根本性影响。服务的细微化可使顾客提升对服务者的主观感受而产生优质服务的印象。

案例 8-10　王永庆卖米

王永庆 15 岁小学毕业后，到一家小米店做学徒。第二年，他用父亲借来的 200 元钱做本金自己开了一家小米店。为了和隔壁那家日本米店竞争，王永庆颇费了一番心思。当时大米加工技术比较落后，出售的大米里混杂着米糠、沙粒、小石头等，买卖双方都是见怪不怪。王永庆则多了一个心眼，每次卖米前都把米中的杂物拣干净，这一额外的服务深受顾客欢迎。王永庆卖米前都把米中的杂物拣干净，他还在一个本子上详细记录了顾客家有多少人、一个月吃多少米、何时送米上门、何时发薪等。算算顾客的米该吃完了，就送米上门；等到顾客发薪的日子，再上门收取米款。他给顾客送米时，并非送到就算。他会帮人家将米倒进米缸里。如果米缸里还有米，他就将旧米倒出来，将米缸刷干净，然后将新米倒进去，将旧米放在上层。这样米就不至于因陈放过久而变质。他这个小小的举动令不少顾客深受感动，铁了心专买他的米。就这样，他的生意越来越好。从一家小米店起步，王永庆最终成为今日台湾工业界的“龙头老大”。

资料来源：http://wenku.baidu.com/view/39b2dd094a7302768e99394c.html

评述　同样是卖米，为什么王永庆能将生意做到这种境界？关键在于他用了心。由此我们更可以看出服务的价值。顾客从其他米店也可以买到米，但从王永庆的米店里买米，会感觉自己的所得是超于产品价值的，这超出的价值便是服务。令人感动的服务绝不仅仅是微笑所能涵盖的，它融合在工作的每个细节里。

8.2.5 服务的规范化策略

服务的规范化是指在服务过程中建立规范并用规范引导、约束服务人员的心态和行为，以保持服务的稳定性。服务规范化主要包括服务理念化和服务标准化两个环节。

1. 服务理念化

服务理念化是指服务机构建立自己的理念并用理念来规范服务人员的心态和行为。公司理念（Mind）是指公司用语言文字向社会公布和传达自身的经营思想、管理哲学和企业文化，主要包括企业宗旨、使命、目标、方针等内容。

服务机构的理念通常借助文字的有形形式向消费者公布和传达服务的有形信息。例如，汉堡王公司的“任你称心享用”、联合航空公司的“你就是主人”等，都生动、形象地表达了各自的营销理念，提高了消费者对其服务产品的信任，同时有利于体现服务特色和企业的内部营销。

 **注意点**

服务机构理念的设计必须注意以下几点。

- 针对性。理念是向社会传达的，因此，应明确受众，要针对受众设计理念。例如，联合航空公司的“你就是主人”就是针对乘客而设计的。
- 继承性。优秀的理念应秉承社会和公司的优良传统。例如，天津劝业场继承这家百年老店的传统，提出“做生意更要做朋友”的服务理念，简朴的话语透露出真切，同时体现出一种厚重的文化渊源。
- 具备个性，特色鲜明。个性是识别优秀理念的灵魂，理念通常是公司创始人或历史上重要人物个性的鲜明写照，同时应体现该服务行业的特色和公司在该行业中的特色。例如，英国西北共同人寿保险公司的理念，既用“最安全”体现了人寿保险业的特色，又以“宁可要质量而不要数量”体现了自己的独到之处。
- 哲理性。简洁、深刻、有一定哲理性的优秀理念能给人带来一种启发和精神上的激励。例如，中国工商银行湖北某分行通过有哲理性的“聚沙成塔，边缘交叉，移花接木，背靠大树，润滑链条，疏渠活水”24 字，就将银行营销活动中的各种辩证关系简洁地表达了出来。

2. 服务标准化

服务标准化是指服务机构系统地建立服务质量标准并用它来规范服务人员的行为。

服务标准化是服务理念化的实现形式，二者之间有着内在的联系。有的实施性较强的服务理念与服务标准区别不大。在实行规范化营销时，应避免重标准而轻理念的现象。因为服务理念是服务标准的灵魂，缺乏理念的服务标准不管制定得如何全面细致，也是冰冷呆板的，而让服务人员执行缺乏灵魂的服务标准，自然难以取得理想的效果。所以，服务营销的开展，既要重视标准化，也要重视理念化，以及二者间的内在关联。

服务标准可以为顾客提供客观依据，便于服务质量管理收集有效的反馈信息，从而有利于改进服务质量的管理。而服务标准又与服务品牌化、服务承诺化密切相关，从而使服务更便于识别。

案例 8-11 德庄火锅的标准化

重庆德庄从一家不起眼的小火锅店通过连锁经营做大做强。今天，它已经是一家集火锅、中餐、食品、物流于一身的集团公司，有大型直营酒楼30余家，全国连锁酒店近400家，2005年排名中国餐饮百强第6位，名列重庆及西南地区餐饮业第一位。中餐要想快速发展，必须实施标准化管理。德庄是重庆第一家搞质量认证的餐饮企业，2001年，德庄按照ISO 9001:2000的要求进行标准化管理。ISO 9001的精髓就是实施科学管理，达到顾客满意。产品标准化是标准化管理的基本要求，但最难的是服务管理程序化、表格化。全公司有数十张表格，每个岗位、每道工序所完成的每个动作，都要在表格上体现出来。例如，清洁工桌子怎么抹，地怎么扫，达到什么要求都有严格的规定。又如，对“德庄毛肚”设置了几十道工序的加工程序，对鸭肠也设置了相应的工业化加工程序。事实证明，德庄导入ISO 9001:2000管理成为标准化战略的核心体系。2004年8月，德庄又通过HACCP食品安全管理控制体系认证，促使产品质量又上了一个新的台阶，为进入国际市场做好了准备。标准化使德庄连锁经营快速扩张，取得了巨大的成功。

评述 中餐标准化是中餐发展壮大走向世界的必经之路。

实用链接：消除服务质量差距的措施

服务营销人员理解的服务标准与顾客期望，对不同场合的不同消费者来说往往是有差异的。如果服务人员不灵活运用标准提供服务，就会使顾客觉得没有得到期望的服务。

消除服务质量差距的措施如表8-4所示。

表 8-4 消除服务质量差距的措施

服务质量差距	消除差距的措施
顾客期望与管理者认识的顾客期望的差距	进行市场调查，收集顾客有关信息数据，管理者与顾客直接接触，了解顾客期望 管理者主动与一线员工面对面沟通，鼓励员工与顾客直接联系，保持信息传递渠道的通畅 服务组织结构应尽量扁平化，以减少上下沟通的环节

续表

服务质量差距	消除差距的措施
管理者对期望的认识与服务质量标准的差距	分析顾客期望的可行性，在确定顾客的需求期望重点之后设置或修改服务质量标准 根据企业特点制定服务质量标准，对重复性的、非技术性的服务实施标准化
服务质量标准与实际传递服务的差距	加强员工培训，使员工具备胜任本职工作的能力和合作精神 建立有效的监督控制体系 为员工提供培训和必要的信息，避免员工在企业和顾客之间产生角色矛盾
提供服务与外部沟通之间的差距	搞好服务的有形展示 企业广告和营销人员的宣传要与实际相符 不要过度承诺和隐瞒信息 不惜代价兑现承诺
实际传递服务与顾客感受的差距	加强企业内部门之间、员工之间的信息沟通和相互合作，以实现企业的整体目标 注重提供个性化服务

8.2.6　服务的差异化策略

服务的易变性为服务营销创造了有利的一面。服务（产品）作为人的活动，具有易变性，这要求服务业应比制造业具备更强的“以变应变”能力，即适应市场环境和顾客需求变化的能力，只有这样才能适应市场营销的需要。为利用服务易变性的有利一面，服务营销应采取差异化策略，其具体表现为服务多样化和服务特色化。

1．服务多样化

服务多样化是指服务机构或服务人员针对不同的顾客或同一顾客不同的需要提供不同的服务。不同的顾客或顾客群（细分市场）对服务的不同需求，是采取服务多样化策略的一个成因。此外，市场需要的多层次化也是采取服务多样化策略的一个原因，因为同一顾客对一家服务机构的服务也有多种不同层次的需要。

案例 8-12　女性餐饮市场

越来越多的妇女走上了社交舞台，在餐桌的应酬场合，也有女性频频光顾。有眼光的餐馆、饭店开始将注意力转向女性。在上海餐饮市场，率先瞄准女士的是“沈记靓汤”。该店公开挂牌“男汤”、“女汤”，所谓的“女汤”口味清淡，并注明有“明目养颜”、“清热解毒”功能，由此引来众多回头女客。上海“南华火锅楼”宾客盈门，其原因在于推出了迎合女士饮食习惯的女士火锅。除此之外，在上海许多餐馆、饭店还能喝到一种极淡的带有苹果味的女士啤酒，叫“茜得尔”女士啤酒，这种女士啤酒在欧洲大陆已风靡多时，被引进上海餐饮市场后，受到职业女性的普遍欢迎。“女士风”的吹起，说明上海餐饮界已经在进行市场的性别细分了，同时说明餐饮服务呈现出了一种多样化的发展趋势。

➘ **评述** 不同顾客的多层次需求，需要市场能提供多样化的服务来满足这种需求，谁先迎合了顾客，谁就抢占了市场先机。

---

2. 服务特色化

服务特色化是指服务机构或人员向顾客提供独特的、体现自己个性的服务，主要包括以下几方面的内容。

（1）**专业特色。**例如，上海图书公司开设的上海图书城设计书店，就体现了广告、时装、室内装潢、建筑、工艺美术和装饰品等与设计密切相关的专业特色。该店汇集了1 500余种设计类专业图书，形成了“专书专卖”的服务特色，深受专业读者的欢迎。

（2）**交叉特色。**不同的行业交叉打造独特的服务特色。例如，上海宝山区的工业旅游，将旅游与参观“宝钢”相“交叉”，也颇具特色。

（3）**传统特色。**例如，有120多年历史的上海豫园“老饭店”，始终坚持以上海本帮菜的服务特色招揽顾客。

（4）**环境特色。**例如，智利首都圣地亚哥造型别致的双蜗牛商场，利用该商场“两只蜗牛”的特色建筑设计，使顾客在购物过程中不知不觉穿行于底层与顶层之间，顾客不必走回头路，便于流通，科学又实用，而且建筑形式新颖、独特，给人留下难以磨灭的愉悦感受。

（5）**顾客特色。**顾客特色源自目标市场的细分与定位。如《希望》、《青春》、《少女》等众多时尚期刊都以服务青少年读者为主，以确定其在该细分市场的特色定位，促使营销目标得以实现。

（6）**人员特色。**利用服务员工的共有特点来树立服务的特色。例如，清一色的男性服务生成为上海某食府鲜明的服务特色，以此与其他同类竞争对手相区别。

（7）**活动特色。**活动特色的优点是有较高的促销价值，可以摆脱价格战的困扰。例如，广州晓港公园极富特色的“婚礼公园”主题，使其在广州的公园中独树一帜而深入人心。公园里设有举办中、西式婚礼活动所需的草坪、中式花园、欧式花园、教堂区、总统套房、婚纱影城等特色设施以招揽游客。

（8）**地域特色。**地域特色的优点在于特色鲜明，且具一定的历史文化内涵，易于表现。

它常与传统特色联系紧密。例如，上海“老饭店”的本帮菜特色，既可以说是传统特色，又可以说是地域特色。

案例 8-13　巨鲸肚黑暗餐厅“创意社交”受宠

巨鲸肚黑暗餐厅创办于 2006 年，是一家以都市年轻时尚群体为主要客户群的另类特色餐饮连锁品牌，2007 年年初被《财富》杂志评为 2007 年度中国酷公司，并荣登当月《财富》中文版封面。巨鲸肚的商业模式起源于自 1999 年起便风靡欧美的“盲人餐厅”。在入口处设有吧台，顾客可以在这里点选套餐和饮料。吧台旁边是类似超市的存包处，顾客要将所有能够发光的物体，包括手表、手机等寄存；之后将手搭在服务员肩上，听他说“欢迎来到黑暗餐厅，没有距离的世界”；然后眼前就突然一片漆黑，由佩戴夜视镜的服务生带领走过黑暗走廊，进入一片漆黑的餐区用餐。巨鲸肚黑暗餐厅独特的商业模式、完全黑暗的就餐环境，加上各种主题的派对活动，独创了“创意社交”的餐厅理念，满足了顾客对体验式餐厅的需求。2006 年平安夜，第一家巨鲸肚黑暗餐厅在北京建外 SOHO 正式营业。这家餐厅营造了比“伸手不见五指”更黑的特色就餐环境，在带给顾客新奇而刺激的就餐体验的同时，巨鲸肚黑暗餐厅迅速成为北京时尚人群栖息地。

➘ **评述**　服务特色化可使企业标新立异，给目标顾客与众不同的体验，以此招揽目标顾客群，实现营销目标。

8.2.7　服务的可调化策略

服务的可调化，是指服务机构通过对服务时间、服务地点的调整和对服务供求的调节来克服不能用服务储存来平衡供求矛盾的困难。服务的可调化策略重点表现在服务时间可调化和服务地点可调化两个环节。

1. 服务时间可调化

服务时间可调化，是指服务机构通过对服务时间的调整来满足服务需求和平衡服务供求的矛盾。服务时间可调化策略常表现为延长和调整服务营业时间、提供预约服务等。

案例 8-14　永和豆浆的“时间之道”

在北京王府井大街上，有一家“四海永和豆浆大王”快餐店，敢于和这条繁华大街上的麦当劳和肯德基竞争。其竞争优势，除了来自中国台湾的中华传统饮食文化的感召力和相对低廉的价格外，主要在于它是这条街上第一家 24 小时营业的快餐店。这家店研究发现，王府井地区的夜间消费潜力还是很大的，不要说附近的东华门夜市、香港美食城等会将客流持续到深夜，仅在附近大饭店娱乐消费的当地客人和下夜班的饭店员工，也会形成很大的需求量。另外，“24小时营业”本身又是所有“永和豆浆”店的一个特色，这种特色使“永和豆浆”在倡导休闲文化方面具有了某种号召力。现在，夜里拿本小说在店里坐上半天的客人、点上几样小吃与恋人对坐到天亮的客人等，在“永和豆浆”店屡见不鲜。“永和豆浆”的“24小时营业”正在改变北方居民的消费习惯。

➘ **评述** 市场有哪方面的服务需求，满足这种需求的服务就会应运而生，从而达到供求平衡。

2．服务地点可调化

服务地点可调化，是指服务机构通过对服务地点的调整来满足服务需求和平衡服务供求的矛盾。服务地点的调整，主要包括多地点服务、流动服务、跨区布点和服务品牌输出等方式。

8.2.8 服务的效率化策略

服务效率化，主要表现为服务时效化、服务多功能化。服务时效化是提高服务的时间效率，而服务多功能化则是提高服务的空间效率。

1．服务时效化

服务时效化，是指服务机构充分利用服务的时间资源提高服务的时间效率。它有利于捕捉服务机会和实现服务增值，从而提高服务质量。

案例8-15 联邦快递的服务时效化

全球最大的速递运输公司联邦快递以及时性、准确性和可信赖性为原则提供航空快递服务，它可以把包裹邮件“绝对肯定地隔夜送达”世界任何地方。该公司已实现了下述各项服务：客户可通过网络直接进行邮寄手续的办理，快递公司的员工在最短的时间内上门取货，让客户足不出户也能寄送包裹；货物准确送达客户手中的时间精确至分钟；从北京办理货物运送手续起至送达美国客户手中，时间仅为两天；实现信息共享，为合作伙伴提供的系统环境和服务器，可让每个合作伙伴随时跟踪货物运行状态、地点等情况。

➘ **评述** 高效率的服务是企业快速发展的助推器，联邦快递的服务时效就是很好的例证。

2．服务多功能化

服务多功能化，是指同一家服务机构对同一个（同一群）顾客提供多种不同但相互关联的服务，以便提高机构的服务效率或顾客服务消费的效率。例如，北京金源新燕莎 Mall 就是一种集购物、餐饮、住宿、休闲、娱乐和观光旅游为一体的“一站式”消费场所，服务的多功能化为快节奏的现代都市人节约了时间，提高了服务效率，倡导了一种时尚的生活方式。

8.2.9　顾客满意化策略

顾客满意是指顾客对一件产品或服务满足其需要的绩效与其期望进行比较所形成的感觉状态，实现顾客满意的重点在于提高顾客满意度。服务营销的最终目标就是提高顾客满意度，追求顾客忠诚。要想提高顾客满意度，需做到以下几点。

1. 塑造“以客为尊”的经营理念

“以客为尊”的服务经营理念，是服务顾客最基本的动力，同时它又可引导决策，联结公司所有的部门共同向着顾客满意的目标奋斗。例如，美国新港造船和码头公司的创办人杭亭顿之所以成为市场的大赢家，就是因为他深刻认识到一个重要的事实：“以客为尊”才是一家公司欣欣向荣的基本要素。而麦当劳成功的要素也是它始终重视顾客，千方百计让顾客满意，它的整体价值观念是质量、服务、卫生和价值。

2. 开发令顾客满意的产品

顾客满意策略要求企业的全部经营活动都要以满足顾客的需要为出发点，把顾客需求作为企业开发产品的源头。所以企业必须熟悉顾客，了解用户，要调查他们现实和潜在的需求，分析他们购买的动机和行为、能力、水平，研究他们的消费传统和习惯、兴趣和爱好。只有这样，企业才能科学地顺应顾客的需求走向，最终确定产品的开发方向。

3. 提供令顾客满意的服务

热情、真诚为顾客着想的服务能换来顾客的满意，所以企业要不断完善服务系统，以便以顾客为原则，用产品具有的魅力和一切为顾客着想的体贴去感动顾客。售后服务是生产者接近消费者的直接途径，它比通过发布市场调查问卷来倾听消费者呼声的方法要有效得多。由此不难看出，今后企业的行为必须以“消费者满意”为焦点。

4. 耐心地倾听顾客的意见

顾客是企业的生存之本，只有耐心倾听顾客的意见，才能最大限度地满足顾客的需求，让顾客满意。这是改善服务、提高顾客满意度的一条捷径。

本章要点

- 服务营销策划可以理解为针对服务业的营销策划活动。它具有以提供无形服务为目标、以顾客为核心、注重服务质量的整体控制等特点。
- 服务策划的主要内容包括服务产品策划、服务价格策划、服务渠道策划、服务促销策划和服务人员策划。
- 提高顾客的感知服务质量，实现顾客满意，关键在于强化服务的有形化、技巧化、可分化、关系化、规范化和差异化等策略。
- 顾客是服务营销策划之本，耐心倾听顾客意见，认真处理顾客抱怨是提高顾客满意度的一条捷径。

练习题

（1）回想你所去过的餐馆、超市等场所所接受的服务，说明服务都有哪些特点？

（2）和一般实体产品相比，服务营销有怎样的特点？

（3）服务营销策划的内容是否遵循 4P？还应当补充什么样的内容？

（4）奔驰轿车优质的服务让其享誉世界，为其带来了巨大的成功，收集相关资料，对其服务营销策划进行评价。

实训项目：服务营销策划的策略与方法

【实训目标】

（1）加深对服务营销的理解；

（2）培养服务营销策划能力；

（3）增加实践经验。

【实训内容与方法】

（1）认真研读教材上有关服务营销策划的策略与方法，对其内容能够了解并能一一列出。

（2）利用课余时间实地调查一家服务型企业，了解其服务营销的做法。

（3）运用学过的内容，对上述被调查企业采用的服务营销策划的策略与方法进行分析与评价，找出优点与不足。

（4）针对上述情况编制一份新的服务营销策划方案。

（5）将你的信息反馈给公司，让公司对你的策划进行评价。

（6）全班进行心得交流。

经典案例赏析

向星巴克学习优质服务

“星巴克正用咖啡毒害这个世界。”美国《商业周刊》这样写道。的确，星巴克的增长速度让人们不可思议。在全球各地，星巴克一周销售 4 000 多万杯咖啡饮料，每月销售差不多2亿杯，按每杯3美元算，咖啡销售每月就达6亿美元销售额。星巴克凭借自己独特的经营理念和咖啡哲学建立品牌价值，当仁不让地成为服务业品牌的标杆范例。

1．以顾客为本

优秀的顾客服务应该具备情感性。星巴克在对顾客进行细分的基础上，将咖啡产品的生产系列化和组合化，根据不同的口味提供不同的产品，实现一种“专门定制式”的“一对一”服务，真正做到真心实意为顾客着想。星巴克还将咖啡豆按照风味分类，让顾客可以按照自己的口味挑选喜爱的咖啡。口感较轻且活泼、香味诱人，并且能让人精神振奋的是“活泼的风味”；口感圆润、香味均衡、质地滑顺、醇度饱满的是“浓郁的风味”；具有独特香味、吸引力强的是“粗犷的风格”。这种对产品的“深加工”，从根本上提高了产品的附加值，使顾客对咖啡的体验成为有源之水、有本之木。

2．互动式服务

星巴克深知每个进入店中的顾客都是最直接的消费者，应该努力使之成为常客，为此，星巴克对其服务人员进行了深度的培训，使每个员工都成为咖啡方面的专家，就这样开始了和顾客的深度互动。工作人员可以和顾客一起探讨有关咖啡的各类知识，包括种植、挑选、品尝，还讨论有关咖啡的文化甚至奇闻逸事，回答顾客的各种询问，使顾客逐渐有了这样一种感觉：除服务和环境氛围之外，还可以得到很多有关咖啡方面的经验，并以此为据向自己的朋友和家人讲述。而服务人员也可以借此机会把从顾客身上了解到的兴趣爱好、问题反映给公司，从而使公司得到最准确的资料，以更有效地制定销售策略。这种互动使得双方的关系更加密切。不仅如此，星巴克在与顾客的互动上还具有独到之处。例如，星巴克的柜台一定摆放在离门口不远的地方。星巴克要求员工：当顾客进店，吧台服务员再怎么忙，都要回头与顾客眼神接触，笑着说欢迎光临。一些星巴克分店还在放糖、牛奶的吧台上，放一张让顾客提意见的信函。上面写着“让我们做得更好”。只要顾客回函，星巴克都一一给予答复，并记录在案，且适时邀请他们参加公司组织的活动。星巴克建立了熟客俱乐部，主要吸引自发加入的会员。星巴克与这些会员大部分是通过网络沟通的，会员每月会收到星巴克寄送的资料。

3．自助式服务

星巴克十分强调自由风格，因此它采用的是自助式的经营方式，顾客在柜台点完餐后，可以先去找个位置稍加休息，也可以到旁边的等候区观看店员调制咖啡，等顾客听到服务生喊自己点的东西后，就可以满怀喜悦地去端取。在用品区有各式各样的调味品，如奶糖、奶精、肉桂粉，以及一些餐具，可以自行拿取。自助服务让消费者摆脱了长长的等候队伍，减少了等候时间，并给了他们更多的控制权。让星巴克如此吸引人的正是这份自由的体验。

4．顾客关系

星巴克认为他们的产品不单是咖啡，而且是咖啡店的体验，而体验与人有密切关系，所以星巴克把顾客关系当成公司的一种资产，与顾客建立良好的关系成了星巴克战略的核心部分。

星巴克完善的顾客关系管理体现在以下几个方面。

一是星巴克特别重视在咖啡店中同顾客的交流，特别重要的是咖啡生同顾客之间的沟通。每个咖啡生都要接受24小时培训——顾客服务、基本销售技巧、咖啡基本知识、咖啡的制作技巧。咖啡生需能够预感顾客的需求，在耐心解释咖啡的不同口感、香味的时候，大胆地进行眼神接触。

二是顾客在星巴克消费的时候，收银员除了品名、价格以外，还要在收银机键入顾客的性别和年龄段，否则收银机就打不开。所以公司可以很快知道顾客消费的时间、消费了什么、金额多少、顾客的性别和年龄段等。除此之外，公司每年还会请专业公司做市场调查。星巴克的“熟客俱乐部”，除了固定通过电子邮件发新闻信，还可以通过手机发短信，或者让顾客在网络上下载游戏，一旦过关可以获得优惠券，很多消费者将这样的信息转寄给其他朋友，产生一传十、十传百的效应。星巴克也通过征求顾客的意见，加强了与顾客的关系。

资料来源：《经济导刊》，2007年第6期

思考讨论题

（1）星巴克的优质服务体现在哪些方面？

（2）星巴克是如何策划服务营销、赢得顾客认同的？

（3）面对激烈的竞争和复杂多变的环境，你认为星巴克是靠什么维系顾客的？

CHAPTER 9

第 9 章　企业形象策划

“形象是本，策划是魂。”

——佚名

学习目标

- ☑ 定义企业形象和 CI
- ☑ 解释企业形象与 CI 的关系
- ☑ 描述企业 CI 导入策略
- ☑ 描述 MI、BI 和 VI 策略

关键词：企业形象，CI，MI，BI，VI

9.1　企业形象策划概述

在同质化竞争的今天，面对同类产品，顾客往往很难选择，这时企业在社会公众心目中的形象好坏就成为影响消费者选择的至关重要的因素。企业信誉好、知名度高，消费者对它的产品就会有认同感，这样的企业才能在激烈的市场竞争中赢得优势。因此，重视企业形象塑造、制定企业形象战略已经成为企业经营管理的重要内容。企业形象策划是策划理论在企业形象塑造活动过程中的具体运用，它是营销策划的一个重要组成部分。

9.1.1　企业形象与 CI

1．企业形象与企业形象策划

从心理学的角度看，形象是人们通过视觉、听觉、触觉、味觉等各种感觉器官在大脑中形成的关于某种事物的整体印象，简言之是知觉，即各种感觉的再现。形象不是事物本身，而是人们对事物的感知，不同的人对同一事物的感知不会完全相同，因而其正确性受到人的意识、认知过程及所处环境的影响。由于意识具有主观能动性，因此事物在人们头脑中形成的不同形象会对人的行为产生不同的影响。

企业形象是企业内外对企业的整体感觉、印象和认知，是企业状况的综合反映。它是企业在与社会公众（包括企业员工）通过传播媒介或其他接触的过程中形成的，其形成机制包括公众印象、公众态度和公众舆论 3 个层次（见图 9-1）。

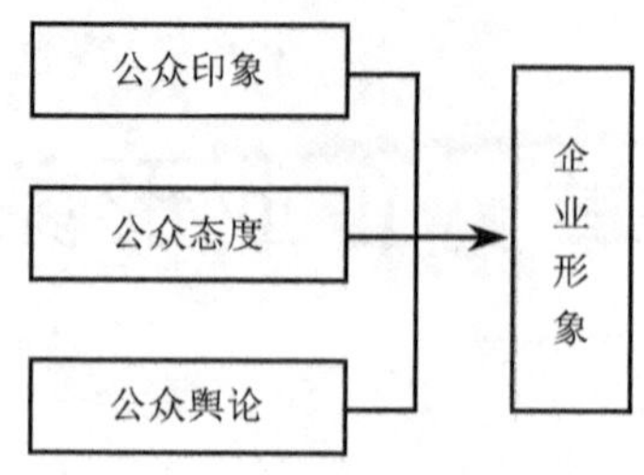

图 9-1 企业形象的形成机制

企业形象策划，是指以分析预测为基础，以形象目标的确定和形象定位为重点，确定企业形象塑造活动的战略和策略，并制定最佳计划方案的过程。其内涵可以从以下几方面来理解。

（1）**企业形象的策划者通常由具体操作者、组织指挥者、专家3部分组成。**

（2）**企业形象策划的基础是分析预测。**这就是说，对企业形象进行科学的策划，必须以对环境的调查研究分析为依据，并对可能达到的结果做出预测。企业形象策划的分析预测包括企业形象分析、企业能力分析、企业环境分析等。企业形象策划是企业形象塑造活动的一个阶段、一个方面，所以，离开了分析预测，就不可能有企业形象策划。

（3）**企业形象策划的重点是企业形象目标的确定和形象定位。**所谓企业形象定位，是指通过形象调查得到的数据分析，确定企业在公众心目中的实际位置。只有实现正确的企业形象定位，才能进一步明确企业的形象目标，制定塑造企业形象的战略、策略和计划方案。

（4）**企业形象策划应包含战略、策略及计划方案等内容。**企业形象是社会公众对企业的总的看法和评价。从企业的形象地位和形象要素看，企业形象是企业的总体形象和特殊形象的统一，因此，需要从战略高度制定具体策略和实施计划，以及后序的一系列活动。

2．CI的含义

CI理论诞生半个世纪以来，各专家学者对其分别有不同的理解和研究侧重点，因而对CI的定义或解释不尽相同。

CI是英文Corporate Identity的缩写。Corporate是指一个单位、一个团体、一个企业。Identity则有如下两层含义：一是指主体的识别性，指主体有别于其他同类的个性化特征；二是指主体的个性化特征要有完备的统一性，共同表达主体的识别性。可见，其基本意义是识别。因此，在大多数场合，CI被译为“企业识别”。

所谓企业识别，就是一个企业借助直观的标示符号和内在的理念等证明自身主体性与内在统一性的传播活动，其显著的特点是统一性和差异性。正如日本学者山田理英所说：“从主体性的观点来看，Identity就是‘我是谁’的疑问和解答；从统一性的立场来看，Identity

是企业自身某些事物的共通性。”

CIS 即英文 Corporate Identity System 的缩写，一般译为企业识别系统、企业形象战略，这是日本赋予 CI 的新解释。CIS 战略的出现，使企业差别化战略摆脱了单纯依赖视觉差别设计的情况，成为企业整体的、全方位的、系统的经营战略。

在我国，目前还没有一个关于 CI 的标准译法，为了避免混乱，本书仍直接使用英文缩写 CI 或 CIS。

CI 是随着社会的进步和发展而逐步成长起来的概念。CI 的最初表征是：设计与展示一套区别于其他企业，体现企业自身个性特征的标识系统，以突出企业形象，并借以在市场竞争中取胜。

随着时代的发展，CI 也经历了长期的发展与变革，但它始终围绕“为企业解决问题”这一核心理念在运动，它解决问题的方式就是不断变革，创造新的企业形象以改善和推进企业与社会、自然的关系，并以此推动社会发展，维护企业、社会、自然的动态平衡。因此，CI 战略的根基始终放在企业自身形象的设计与开发上，所以日本的加藤邦宏说：“CI 就是对企业整体进行设计的工作，以企业整体的活动作为设计对象，使企业本身、个性的表现合乎时代潮流。”从这种立场出发，加藤邦宏认为：“为了形成企业的形象而以设计开发为中心的活动才是所谓的 CI。”

综上所述，我们认为：CI 是将企业的经营理念和个性特征，通过统一的视觉识别和行为规范系统，加以整合传达，使社会公众产生一致的认同感与价值观，从而达成建立鲜明的企业形象和品牌形象、提高产品市场竞争力、创造企业最佳经营环境这一目标的一种现代企业经营战略。

3. 企业形象与 CI 的关系

企业导入 CI 的目的是塑造良好的企业形象，然而 CI 与企业形象分属于两个不同的概念。

CI 设计的起点是将构成企业形象的要素转化成统一的识别系统，然后借助信息传达将其准确、清晰地展示在公众面前，在信息传送者和接受者之间反复的相互作用过程（信息传递与信息回馈）中形成符合 CI 设计的企业形象。由此可见，“企业形象”既是 CI 的出发点，也是 CI 达成的目标。具体来讲，二者之间的关系可以概括为如下两个方面。

（1）**CI 并不等同于企业形象。**

1）概念不同。CI 与企业形象的概念在英文中的表述不同。企业形象的英文是 Corporate Image。CI 是英文 Corporate Identity 的缩写，汉语的译法是企业识别。

2）内涵不同。企业形象是指社会公众和企业职工对企业的整体印象和评价，也是企业的表现和特征在公众心目中的反映，这种印象和评价是公众综合认识的结果。而 CI 则是传达、塑造企业形象的工具与手段，是塑造企业形象的方式、途径。

3）构成要素不同。企业形象要素体现于产品形象、环境形象、职工形象、企业家形象、公共关系形象、社会形象、总体形象之中，也就是说，企业形象是由上述形象要素组成的。而企业识别系统要素则由理念识别（Mind Identity，MI）、行为识别（Behavior Identity，BI）和视觉识别（Visual Identity，VI）构成，显然比企业形象具有更丰富的内涵。

CI是企业在行业结构和社会结构中的特定地位或个性化特征，它是通过不同的传播方式方法使公众心目中对企业产生认同或共有价值观的结果。

（2）**CI是塑造企业形象的重要手段。**由于公众印象与企业形象之间的不一致而造成了企业形象的不稳定，甚至出现企业形象的扭曲和颠倒，因此，企业有必要利用CI的整合功能，使企业形象得以矫正和提升。

CI是塑造企业形象最为快速、最为便捷的方式和手段，但它并不是一种万能的形象手段，更不是企业经营本身。CI侧重企业的传播，与营销、公关、广告相比，CI更具有系统性、整体性。

综上所述，我们可以清楚地了解CI的基本含义，其本质是一种以塑造企业（或其他组织）形象为目标的组织传播行为。所以，应该说CI的最终目的就是不断地推进和开创企业新形象，它是企业形象策划的重要手段。

实用链接：企业CIS的3种境界

- 新姿绰约，别具一格。这是企业成功开发CIS的最初境界。这样的企业偏重于VIS设计，MIS和BIS尚处于初级阶段。它们致力于对自身新形象的宣传，给社会公众带来新气象，显示了企业的发展活力和起色，给人耳目一新的感觉。
- 左右逢源，独擅风流。这是企业成功开发CIS的中级境界。在此状态下，企业完成了VIS的对外宣传而偏重于BIS的策划和实施，企业通过真心实意为社会及公众服务的重大举措的实施，扩大了知名度，提高了信任感，赢得了社会的支持、认同和欢迎。
- 桃李不言，下自成蹊。这是企业成功地开发CIS的目标境界。企业的CIS及其3个构成部分均已定型，企业的美好形象牢牢地矗立在市场上，企业已拥有大量的忠诚者，盛名之下趋之若鹜。

这3种境界是循序渐进的。企业形象策划的目的就是促进企业从表面引入深层，从形式导向实质，从设计推向实施，从投入驱向产出，使企业不仅以全新的面貌自立于市场，而且以骄人的业绩奉献给社会。

9.1.2　企业形象策划的原则

企业形象管理工作是否有效，在很大程度上取决于策划的成败。因此，企业有关人员在进行企业形象策划时，不可随心所欲，应遵循以下一些基本原则。

1．全方位推进原则

企业形象策划，导入 CI 战略，是涉及企业各方面的一件大事。因此，企业形象设计必须从企业内外环境、内容结构、组织实施、传播媒介和是否符合企业发展战略等方面加以综合考虑，MI、BI、VI 并重，具体措施合理配套，全面地贯彻落实，这就是全方位推进原则。

2．以公众为中心原则

许多企业奉行"顾客至上"原则，这是意识到了产品和服务的对象即消费者对企业生存发展起决定性作用。在企业形象策划时，也要讲"以公众为中心"，这是基于公众对企业形象的决定性作用。在 CI 的设计过程中要进行准确的公众定位，努力满足公众的需求。

公众的主体是现实和潜在的消费者，这些消费者包括自然人、政府采购部门、供应商、经销商等。是否充分体现公众利益，为消费者着想，是否充分地发掘了需求，是市场营销策划能否成功的关键。因此，坚持以消费者为中心的公众性原则是市场营销策划原则中非常核心的一环。其首先要了解公众需求；其次要发掘公众需求；最后必须满足公众需求，同时不能欺骗消费者。

3．实事求是原则

实事求是原则就是要显示改善不足的诚意，拿出解决问题的措施，树立一个真实可信的企业形象。这在 CI 设计中是非常重要的，做得不好很有可能造成严重的后果。

4．求异创新原则

求异创新就是塑造独特的企业文化和个性鲜明的企业形象。个性是企业文化的生命力，个性特色是企业形象存在的价值。因此，建设独具个性的企业文化，进而塑造与众不同、特色鲜明的企业形象，是对 CI 设计的基本要求。

5．两个效益兼顾原则

企业作为社会经济组织，应做到经济效益与社会效益兼顾。这是企业一切活动都必须遵循的原则，同时应在 CI 设计中得到充分体现。

9.1.3 企业形象策划的基本内容

企业形象的组成因素虽然繁杂，但可将其归纳为 3 个层次，即理念形象、行为形象和视觉形象，如图 9-2 所示。

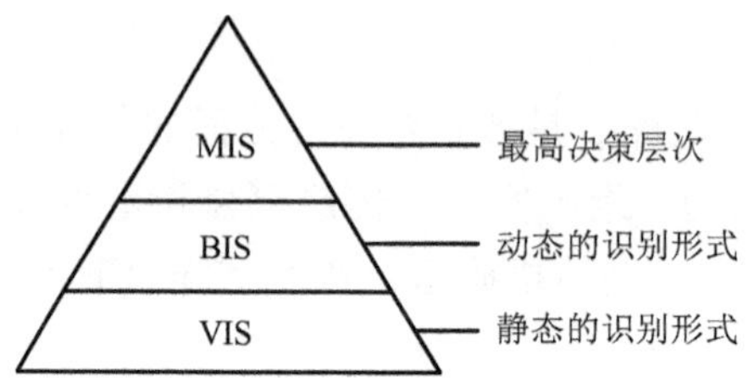

图 9-2 企业形象的内涵

在企业形象的 3 个子系统中，理念形象是最深层次、最核心、最为重要的部分，它决定行为形象和视觉形象；而视觉形象是最外在、最易表现的部分，它和行为形象都是理念形象的载体和外化；行为形象则介于上述两者之间，它是理念形象的延伸和载体，又是视觉形象的条件和基础。如果将企业形象比做一个人的话，那么理念形象就好比他的头脑，行为形象是其四肢，视觉形象则是其面容和体形。

1. 企业理念形象

企业理念形象通常由企业通过对内外部的形象调查、市场调研、产品分析、经营实绩的分析来确定，是由企业哲学、宗旨、精神、发展目标、经营战略等理念因素构成的企业形象子系统。MIS 的内涵如图 9-3 所示。

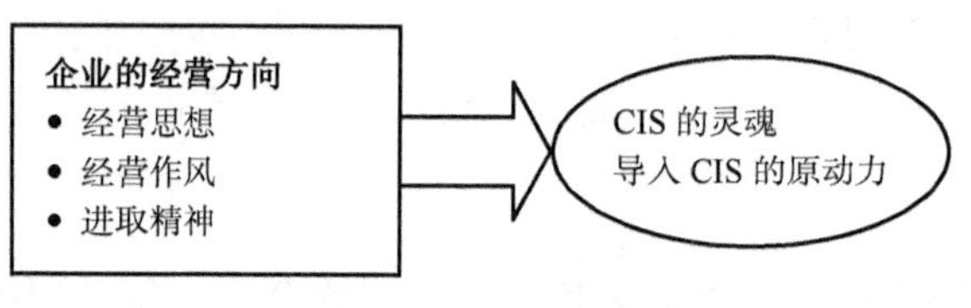

图 9-3 MIS 的内涵

2. 企业行为形象

企业行为形象是由企业组织及组织成员在对内和对外的生产经营管理及非生产经营性活动中表现出来的员工素质、企业制度、行为规范等因素构成的企业形象子系统。对内行为包括员工招聘、培训、管理、考核、奖惩，各项管理制度、责任制度的制定和执行等；对外行为包括采购、销售、广告、金融、公益等公共关系活动。BIS 的内涵如表 9-1 所示。

表 9-1　BIS 的内涵

对内行为	对外行为
管理者教育	市场调查
员工教育	产品开发
服务态度	公共关系
接待技巧	促销活动
作业精神	流通对策
生活福利	代理商对策
工作环境	股市对策
内部营销	金融业对策
生产设备	公益性活动
公害对策	文化性活动
发展研究	

3．企业视觉形象

企业视觉形象是由企业的基本标识及应用标识、产品外观包装、厂容厂貌等构成的企业形象子系统。其中，基本标识是指企业名称、标志、商标、标准字、标准色；应用标识指象征图案、旗帜、服装、口号、招牌、吉祥物等；厂容厂貌指企业自然环境、店铺、橱窗、办公室、车间及其设计和布置。上述这些要素组成企业独特的视觉识别手段，可将企业信息向外界传达，从而树立企业的良好形象。VIS 包括基本要素系统和应用要素系统，其内涵如表 9-2 所示。

表 9-2　VIS 的内涵

基本要素	应用要素
企业名称	建筑外观、橱窗
企业造型、象征图案	招牌、旗帜、标志牌
企业品牌标志	事务用品
企业品牌标准字体	办公用品
企业专用印刷字体	员工制服
企业标准色	交通工具
企业宣传标语	包装用品
广告用语	广告制作
市场营销说明书	

9.2 企业形象策划的策略与方法

企业形象策划对成功地塑造企业形象起着十分关键的作用，如果没有一个科学、完整的策划方案做向导，企业形象设计将会偏离企业的经营宗旨。企业形象策划的过程，是企业在充分调查研究的基础上对企业的形象目标、具体活动项目及实际操作进行谋划或设计的过程，是企业形象塑造的必经环节。为了更加有效地塑造企业形象，有必要了解和掌握企业形象策划的一些基本策略和方法。

9.2.1 CI 导入策略

1．导入 CI 的前期工作

CI 导入的前期准备工作主要包括 CI 目标的设定、CI 导入动机的明确、组织机构的设置和保障 CI 导入的顺利实施几个部分。

（1）**CI 目标的设定。**CI 目标的设定直接影响 CI 导入计划的制定，为避免“专家”的主观臆断或直觉判断，CI 目标设定可遵循以下 4 个步骤，以发现、确认具体问题和目标。

1）现状整合和设计标准化。不必改变原本象征其企业设计的基本要素，而以整合现状及导入标准化系统为目的进行 CI 开发。在原有标志不变的基础上，进行视觉形象整合和理念系统的建立与开发，并在原有标准化管理基础下，实施行为规范，以取得明显效果。

2）对当前使用的企业标志或标准字体等基本设计要素，勇于修正，以适应新环境的需要。同时，在视觉识别应用要素的开发中要做到系统、规范、科学和富有冲击力，其工作重点主要集中在 VI 方面。

3）导入企业信息传达系统。在本阶段，CI 导入要从企业全局出发，注重企业信息传达战略、标志战略和前卫性设计等。简言之，就是通过 CI 导入，有组织地创造企业适应高度发达的信息化时代的“企业信息价值”。

4）导入文化战略程序。通常情况下，企业视其为经济组织，并以这种观念为标准来思考和评价自己的行为。

上述 4 个步骤，是从 CI 理论的角度设定的一般规则，每个企业导入 CI 的具体情况不同，所以企业应从实际情况出发设定 CI 目标。例如，新兴的企业可以从创业之初就导入 CI，以全新的形象设计出现，令人耳目一新，很快建立起企业形象与品牌；而老的国有大中型企业，则适宜用革新调整的方式导入形象战略目标。

（2）**确定 CI 导入的时机。**纵观目前大多数企业导入 CI 的情况，大致可归纳为以下几种。

1）新公司成立。新的公司成立，初步进入市场，需要传达给消费者一个全新的整体形象，从而可以吸引消费者的“眼球”。此时，是导入 CI 的最佳时机。

2）新领导上任。企业新领导（新班子）上任之时，为了让干部及员工服从新的领导层，请企业外脑 CI 专家来导入 CI，统一思想，整合企业的价值观念，重塑企业形象，以利将来企业新领导的统一指挥。

3）体制改革、完善与发展。企业科学管理、企业 ISO 质量体系认证、企业品牌战略，均需另请专门机构协助企业展开，这也是目前不少企业迫切需要解决的问题。如果企业进行了管理体制改革、ISO 质量体系认证，若再迅速补上 CI 战略这一块，则可使企业持续发展充满活力，从而增强整体竞争力。

4）经营多角化。企业出现多角化的经营，或者企业厂房等硬件有了很大的改变，原有的形象识别系统明显落后及不足。为协调各子公司、各部门或新合并公司的关系，使它们归属于统一的规范之下，只有进行 CI 的新整合，才能适应企业新形势下的发展需求。

5）新产品上市。新产品、新品牌推出市场，当务之急是建立品牌形象，因为广告是产品的包装，CI 是广告的基础。品牌后面有 CI，有 CI 基础的广告才是有质量、有品牌效应的广告。

6）重塑企业形象。企业如果以前已导入 CI，现在因企业的迅猛发展及经营环境发生了很大的变化，在新形势下，CI 需重新整合，部分应用内容需重新策划设计，以跟上新时代发展的步伐。或者企业过去曾导入 CI 中的 VI 工程，但根据目前状况，再增补导入 CI 中的 MI 工程，以重塑企业思想及企业文化。

（3）**CI 机构设置。**CI 的成功导入离不开强有力的组织结构做保障，一般情况下，CI 机构由 CI 委员会、CI 执行小组、内部员工和专业 CI 公司等组成（见图 9-4）。其中，CI 委员会是企业 CI 导入的决策机构，它由 CI 导入企业的主要负责人和 CI 专家共同组成。CI 执行小组是隶属于 CI 委员会的一个具体从事 CI 策划、设计与导入推广工作的专门机构。CI 委员会负责 CI 设计的大政方针、信息提供和后勤保障，CI 执行小组则专司 CI 导入的具体工作。

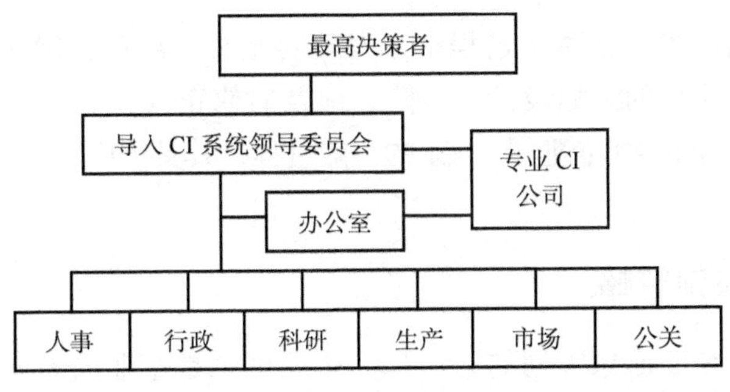

图 9-4 CI 的组织机构

（4）**聘请专业 CI 公司。**由于 CI 导入工作浩繁、负担沉重及技术要求高，因此，有必要聘请专业性的企业识别设计公司进行策划设计，让其主要负责：导入计划的安排与制定；企业识别系统的管理方法；对企业内部员工的调查，特别是对决策层的调查；视觉识别基本项目要素和部分应用项目要素的设计与开发。

2．导入 CI 的基本程序

（1）**前期准备。**以公司最高负责人为中心的筹备委员会，先拟订 CI 计划，明确公司必须施行 CI 计划的理由，了解 CI 施行的意义和目的。然后，决定 CI 计划的大概范围，是只改变企业标志等视觉要素，还是要彻底、重新改变整个企业理念。在决定施行 CI 计划后，就要组织 CI 委员会，以设计今后的计划。

（2）**企业现状调查与形象分析。**通过企业现状调查，发现企业形象现实问题，有针对性地提出企业形象策划方案，从而成功地塑造企业形象。企业现状的调查可以从多个角度展开，其主要调查对象有：企业的决策层、员工的观念或意识、企业形象的内外部情况及企业信息传递活动的实际情况等。

（3）**企业整体形象的确定。**在企业形象与现状分析的基础之上，确定企业整体形象和企业理念，预测企业发展的纵深领域，同时将现存的企业理念与未来相对照，据此构筑企业活动的方向。

（4）**整合行为识别和视觉识别系统。**行为识别是指通过企业结构的整合过程，必须表现出新的企业活动。在员工行动方面，可积极地推行内部促进运动，展开全公司企业理念的贯彻实施计划，使企业整体行动统一化。

视觉识别是指人人看到的信息传递媒体。根据心理学的研究表明，在人摄取外界信息的 5 个感觉中，视觉感觉获取的信息约占八成，所以，应特别注意视觉标识系统的统一，以统一的视觉识别系统把企业的理念有效地传递给社会公众。

（5）**实施与导入阶段。**排定导入实施项目的优先顺序，按照策划的行动步骤，进行策划方案的实施。

(6) **监督与评估阶段。**在落实过程中，发现问题及时纠正，确保企业形象策划的顺利实施。另外，若发现原有的策划设计有缺陷，应及时修正。

以上几个阶段基本涵盖了企业导入 CI 的一般过程，其具体内容与方法，本节后面有详细介绍。

9.2.2 企业理念识别策略

企业理念策划是企业形象策划的第一步。企业理念是企业的灵魂和核心，是企业运行的依据。因此，企业理念的梳理是否科学，提炼、构建是否富有创意，培育是否得法和尽心尽力，不仅直接影响企业的生产经营运作，而且直接影响企业行为策划、企业视觉策划的效果。所以，梳理、提炼和培育企业理念，即 MI，成为企业灵魂塑造的重中之重。

1. MI 的梳理程序

（1）**企业实态调查。**对企业实态进行调查，是梳理、提炼企业理念的起点。可以企业宗旨、企业使命、企业价值观、企业经营哲学、企业精神、企业风格为中心进行调查。

（2）**构筑总概念。**经过系统、全面、详细的企业实态调查，对企业实际运行系统，尤其是企业已有的理念系统，如企业宗旨、企业使命、企业价值观、企业经营哲学、企业风格、企业精神等情况有了清楚的认识，在此基础上重新评估企业理念，构筑新的企业理念。

（3）**设定企业本质——MI 定位。**明确企业经营领域，企业领域有多种表达，简言之就是企业生产什么产品或提供何种服务。企业领域是确定企业理念的最基本考虑因素，必须十分明确地表达企业产品及其服务的价值。

注意点

MI 的提炼原则：

- 目标原则。企业固然要追求投资回报率，但更应满足人类的自我追求和发挥自我的理想。
- 卓越原则。创新前进，追求卓越，应成为支配个人或公司生命和灵魂的精神力量。
- 一致同意原则。决策有命令、共商和一致同意 3 种形式，管理者只有充分利用群众智慧，才能做出有效决策，获得一致支持。
- 绩效原则。赏罚分明，除物质奖励外，精神上的支持和肯定也是鼓励员工向上的动力。
- 操守原则。领导者必须行正言端，有诚信，有操守，才能获得属下信赖并愿为其效力。

2. MI 的提炼技法

MI 的提炼依据在于企业理念的树立或变革。在对企业目的的确认和企业使命的设定完成之后，便可基本明确公司是什么企业，公司将是什么企业，公司应是什么企业。企业是一个开放的社会群体，它不可避免地受到社会理念和其他企业理念的影响。另外，构筑企业理念还须立足企业所处的环境、内部的历史文化积淀、物质技术条件和结构、员工整体素质、创业者、企业所处的社会政治体制等背景。

知识点

优秀企业的宗旨应陈诉以下几个方面内容。

（1）顾客——谁是企业的主要顾客。

（2）市场——企业主要在哪些地区和行业展开竞争。

（3）技术——企业的主导技术是什么。

（4）产品或服务——企业的主要产品或服务是什么。

（5）激励程度——展开的企业宗旨能否有效激励企业员工。

（6）组织哲学——企业的基本信仰、价值观和愿望是什么。

（7）自我意识——企业的长处、短处和竞争优势分别是什么。

（8）对公众形象的关注——企业期望给公众塑造一个什么样的企业形象。

（9）对企业生存、发展和赢利的关注——对企业短期、中期、长期经济目标的态度。

（10）利益协调的有效性——是否有效地反映了顾客、股东、公司员工、社区等相关群体的利益。

3．MI的培育技法

企业、企业家对企业理念的提炼、构筑、培育正是“精诚所至，金石为开”精神的体现。企业理念策划这种理性化的存在形式只有转化为企业的具体行动，渗透于组织的各个部门和环节之后，才能起到规范企业运作、指导企业行动的作用。如何使企业理念真正成为企业的共有价值，成为企业行动的指南，企业理念的培育渗透工程是必不可少的运作程序。

知识点

企业理念的实践阶段：

（1）了解企业理念。要使企业理念内化为企业及其员工的信念和自觉行动，必须尽快让全体员工知晓企业的宗旨、使命、经营方针、发展目标、价值观等，以便使企业理念至少在表层上能为员工所接受和把握。

（2）领悟企业理念。企业员工了解企业理念及其具体内容只是理念实施过程的起点，要让员工从表层接触到心灵的契合，还要求员工对企业理念达到领悟程度。

（3）实践企业理念。实践阶段作为企业理念实施的阶段至关重要，它既是企业理念系统运作的起点，也是企业理念系统运作的归宿。

企业理念的实施、培育和渗透工程，目的就是真正有效地将企业理念转化为企业共同的价值取向、员工共同的心态及其行为，其基本方法如下。

（1）**“反复唱和”法。**这是将条文化、标语化、口号化、诗歌化、座右铭式的企业理念通过反复的朗诵、吟唱，以提高对全体员工的刺激频率，加深印象的一种方法。

（2）**“理念翻译”法。**理念翻译并不是指企业理念的文字语言互译，而是指就现代的立场而言，应该如何结合自己的切身体验阐释公司的理念，或者依据公司理念进行自我设计，使企业理念和自己的思想融为一体，并在企业理念的指导下，重新审视和设计自己工作岗位上的行动方针，由规章制度化的纪律转化为员工的自律。企业理念“翻译”实质上是一种企业文化的自我教育和熏陶，通过这种自我教育和熏陶来达到使企业员工行为自律的目的。

（3）**“环境熏陶”法。**将企业理念视觉化、环境化，即以图案来象征企业理念，或做成匾额，或绘成海报，也可以做成巨幅壁画，高置于办公室、工厂或其他地方的墙上，造成一种“象征性环境”。通过视觉化、环境化、艺术化的方式，潜移默化地向人们传达企业理念。

（4）**“仪式游戏”法。**公司定期或不定期地组织各种形式的午餐会、讲演会、表彰会、体育比赛、文艺演出等。经营成功的企业人往往格外注重这些富有特色的象征性活动，它在表达企业文化、构筑企业理念方面有其独到的功能。

（5）**“领导表率”法。**企业领导人在塑造企业文化、培育企业理念的过程中，既要充当企业价值观的倡导者，又要扮演企业价值观最忠实的执行者。

企业的理念要素确定之后，要将理念要素的草案适当进行企业内外的测试，需要对企业内部的主管与员工进行测试，对有关消费群众做小组深入访谈，并就测试结果对理念系统基本要素及应用要素做修正定案，然后根据修正案制定企业的理念系统手册。

案例 9-1　美国国际商用机器公司（IBM）的 MI 策划

商业道德规范：IBM 的推销人员在任何情形下都不可批评竞争对手的产品；如对手已接获顾客订单，切勿游说顾客改变主意；推销人员绝对不可为了获得订单而提供贿赂。

基本原则：对企业的经营管理给予明确的、可信赖的和有才干的指导；发展我们的技术，改进我们的产品和研制新的产品；通过扩大工作职务的范围，提高我们员工的工作能力，并给予他们机会，使他们在工作中感到满意；为我们所有员工提供平等的机会；确认我们对股东的义务，向他们提供适当的投资收益；促进我们机构所在地区的福利；尽到作为一个美国公司对公民的职责，并对世界上与我们有业务关系的国家尽到我们的职责。

座右铭：诚实。

口号：IBM 就是服务。

9.2.3　企业行为识别策略

BI 是指在企业理念指导下的企业识别行为。如果说 MI 是企业的“想法”，那么 BI 则是企业的“做法”，即通过企业的经营行为、管理行为和社会公益行为来传播企业的思想，使之得到内部员工和社会大众的认同，从而建立起良好的企业形象，创造有利于企业生存和发展的内部条件和外部环境，实现 CI 的总目标。

1．企业内部的行为识别

（1）**管理者教育。**企业的管理者是企业的中流砥柱，对企业形象塑造起着至关重要的作用。他们首先是企业形象的主要代表者，有些公司的名称就是企业家的名字，如日本的松下电器公司、美国的耐克运动鞋、中国的李宁运动品等；其次，管理者还是企业精神的主要塑造者，管理者通过自己的价值观、道德观、个人素质等影响并开创企业精神。

（2）**员工的教育与培训**。凡是优秀的企业都重视对员工的教育和培训，把对员工的教育和培训当做培养人才、选拔人才、统一思想、加强管理、形成企业凝聚力的手段。从CI的内在意义上说，企业本身的自我认同，尤其是员工对企业的认同，是从思想认识上统一企业的经营思想、经营宗旨和经营目标。因此，企业的员工教育与培训是BI的重要内容。企业对员工的教育和培训是伴随着企业的经营事业而发展的一项长期工作，具体方法如表9-3所示。

表9-3　员工的教育和培训

方　　式	要　　点
CIS说明书	• 这份综合性的说明书必须包括企业导入CIS的背景、经过，以及新制定的企业理念和企业识别 • 每位员工均分配到某一部门，召开说明会，做CIS导入内容的说明
员工教育用的幻灯片	• 利用视觉效果，如AV（视频）工具等，说明公司有关CIS导入的背景、经过，以及新制定的企业理念和企业识别 • 公开举办说明会
利用“公司汇报”或“CIS消息”之类的公司内部媒体	• 利用公司现有的媒体，来传递信息、解释说明等 • 利用这种媒体的最大优点，是能将员工本身的反应和意见简单记录下来
员工手册	• 编印说明公司新理念、新企业标志的手册，让员工可以随身携带
公司内的宣传海报	• 在公司的宣传海报中提出改革的口号，让员工有心理准备，提高员工的士气 • 除了海报，还可利用徽章、帽子、发饰、展示板等，机动性地展现CIS的飞跃和变革，增强视觉效果，提高员工的归属感
公司内部的沟通	• 奖励爱用公司产品的活动 • 晨日汇报：增加工厂的会议机会，使之制度化，举办说真话会议 • 设置公司留言板，促使公司内部信息的传达与联络
促进自我启发	• 实施教育研习：举办真正使CIS理念能融入计划中的公司员工与主管讲习会，举办公司内部非正式研习的聚会 • 从事TQM（全面质量管理）活动及其连续活动：在进行小集团运动和CIS连续活动时，可考虑采取以“推广提高工作环境形象”为主题的活动，并在CIS导入中带入TQM活动

续表

方　式	要　点
公司的积极公关	• 交换名片以利宣传：公司员工和外界人士接洽时，要留意向对方索取名片，索取对方名片时也要主动出示自己的名片。公司有新的公司名称时，要露出新的标志以使对方加深印象 • 企业工作网的奖励：公司职员若能常常出席企业同行研修交流会，定能增长其见识，所以要积极奖励以形成企业风气
彻底改善做法	• 改善电话应对态度：应对态度无内外之分，使用电话的部门应该对如何应对电话的问题，做彻底的研究，制作并分发公司通用的"电话应对手册"，举办讲习 • 推行礼貌运动：彻底实施日常礼貌运动

2. 企业外部的行为识别

（1）**新闻宣传。**借助新闻媒介宣传企业形象是条最佳途径。新闻宣传在我国比广告宣传更具权威性和可信度，不少企业在导入 CI 时就明确提出如何塑造企业新闻形象的计划。

（2）**广告活动。**以塑造企业形象为直接目的的广告称为企业形象广告，旨在向社会公众宣传本企业特征，表明企业对社会所负的责任和为社会所做的贡献。企业形象广告的类型多种多样，如企业实力广告、企业理念广告、公益广告、企业时间广告、企业礼仪广告等。

（3）**社区交往。**按企业形象由近及远的传达规律，首先要与当地居民搞好关系。如何提高企业在其所在社区的形象呢？一般做法有：优先聘用当地居民；积极参加防止公害、保护当地自然景观与文化等活动；参与地方开发；欢迎各种社团参观和了解企业的一般作业状况；积极参与当地重大经济决策或建设项目；设立消费者窗口和服务地方社会的部门；关心社区老人、儿童等。

（4）**大型活动策划。**企业通过大型活动策划来传达企业理念，宣传企业实力。在策划大型活动时，企业应首先注意确立自己的市场目标，然后针对目标顾客的需要开展相关活动。其次，对合乎企业身份的活动必须深入研究。活动必须含有深刻意义，且准备充分，细微之处不可马虎。一旦策划活动开始，必须坚持到底。而且举办活动应成为每年的大事，维护企业形象不可半途而废。

案例 9-2　宝马借奥运营销转型

在 2012 年伦敦奥运会上，宝马的奥运营销活动可算大手笔。它不仅成为伦敦奥运会的官方合作伙伴，奥运会期间宝马为运动员、技术官员和奥组委运营团队等提供 4 000 辆用车，还赞助了中国击剑队和中国帆船队，MINI品牌则赞助了中国自由式滑雪队和中国单板滑雪队，对体育明星进行押宝。宝马北美公司营销副总裁Dan Creed曾对媒体表示："夏季奥运会的媒体花费是宝马北美历史上最大的买卖。"宝马的大手笔赞助奥运，在外界看来有点反常。"今年宝马有些反常，广告投入量比较大。宝马作为豪车品牌，原来的广告投放都是针对高端，这次突然大手笔进行奥运营销，转向中低端市场，这是与以前有所不同的。"上海大学广告与品牌研究中心主任张祖健教授对记者说道。

在中国豪华车市场，宝马一直紧随奥迪扮演"千年老二"的角色。2012年上半年，宝马在中国大陆销量15.9万辆，同比增长三成，中国由此超越美国，成为宝马全球最大单边市场。中国市场对宝马的重要性不言而喻。在这样的局面中，宝马迫切希望通过奥运会的契机强化品牌。其实除了品牌因素之外，还有一个重要的原因就是中国豪车市场的人群越来越往下走。

在此次奥运营销战中，宝马中国风广告也十分显眼。而好运气也光临了宝马，其赞助了击剑和帆船帆板两项冷门，最终徐莉佳夺得奥运帆船冠军，押宝成功。

资料来源：世界经理人网站

评述 通过大型的活动策划，既是一种公益行为，也是企业传达企业理念、宣传企业产品的行为。宝马在分析、确定中国这个目标市场后，借助奥运会的意义成功转型。

9.2.4 企业视觉识别策略

企业视觉识别系统（VIS），是企业标志、标准字、标准色、名称等感觉、知觉信息传达要素的整合和统一。它是企业CIS的静态识别符号与具体化的传达形式，同时也是企业全部MI和BI集中而直接的反映。因此，在企业进行CI设计、导入及开发的过程中，VI的设计是项目最多、层面最广、技术性最强和效果最直接的CI操作流程，也是CI设计成功与否的关键。

案例9-3 中国建设银行——VI设计

以古铜钱为基础的内方外圆图形，有着明确的银行属性，着重体现建设银行的"方圆"特性。方，代表着严格、规范、认真；圆，象征着饱满、亲和、融通。图形右上角的变化，形成重叠立体的效果，代表"中国"与"建筑"的英文缩写，即两个C字母的重叠，寓意积累，象征建设银行在资金的积累过程中发展壮大，为中国经济建设提供服务。图形突破了封闭的圆形，象征古老文化与现代经营观念的融会贯通，寓意中国建设银行在全新的现代经济建设中，植根中国，面向世界。其标准色为海蓝色，象征理性、包容、祥和、稳定，寓意中国建设银行像大海一样吸收容纳各方人才和资金。

评述 中国建设银行的 VI 设计，诠释了企业的责任与梦想，成功地塑造了企业博大亲和的形象。

VI 基本要素的系统设计方法包括如下几个方面。

1. 品牌名称设计

品牌名称设计应表现出企业性质、事业内容、理念、规模、产品特征等企业的基本形象特点。如果品牌名称与企业的理念精神、经营实态不符，就会失去符号的指称意义。

品牌名称设计的基本技巧如下。

1）品牌名称设计应注重文化意蕴。有丰富文化意蕴的品牌名称，可以激励企业全体成员创品牌的主动性、积极性，缩短企业及其产品与公众之间的心理距离，赢得公众的理解、认同和厚爱。如“同仁堂”蕴含“同修仁德”之意；“海尔”蕴含“海尔是海”、“海之胸怀”之意等，这些有着丰厚文化意蕴的品牌，都会产生强大的感召力和激发力。

2）品牌名称设计应注意选择吉祥字眼，避免出现不吉祥的字、词及其谐音，否则在拓展市场的时候容易受阻。

3）品牌名称设计不可哗众取宠，取“怪名”。与众不同的品牌名称虽然能增加企业的吸引力，但一味求“奇”追“怪”也可能适得其反，严重者还会损害企业形象。

注意点

设计品牌名称时，应注意：

（1）名字要单纯、简洁、明快，易于和消费者进行信息交流，而且名字越短，就越有可能引起公众的遐想，含义更丰富，企业及其品牌的名称要能够准确表达企业及其品牌的实质信息。

（2）品牌名称应具备独特的个性，力戒雷同，避免与其他企业或品牌混淆，品牌名称设计要有新鲜感，跟上时代潮流，创造新概念。

（3）品牌名称要响亮，易于上口。难于发音或音韵不好的字，难写或难认的字，含义或意译不佳的字，字形不美的字，都不宜用做产品或企业的名称。如音响中的“名流”健伍，原名特丽欧，发音节奏感不强，最后一个因“O”念起来没有气势，后改为 KENWOOD，KEN 与 CAN 谐音，有力度和个性，而 WOOD 又有短促音与和谐感，整个名称节奏感强，颇受专家好评和消费者的喜爱。

总之，一个好的名称，必须具备以下特点：易读易记，利于传播；内外合一，名副其实；超凡脱俗，与众不同；字义和谐，搭配得当；寻求规律，力求创新；讲究韵律，富有美感；打破陈规，灵活多变；古今文化，相互结合（字音、字意、字形、美学、民俗等）。

另外，为企业、产品、商标取名前还需要考虑当地文化、民族文化、吉祥文化、国际化市场需求、市场开拓的便利等。然而，要达到此目的，还应重视“单一名称的张力”。单一名称的策略有助于突出品牌形象，以最小的广告投入获得最佳的传播效果。

案例 9-4 索尼——品牌名称设计

日本索尼公司，原名东京通讯工业公司，原名读起来拗口，在日本可缩写成“东电公司”，但在美国却没有人会读。英译名太长而累赘，本想取缩写 TTK 做名称，却发现在美国这类公司多如牛毛，如 ABC，AT&T 等。其创始人盛田昭夫下决心为企业创造一个独特的名称，他翻查了不少字典，终于找到了一个拉丁词“Sonus”（声音），该词本身充满音韵，但 Sonus 在日语中读成“Sohnee”（丢钱），自然犯了商家之忌，于是将 Sohnee 和 Sonus 综合变形，创造出一个字典上找不到的新词“Sony”，大写成“SONY”，很快风行世界。

评述 “SONY”的名称独特易记，因而得到了广泛的传播。

2. 标志设计

标志是企业（产品）精神内涵的形象表达，即运用特定的造型、图案、文字、色彩等视觉语言来表达或象征某一企业（产品）的形象。标志分为企业标志和产品标识两种。企业标志是从事生产经营活动的经营实体的标志，产品标识是用以区别不同生产者和经营者的商品和服务的标志，注册后又叫商标。企业标志和产品标识可以是分离的，也可以是统一的。当代社会，由于传播信息的日益繁杂和国际化的市场营销趋势，越来越多的企业采取了企业标志和产品标识合为一体的统一化市场策略，以便于消费者在不同场合的认知，使企业和产品的知名度相辅相成，发挥整合传播的效果。

知识点

标志设计的题材与形式：

- 以企业品牌名称为题材。
- 以企业品牌名称字首为题材。
- 以品牌名称或图案与字首组合为题材。
- 以企业文化或经营理念为题材。
- 以企业品牌名称的含义为题材。
- 以企业品牌的传统历史或地理环境为题材。
- 以企业经营内容或产品造型为题材。

3. 标准字设计

标准字种类繁多，作为视觉符号，能表达丰富的内容。无论含义丰富的拉丁字母，还是风格多样变化无穷的汉字书法或美术字，在标准字的设计中都要求精细独特，在线条粗细、笔画搭配、字距宽窄、造型均衡等方面有周密的安排，使之具有美感和平衡感。

标准字的设计造型应与标志造型风格一致，融为一体，以传达企业的完整形象。同时，标准字的设计应便于推广和应用。它们应适用于在各类媒体上进行放大、缩小、反白和边框处理。不同材料和空间位置的处理都应得体，甚至在不采用标志的情况下，也能独立发挥识别、象征等功能。

知识点

设计专家发现，“由细线构成的字体”易让人联想到纤维制品、香水、化妆品类；“圆滑的字体”让人联想到香皂、糕点和糖果等；“角形字体”让人联想到机械类、工业用品类产品。

4．标准色选择

能刺激人们视觉的因素顺序依次是色彩、图形和文字。色彩的信息力量特别大，企业应选定适合自己的标准色，作为形象塑造的基本要素之一。标准色是企业经过特别设计选定的代表企业形象的特殊颜色，广泛用于标志识别、广告、包装、服饰、建筑物等应用项目中，它能使消费者产生固定的意识，在纷杂的信息竞争中起到吸引消费者目光焦点的作用。

企业对标准色的选择应注意一定的色彩在社会公众心目中的效应。色彩的心理效应在与商品、情境、人的理解的相互关系中形成，然后辐射到对企业及其产品的认识和态度上，所以首先要了解色彩如何作用于人的思想与感情。结合色彩的心理效应，根据企业性质和风格来选择标准色。

实用链接：标准色的设计原则

- 标准色的设计应当突出企业风格，体现企业的性质、宗旨和经营方针。要表现高科技，选蓝色或暗色调；要有高雅感觉，则选用淡色调。另外，标准色的具体设计，应注意颜色的搭配。一般标准色不宜选择太多，一般 1～2 种，色彩之间主辅区别，搭配色和重点色的使用应谨慎，复合色彩应既有调和又有对比，才能增加色彩的律动，产生美的效果。
- 标准色的设计要有意制造差别，显示企业个性。只有选定与其他企业有差别的色彩，才能增强公众对本企业的识别性。
- 标准色的设计还应符合消费者心理，利于市场销售。
- 标准色的设计要符合民族色彩偏好。由于人们的思维形式受其民族文化的影响，不同的社会、环境、知识构成，使得不同民族之间产生一定差异，从而色彩的象征意义各不相同，每个民族都有自己独特的颜色喜好。

本章要点

- 企业形象策划是指以分析预测为基础，以形象目标的确定和形象定位为重点，确定企业形象塑造活动的战略和策略，并制定最佳计划方案的过程。
- CI 的最终目的就是不断地推进和开创企业新形象，是企业形象策划的核心内容。企业形象策划应遵循全方位推进原则、以公众为中心原则、实事求是原则、求异创新原则等。
- 企业形象系统主要由理念形象、行为形象和视觉形象组成。
- 企业形象策划的策略主要有 CI 导入策略、企业理念识别策略、企业行为识别策略、企业视觉识别策略。

练习题

（1）你知道什么是 CI 吗？请查找相关资料加以综合，用自己的话进行描述并比较与教材上的异同。

（2）什么是企业形象？它与 CI 有什么样的关系？

（3）企业形象管理工作是否有效，在很大程度上取决于策划的成败。对此观点你是否赞同？企业形象策划应遵循什么样的原则？

（4）企业形象由哪几个层次组成？分别有什么样的特点与内涵？

实训项目：企业视觉识别

【实训目标】

（1）了解企业形象系统的组成；

（2）了解 VI 基本要素系统的设计与技巧；

（3）培养实践动手能力。

【实训内容与方法】

两人比赛，每人准备一张 A4 纸和一支笔，在 5 分钟内，列举你所知道的品牌名称和标志设计，看谁列举的又多又准确，并且说明这些品牌让你印象深刻的原因。结束后全班同学就两位同学的表现再结合教材内容谈谈 VI 系统设计的方法和技巧。

经典案例赏析

麦当劳——全面导入 CI 策划

麦当劳公司是世界上最大的快餐集团，其著名的 M 形商标赫然闪耀，使人们很容易辨认。麦当劳已成为一种全球商品，在世界市场上形成一种快餐文化，其企业形象已在消费者心中扎下了根。麦当劳公司的成功很大程度上归功于它的 CIS 战略。具体地说，有如下几个方面。

1．明确的企业理念

麦当劳的企业理念是“Q、S、C、V”，即向顾客提供高质量的产品，快速、准确、友善的优良服务，清洁优雅的环境及做到物有所值。麦当劳几十年始终如一地遵守这个理念，落实到每项工作和员工的行动中去。

（1）Q（Quality），即质量。麦当劳制定了一套严格的食物质量标准。麦当劳的食品达到了标准化，做到了无论国内还是国外，所有分店的食品质量和配料都一样。坚持不卖味道差的东西，所以时限一过，就马上舍弃不卖。

（2）S（Service），即服务。为了满足大批出门的旅客有休息和吃饭场所的需要，在美国，麦当劳在高速公路两旁和郊区开设了许多分店，在距离店铺不远的地方，装上许多通话器，上面标着醒目的食品名称和价格，使外出游玩和办事的乘客经过时，只需要打开车窗门，向通话器报上所需的食品，车开到店侧小窗口，就能一手交钱一手取货，然后马上驱车赶路。如此周到的服务，使这种生意几乎被麦当劳一家独揽了。

（3）C（Clean），即清洁。麦当劳对员工的个人卫生、行为及店堂卫生都有严格的执行标准。

（4）V（Value），即价值。麦当劳的企业理念，起初只有 Q、S、C，后来又加上 V。V 表示价值，强调麦当劳“提供更有价值的高品质物品给顾客”的理念。

为了彻底贯彻麦当劳的企业理念，麦当劳在芝加哥的总部派出“地区巡回督察团”，每月不定期到各地经销店、公司直营店巡视，对全世界几千家连锁店一视同仁。督察团巡视完毕后，把审查结果向总公司或该地区的总部报告，如果审查结果不良，则该店店长考绩就会受到影响。

2．严格统一的行为规范

为了使企业理念“Q、S、C、V”（质量、服务、清洁、价值）能够在连锁店贯彻执行，保持企业稳定，每项工作都必须做到标准化、规范化，即“小到洗手有程序，大到管理有手册”。麦当劳的行为规范都详细写在了麦当劳营运训练手册、岗位工作检查表、袖珍品质参考手册及管理发展手册里，供企业人员遵守执行。

3．麦当劳的企业标志

麦当劳取其英文名称的第一个字母M为标志。标准色采用金黄色，标志用寓意和象征图形相结合的方法，M既是公司英文名称的第一个字母，又被设计成象征双臂打开的黄金双拱门，表示欢乐与美味，象征着麦当劳以“Q、S、C、V”像磁石一般不断地把顾客吸进这座欢乐之门。

麦当劳叔叔是麦当劳的吉祥物，他亲切幽默，象征着祥和、友爱和欢乐，象征着麦当劳叔叔永远是顾客的朋友和社区的一分子，他时时刻刻为儿童和社区的发展贡献自己的一份力量。

4．麦当劳的广告公关

如果说营运是一门科学，那么促销就是一种艺术了。

20世纪50年代末麦当劳开始做电视广告时，可以说进入了一片未被开垦的处女地，开辟了在食品餐厅业做电视广告的先河。自1959年开始，麦当劳公司开始与加盟者签约规定：必须把营业额的2.5%用于广告营销。

麦当劳在美国每年要花6亿美元的广告费，其中大部分用在电视广告上。此外，参加公益活动也是麦当劳引起公众注意的重要方法之一。麦当劳总公司要求连锁店店主参加当地的公益活动，使之成为地方新闻报道的热点。随着公关宣传运作的成功，麦当劳的事业如日中天。

思考讨论题

（1）麦当劳成功的因素来源于多方面，但有一条是最重要的，就是对顾客和市场的尊重，你认同这一看法吗？为什么？

（2）请你列出一个企业形象策划的失败案例，并与本案例进行对比分析。

（3）“策划决定成败”，结合本案例，你对这句话是不是有更新的诠释？

CHAPTER 10

第10章 网络营销策划

学习目标

- ☑ 定义网络营销和网络营销策划
- ☑ 定义电子商务及与网络营销的关系
- ☑ 描述网络营销系统开发的内容
- ☑ 描述网络营销策划的内容和步骤
- ☑ 说明网络营销策划的策略与技巧

关键词：网络营销，网络营销策划，域名，搜索引擎，病毒式营销，电子商务，社交电子商务，饥饿营销，B2B，B2C，C2C，C2B，O2O

10.1 网络营销策划概述

互联网的出现在全球范围内掀起了一场新的经济革命，这场以高科技为主要突破口的技术革命，强烈地冲击着传统的生产方式和产业结构，将社会生产力推进到一个前所未有的发展阶段，网络营销也伴随着这场技术革命向更高层次发展。

10.1.1 网络营销的兴起

当今世界是一个充满营销的时代，只要人们所能触及的地方，就有营销活动。同样，作为一个信息交换平台的网络，其营销活动也正在悄无声息地进行着，并且呈愈演愈烈之势。“互联网总统”奥巴马上台，新浪合并分众，开心网的“抢车位”，游戏植入汽车广告，各大门户网络都开始“买卖奴隶”。

案例10-1 互联网思维带来营销优势：如何把煎饼卖到4 000万元估值

在很多人的固有思维模式里，摊煎饼是一个上不了“台面儿”的行当，然而有个人却把煎饼卖到了年收益500万元，而这家只有13个座位，营业面积只有十几平方米的煎饼铺的估值已接近4 000万元人民币，这就是黄太吉——一个面积10多平方米的煎饼店，煎饼果子能从早卖到晚，猪蹄需提前预约限量发售，新浪微博粉丝量将近25 000名。

黄太吉的大多数客人都是慕名而来，这一切都源于黄太吉传统美食的微博，关注微博—饭前互动—垂涎三尺—跃跃欲试，是很多人来到这里的过程。黄太吉老板赫畅认为，互联网的主要特点是创造需求而不是迎合需求，是做别人不敢想的事情。黄太吉老板赫畅还借用了很多其他互联网方法进行营销，比如互联网产品有测试版本，注重用户反馈。黄太吉几乎每款新菜都会有试吃。例如，最近推出的“金榜蹄名”，坚持做试吃3~5天，根据食客反馈来调整口味，再正式推出。而推出时结合类似网络赢家的手段，限量限时、提前预订，这是很知名的“饥饿营销”方式，但很少有人会在快餐店上使用饥饿营销，这是典型的互联网营销模式。

资料来源：http://www.zzharj.com/news/html/? 1008.html

➘ **评述** 从本质上讲，这是以互联网思维改造传统企业，是互联网在模式、品牌、营销等上面多种力量的整合应用，也是黄太吉成功的原因。由此可以看出在营销中网络思维的重要性。■

1. 网络营销的概念

网络营销（On-line Marketing或E-Marketing）是以互联网为基础，利用数字化的信息和网络媒体的交互性来辅助实现营销目标的一种新型的市场营销方式。狭义的网络营销是指组织或个人基于开放便捷的互联网，对产品、服务所做的一系列经营活动，从而达到满足组织或个人需求的全过程。广义的网络营销概念包括网上营销、互联网营销、在线营销、网络营销等。网络营销不是几个弹出的广告，不是“百度+阿里巴巴”，不是“BBS发帖”，而是一系列经营活动的整合，如网站建设、BBS推广、竞价排名、网络新闻、网络专题、博客、视频、电子杂志、在线访谈、贴吧等。如何用一根“线”把零散的推广元素串成“珍珠”，是网络营销的核心。

知识点

2012年，全球网民总数量（以独立访问用户量为标准）已接近20亿人，将近占全球总人口的1/3。庞大的上网人数，带来了巨大的商机。在欧美国家，90%以上的企业都建立了自己的网站；通过网络寻找自己的客户，寻找需要的产品，这已经成了习惯。国内大部分企业也开始建立了自己的网站，如果客户想购买什么，特别是首次购买时，会先在网上进行初步的查找和选择，再进一步与供应者取得联系。网上庞大的消费群体及企业商务习惯的变化，给网络营销提供了广阔的空间。

资料来源：冯英健. 网络营销基础与实践（第4版）. 北京：清华大学出版社，2013.

2. 网络营销的特点

（1）**交互性。**网络是一个双向沟通的媒体，对每个上网者而言都是平等的。在网络营销中，顾客可以在企业的网站上浏览，能够在线提交表单，在留言本上留下意见，从常见问题解答（Frequently Asked Questions，FAQ）中找到问题的解决方案，或者通过聊天室、BBS等形式与企业人员进行在线的交流与沟通。企业则可以通过这些方式及时了解顾客的需求，针对顾客的意见和建议做出反馈并进行相应的处理。

（2）**个性化。**在产品与服务更为发达的今天，顾客有了更多的选择机会。每个顾客都愿意选择那些最能满足自身需求的产品。在这种情况下，顾客可以通过网络方便地在多种备选产品中进行挑选，甚至还可以参与产品的设计过程，协助企业生产满足自身需求的产品。例如，在戴尔公司的网站上，顾客可以在网站的帮助下，挑选最适合自己的计算机系统。用户既可以选择戴尔的推荐配置，也可以根据自身的实际需求选择不同的部件，由戴尔完成机器的定制化生产。

（3）**低成本。**由于网络营销所采用的是互联网这一综合数字信息媒体，只要是数字化的信息均可以通过网络进行传递，并且这种传递延时几乎可以忽略不计，这从根本上降低了营销成本。

（4）**高度竞争。**网络极大地拓展了人们的思维空间，几乎所有想知道的信息都可以通过网络获得，这使企业想通过信息的不对称性牟取高价的企图变得越发不可能。同时，企业与企业间的差别也越来越小，提供同一种商品或服务的企业可能有许多家，消费者通过网络可以方便地比对各家的产品，从中选择最佳的，所以，企业要想生存，就必须不停地开发新产品，满足细分市场上顾客的需求。

10.1.2　网络营销策划的原则

所谓兵马未动，粮草先行，企业进行网络营销时最重要的是进行相应的准备和策划，在进行网络营销之前，很多企业都会首先进行网络营销策划，从而保证自己稳健地走好网络营销的每一步。

网络营销策划是为了达成特定的网络营销目标而进行的策略思考和方案规划，它是一项复杂的系统工程，它属于思维活动，但它是以谋略、计策、计划等理性形式表现出来的思维运动，是直接用于指导企业网络营销实践的。网络营销策划有以下几个原则。

1. 系统性原则

网络营销是以网络为工具的系统性的企业经营活动，是在网络环境下对市场营销的信息流、商流、制造流、物流、资金流和服务流进行管理的。因此，网络营销方案的策划，是一项复杂的系统工程。策划人员必须以系统论为指导，对企业网络营销活动的各种要素进行整合和优化。

2. 创新性原则

网络为顾客对不同企业的产品和服务所带来的效用和价值进行比较带来了极大的便利。在个性化消费需求日益明显的网络营销环境中，通过创新，创造和顾客的个性化需求相适应的产品特色和服务特色，是提高效用和价值的关键。

路线和进度控制。

（3）网络营销平台策划。主要解决策划建设网站还是借助第三方平台的问题。如果选择建设网站，则网站怎么规划？从结构逻辑、视觉、功能、内容、技术等方面怎么去规划？此策划要和模式相匹配。

（4）网络推广策划。主要解决的问题有：网站如何推广？品牌产品如何推广？如何广而告之？如何吸引目标客户？通过什么手段来传播推广？有什么具体的操作细节和技巧？怎么去执行？等等。

（5）网络营销运营系统策划。

本书将网络营销策划的内容主要分为两大方面，一是网络营销系统的开发，二是网络营销 4P 的制定。

10.3.1　网络营销系统开发策划

网络营销系统的开发和建设涉及很多企业、部门和环节，因此，系统的开发和建设必须遵循一定的开发方式和建设步骤。

1．网络营销系统的开发方式

（1）**购买通用商用系统。**购买通用商用系统是实施网络营销系统开发的捷径。

（2）**自行开发。**如果企业本身具有一定的技术能力，有一批开发信息系统所需要的复合型人才，往往希望自行开发系统，使其更好地满足需求。

（3）**委托开发。**大多数单位不具备自行开发系统的能力，这时可以考虑委托外单位开发网络营销系统。

（4）**合作开发。**与外单位合作开发系统，同时具备自行开发、委托开发两种方式的优点。

2．网络营销系统的开发流程

网络营销系统的开发流程如图 10-1 所示。其中，测试可细分为单元（模块）测试、集成测试和验收测试。实施与评价包括培训、转换、使用、评价和维护等项内容。通过测试后系统要进行一定时间的试运行来验证系统的质量。当然，还需进行培训和转换。培训是对系统维护人员和最终使用该系统的直接用户分别进行相关内容的指导。在旧系统向新系统过渡所需要的所有活动中应排出一个详尽的转换计划，以确保转换的平稳性与安全性。

网络营销系统开发策划包括网络搜索策划和信息发布策划两种方式。

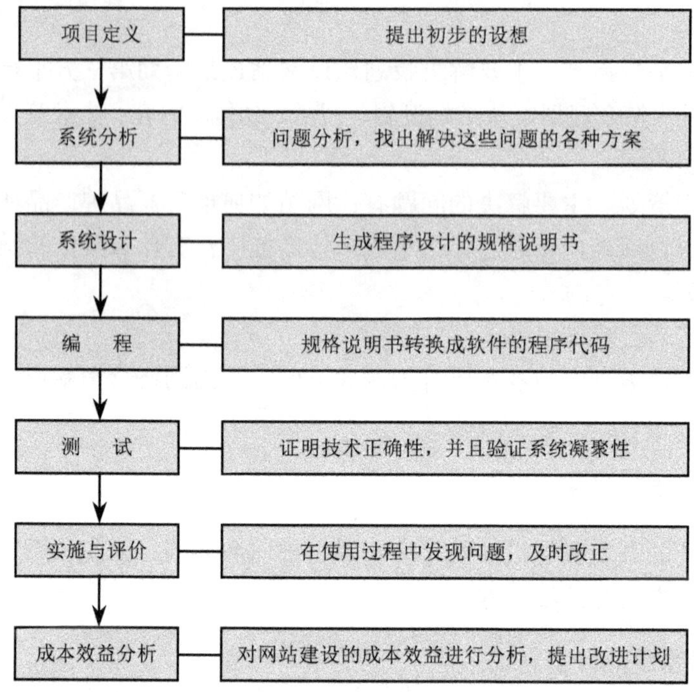

图 10-1　网络营销系统的开发流程

3. 网络搜索引擎策划

搜索引擎是对互联网上的信息资源进行搜索整理，然后供访问者查询的系统，包括信息收集、信息整理和用户查询三部分，是一个为访问者提供信息检索服务的工具，帮助人们在茫茫网海中搜寻到自己所需要的信息。

在网络营销中，搜索引擎优化有利于提高网站排名，提高网站访问量，最终提升网站的销售能力或宣传能力。下面是进行搜索引擎优化时需特别考虑的问题。

（1）**关键词。**确定网站的核心关键词。

（2）**域名。**域名中最好含有企业的关键字，并且采用连字符“.”将该关键字单独凸显出来以方便搜索引擎识别。

（3）**虚拟主机。**目前大都是多个中小网站共享一台虚拟主机，拥有同一 IP 地址。

（4）**网页文件目录。**有序合理地安排文件目录结构，规范命名。

（5）**外部文件存储。**把 JavaScript 文件和 CSS 文件分别放在其外部文件中。这样做的好处是把重要的页面内容放到页面顶部，同时能缩小文件大小，有利于搜索引擎快速、准确地抓取页面重要内容。

（6）**动态效果。**动态页面就是采用 ASP、PHP、CGI 等程序动态生成的页面。

（7）**框架结构。**如果网站一定要用到框架，则应正确地使用 No ~ ame 标签，在区域中包含指向框架页的链接或带有关键词的描述文本，同时在框架以外的区域也出现关键词文本。

（8）**图片。**在图片的代码中运用 Alt 属性标签进行说明，含关键词，同时在图片旁边也加上含关键词的文本注释。

（9）**网站地图。**基于文本的网站地图内含网站所有栏目和子栏目。

（10）**链接。**尽可能多地让其他与你主题相关的网站链接你。有了这些网站进行链接，即使不向搜索引擎提交网站，搜索引擎也会找到你并给予好的排名。

（11）**网站内容。**需要注意的是，搜索引擎优化的着眼点不能只考虑搜索引擎的排名规则如何，更重要的是要为用户获取信息和服务提供方便，搜索引擎优化的最高目标是为了用户，所以搜索引擎优化还需重视网站内容的优化。

案例 10-2 百度的域名价值

（1）汉语意义内涵丰富。baidu 是一语双关，其一是古文“众里寻他千百度”中的百度，含义是苦苦搜寻、求索的意思；另一是“摆渡”的汉语拼音，有“把人带到彼岸”的意思，象征了百度网站作为强大的网络数据库，可以满足人们的各种信息需求，帮人们解决问题，走向胜利。

（2）简短、易记，价值高。baidu 由 5 个字母组成，在域名价值评估标准中属于一级黄金域名（*<6=），价值相对比较高。

（3）在“.com”顶级域名下，商业价值突出。“.com”是首批国际顶级域名，最初设计为用于商业机构，与“.net”、“.org”相比，具有较好的商业宣传效果。

评述 企业在拥有自己的域名后，除了可以建立专用电子邮件系统以外，更重要的应用就是建立企业的专属站点，充分利用互联网宣传企业，拓展市场，把握网上商机。

4. 信息发布策划

（1）**网站的内容规划和管理。**

1）根据网站的目的和功能规划网站内容，一般的企业网站应包括公司简介、产品介绍、服务内容、价格信息、联系方式、网上订单等基本内容。

2）电子商务类网站要提供会员注册、详细的商品服务信息、信息搜索查询、订单确认、付款、个人信息保密措施、相关帮助等。

3）如果网站栏目比较多，则考虑采用专人负责网站编程相关内容。网站内容是网站吸引浏览者最重要的因素，无内容或不实用的信息不可能吸引匆匆浏览的访问者。对此可事先对人们希望阅读的信息进行调查，并在网站发布后调查人们对网站内容的满意度，以便及时调整网站内容。

4）注重网页设计。用户界面是帮助用户浏览站点和控制与站点交互的重要工具。好的界面应该能帮助用户很顺畅地找到他们所需要的信息。因此，在网页设计上，应尽量采用熟知的、已经约定俗成的惯例来设计用户界面。

在这一环节，要做好以下工作：将企业文化很好地与界面融合，并合理分配版面来确保信息的传达，美化界面以使其更吸引人，确保它能给用户带来舒适的站点体验。例如，中国石油天然气集团公司的主页，就很好地把石油资源和保护生态结合起来，给人一种愉悦的感觉，如图 10-2 所示。

图 10-2　中石油天然气集团公司主页

注意点

（1）网页美术设计一般要与整体形象保持一致，要符合 CI 规范，要注意网页色彩、图片的应用及版面规划，保持网页的整体一致性。

（2）在新技术的应用上要充分考虑主要目标访问群体的分布地域、年龄阶层、网络速度、阅读习惯等。

（3）制定网页改版计划，如投入半年到一年时间进行较大规模的改版。

（2）**信息发布渠道管理。**常用的网络营销信息发布媒介包括：门户网站的广告、新闻；行业网站、专业网站的供求信息平台；网络社区论坛、二手市场；公司网站、个人网站、微博、微信等。

10.3.2 网络营销 4P 的制定

1. 网络产品策划

（1）网络营销产品的特点。

1）以无形的服务产品为主。服务产品和实体产品有着质的差异。绝大多数服务产品的生产过程与消费过程是同时进行的，且一般由消费决定生产。另外，服务产品的交易不存在所有权的转让，即只有服务的交换过程而无物流过程。服务产品的这些特征非常适合网上交易，因为生产者无须预先备有库存，需求者却可随时从网上直接获取产品，无须实物交割和中间媒介。因此，服务产品，尤其是提供信息服务和数字化服务的产品，已成为网络营销的主体。

2）以匀质商品为主。匀质商品是指像书籍、计算机、机票和股票之类的产品，其特点是购买决策的做出无须经过对产品的尝试和直接观察，即商品的物理外表无关紧要，商品的内容和品牌才是其核心，消费者只要在网上了解了它们的品牌或内容，就可做出购买的决策。

（2）网络营销产品开发策划。

1）网络营销新产品构思与概念的形成。网络营销新产品开发的首要前提是新产品构思和概念的形成。新产品的构思有多种来源，但最主要还是依靠顾客来引导产品的构思。网络营销的一个最重要特性是与顾客的交互性，它通过信息技术和网络技术来记录、评价和控制营销活动，掌握市场需求情况。网络营销通过其网络数据库系统处理营销活动中的数据，并从中发现顾客的现实需求和潜在需求，从而形成产品构思。通过对数据库的分析，可以对产品构思进行筛选，并形成产品的概念。

2）网络营销新产品研制。顾客可以全程参与概念形成后的产品研制和开发工作。顾客参与新产品研制与开发不再是简单地被动接受测试和表达感受，而是主动参与和协助产品的研制与开发工作。与此同时，与企业关联的供应商和经销商也可以直接参与新产品的研制与开发。通过互联网，企业可以与供应商、经销商和顾客进行双向沟通和交流，最大限度地提高新产品的研制与开发速度。

3）网络营销新产品试销与上市。网络市场作为新兴市场，消费群体一般具有很强的好奇性和消费领导性，比较愿意尝试新的产品。因此，通过网络营销来推动新产品试销与上市，是比较好的策略和方式。

案例 10-3 《江南 Style》为什么能全球爆红？——产品自营销的密码

在社会化媒体时代，产品能够自己营销自己。谁都想不到，一位体态粗壮、表情木讷、动作搞笑的 35 岁韩国大叔，跳着骑马舞唱着《江南 Style》，短短 3 个月时间让全世界的网友跟着“发疯”、“发狂”、“发癫”。

下面从营销的角度来分析《江南Style》的成功因素。

（1）幽默的穿透力。演唱者PSY在《江南Style》这首歌中其实是嘲讽富人装绅士淑女，这种讽刺不管外国人是否听得懂，但讽刺的表现形式让人觉得幽默搞笑。

（2）产品独特卖点：骑马舞。如果说《江南Style》有独特卖点，那么骑马舞就是这一卖点。连中国的大妈们都将骑马舞当成广场健身运动。

（3）“洗脑式”节奏。在音乐里，“重复就是力量”。《江南Style》旋律简单重复，舞蹈搞怪滑稽，极大地满足了全世界青年人间歇性的集体“抽风”需求。

（4）传播渠道：国际通用网站、Twitter发挥的巨大作用。在中国，“《江南Style》热”首先由传统媒体发起，湖南卫视、中央电视台多次介绍，其后微博让《江南Style》逐步走入中国网民视线。不少网民表示，自己“被迫”搜索《江南Style》，否则就不知道周围人在谈什么。各种山寨版本也让人欲罢不能，达到了“用户生成内容”（User Generated Content，）的传播效果——这就是“病毒式传播”。

➘ **评述** 个性化产品不仅根植于消费者本身的偏好，而且有其独特的品质和特点，《江南Style》就满足这一理念，从而创造了YouTube历史上“最受人喜欢的视频”的吉尼斯世界纪录。由此可以看出网络营销中产品策划的重要性。

2．网络价格策划

（1）**网络价格的特点。**价格策略一直是营销理论研究中的一个难题，因为价格对企业、消费者乃至中间商来说都是最为敏感的问题。互联网和网络营销的发展，为人们解决这一难题找到了一条出路。与传统市场的产品价格相比，网络营销中的产品价格体现出一些新的特点：

1）价格水平趋于一致。在互联网环境中，需求者和竞争者可以通过网络获得相关产品的价格信息，并与其他企业的同类产品进行比较，经过买卖双方的多次博弈，价格的差异将不再明显，这对采用差别化定价的公司来说将会产生重要的影响。

2）自由竞争化。互联网使企业进入了一个新的自由竞争时代，期望通过垄断获得超额利润的时间会越来越短，技术进步的速度则越来越快。

3）价格趋低化。网络营销使企业的产品开发、促销等成本降低，因而企业可以进一步降低产品价格；另外，由于网络扩展了用户的选择空间，消费者的议价能力增强，这也是迫使企业不断降低产品价格的原因之一。

4）弹性化。网络营销的互动性使用户可以与企业就产品的价格问题进行协商，实现灵活的弹性价格。

5）智能化。企业通过网络不仅可以完全掌握产品对用户的价值，而且可以根据每个用户对产品的不同需求，生产定制产品，由于在产品的设计与制造过程中，数字化的处理机制可以精确地计算出每件产品的设计制造成本，因此，企业完全可以在充分信息化的基础上建立起智能化的定价系统，实现根据每件产品的定制要求制定相应的价格。

（2）**网络营销产品定价目标。**企业的定价目标一般有生存定价、获取当前最高利润定价、获取当前最高收入定价、销售额增长最大量定价、最大市场占有率定价和最优异产品质量定价。企业的定价目标通常与企业的战略目标、市场定位和产品特性相关。企业在制定价格时，一般是依据产品的生产成本，这是从企业局部来考虑的；企业价格的制定更主要的是从市场整体来考虑，它取决于需求方的需求强弱程度和价格接受程度，再者是来自替代性产品（也可以是同类的）的竞争压力程度；需求方接受价格的依据则是商品的使用价值、商品的稀缺程度及可替代品的机会成本。

案例 10-4 海尔 B2B——个性化服务让价格战息鼓收兵

海尔个性化服务的主要思想就是“我的冰箱我设计”、“你来设计，我为你制造”。这种B2B式的个性化服务体现了以消费者为核心的思想，这也是海尔多年“以人为本”的思想在网络时代的重放光彩。通过强大的B2B商务网络，海尔把自己与商家和消费者之间的距离大大缩短。

自海尔推出B2B网上定制以来，在不到一个月的时间里，海尔就获得了100多万台来自全国各地大商场的定制订单，各订单在款式、功能、色泽上的要求各不相同。西单商场是首家获得海尔个性化冰箱的商家，该商场通过B2B定做的近千台个性化冰箱上柜后，很快就销售一空，价格尽管一分没降，销售速度却是少有的快速。

评述 在B2B中，个性化服务是植根于消费者本身的偏好的，海尔在这一理念指引下走出了B2B，但这只是第一步，在技术成熟后，海尔还打算进军B2C领域。

（3）**网络营销定价基础。**从企业内部看，企业产品的生产成本总体呈下降趋势，而且成本下降的趋势越来越大。

在网络营销战略中，可以从降低营销及相关业务管理成本费用和降低销售成本费用两个方面分析网络营销对企业成本的控制和节约。

1）降低采购成本费用。首先，利用互联网可以将采购信息进行整合和处理，统一从供应商处订货，以求获得最大的批量折扣。其次，通过互联网实现库存、订购管理的自动化和科学化，可最大限度地减少人为因素的干预，同时能以较高效率进行采购，节省大量人力，并可避免人为因素造成的不必要损失。最后，通过互联网可以与供应商进行信息共享，可以帮助供应商按照企业生产的需要进行供应，同时又不影响生产和不增加库存产品。

2）降低库存。利用互联网将生产信息、库存信息和采购系统连接在一起，可以实现实时订购，企业也可以最大限度地降低库存。

3）生产成本控制。一方面，利用互联网可以实现远程虚拟生产，在全球范围寻求最适宜的生产厂家来生产产品；另一方面，利用互联网可以大大节省生产周期，提高生产效率。

3. 网络渠道策划

（1）**网络营销渠道的功能。**以互联网作为支撑的网络营销渠道也应具备传统营销渠道的功能。一个完善的网上销售渠道包括三大功能：订货功能、结算功能和配送功能。

（2）**网络营销渠道建设。**由于网上销售对象和企业自身经营特点的不同，网上销售渠道与传统销售渠道有很大区别。一般来说，网上销售有如下几种方式。

1）B2B，也就是企业与企业之间进行的商务活动模式。例如，工商企业利用计算机网络向它的供应商进行采购或利用计算机网络进行付款等。

2）B2C，也就是企业与消费者之间进行的商务活动模式。例如，目前在国际互联网上已出现许多大型超级市场，所出售的产品一应俱全，从食品、饮料到电脑、汽车等，几乎涵盖了所有的消费品。这种模式的每次交易量小、交易次数多，而且购买者非常分散，其打破了传统多层次渠道的缺点，缩短了企业与消费者的距离。

3）C2C，是消费者个人对个人的一种商务活动模式。

4）C2B，是消费者个人对企业的一种商务活动。C2B 全称 Consumer To Business，是指消费者聚集起来进行集体议价，把价格主导权从厂商转移到自身，以便同厂商进行讨价还价。这种商业模式等于由公司提供产品或服务给消费者的传统商业模式的 180 度大逆转。经典的案例就是“七格格 TOP 潮店”是淘宝公认的畅销女装店之一，它的发展速度足以宣布 C2B 必定成为未来的竞争模式。

5）O2O，是最新的电子商务模式，即线上对线下的电子商务模式。

互联网为线下交易的前台，消费者能够快捷的从线上获得产品信息、下单、追踪交易及分享体会，同时消费者可以去线下实体店亲身体验产品和服务。线上线下双管齐下，既破除了网络销售的虚拟性给消费者带来的不信任感，同时减少了消费者去实体店购买所产生的物理成本及心理成本。

总之，在选择网络销售渠道时还要注意产品的特性，有些产品易于数字化，可以直接通过互联网传输。而对于大多数有形产品，还必须依靠传统配送渠道来实现货物的空间移动。对于部分产品依赖的渠道，可以通过对互联网进行改造以最大限度地提高渠道的效率，减少渠道运营中的人为失误和因时间耽误造成的损失。

案例 10-5　苏宁云商

苏宁电器于 1990 年在江苏南京创立，是中国商业企业的领先者，2004 年成功上市，成为国内首家上市的家电连锁企业。根据苏宁电器官方网站的显示，苏宁电器连锁网络拥有线下实体门店 1 700 多家，覆盖中国大陆 300 多个城市，在中国香港和日本东京、大阪拥有近 1 400 家店面，经营商品涵盖传统家电、消费电子、百货、日用品、图书、虚拟产品等综合品类；线上苏宁易购位居国内 B2C 前三名，线上线下的融合发展引领零售行业发展的新趋势。“正品行货、品质服务、便捷购物、舒适体验”是苏宁易购的口号。2013 年 2 月 19 日，公告称由于企业经营形态的变化而拟将苏宁易购更名为苏宁云商集团股份有限公司。

苏宁云商模式可概括为“店商+电商+零售服务商”，它的核心是以云技术为基础，整合苏宁前台后台、融合苏宁线上线下，服务全产业、服务全客群。

资料来源：价值中国网

评述　云商模式不仅是苏宁跨越发展的新方向，也必将成为中国零售行业转型发展的新趋势。

4．网络促销策划

（1）**网络促销的特点。**网络促销是指利用现代化的网络技术向虚拟市场传递有关产品信息，以引发需求、引起消费者购买欲望和购买行为的各种活动，突出表现为以下 3 个明显的特点。

1）通过网络传递有关信息，如产品和服务的存在、产品的功效等。

2）网络促销活动是在虚拟市场上进行的，由于互联网聚集了广泛的人口，融合了多种文化成分，所以从事网上促销的人员必须分清虚拟市场和实体市场的区别，跳出实体市场的局限性。

3）互联网虚拟市场的出现，将所有的企业推向了一个世界统一的市场。全球性的竞争迫使每个企业都必须学会在全球统一的大市场上做生意，否则，这个企业就会被淘汰。

（2）**网络促销的实施。**网络促销是伴随互联网的发展而出现的一种新兴的营销方式，所以对任何企业来说，如何实施网络促销都是一个新问题。根据知名企业的网络促销经验，网络促销的实施程序可以由 6 个方面组成，即确定网络促销对象—设计网络促销内容—决定网络促销组合—制定网络促销预算方案—衡量网络促销效果—网络促销过程的综合管理和协调。

10.4 网络营销策划的步骤

网络营销策划作为营销策划的一部分，其操作流程和步骤与营销策划基本上是一致的，但由于其是通过网络这一虚拟平台进行的特殊营销策划活动，所以，在具体内容上，它和传统的营销策划又不尽相同，其一般步骤如下。

1. 确立策划目的

策划目的部分要对本次网络营销策划所要实现的目标进行全面的描述。既然投入大量的人力、物力和财力进行营销策划，就要解决一定的问题。通常情况下，公司在营销上可能存在这样或那样的问题，一般表现在以下几个方面。

1）公司还未涉足网络营销，尚无一套系统的营销方案，因而需要根据市场特点，策划出一套可遵循的网络营销方案。

2）公司发展壮大，原有的网络营销方案已不适应新的发展形势，因而需要重新设计。

3）公司经营方向改变与调整，需要相应地调整网络营销策略。

4）企业原网络营销方案严重失误，需要对原方案进行重大修改或重新设计网络营销方案。

5）市场行情发生变化，原网络营销方案已不适应变化后的市场。

6）企业在总的网络营销方案下，需要在不同的时段，根据市场特征和行情变化，设计新的阶段性方案。

2. 拟订计划书

（1）**策划进程。**策划进程大致分为如下4个阶段。

1）准备阶段。这一阶段是为正式策划所进行的前期准备，包括物质准备、人员准备和组织准备等。此阶段时间不宜太长。

2）调查阶段。这一阶段是为正式的策划收集相关资料。虽然调查阶段不是策划的核心，也不是策划的目的和结果，但它是全面策划工作的基础，也是决定策划成功与否的第一个环节。

3）方案设计阶段。方案设计是基于大量调查，借助理论知识和实践经验所进行的思考和创意过程，这是营销策划的核心。

4）方案实施阶段。策划方案实施阶段的时间长短，由营销方案的性质来定。

（2）**预算策划经费。**一般而言，用于策划的费用包括以下几项。

1）市场调查费。市场调查费的多少，取决于调查规模的大小和难易程度。规模大、难度高，费用必然高；反之，则费用低。

2）信息收集费。信息收集费主要包括信息检索费、资料购置费、复印费、信息咨询费、信息处理费等。其数量由收集的规模来决定。

3）人力投入费。策划过程要投入必要的人力，其所需费用的多少可以通过预计投入人力的多少来决定。

4）策划报酬。这是支付给策划人员的报酬。如果由公司内部的人员来策划，就没有这笔开支。如果是外聘策划专家，就要支付策划报酬，其金额多少，由双方协商而定。

（3）**效果预测。**在拟订营销策划计划书时，必须对营销策划方案实施后的可能效果进行预测，主要包括以下两个方面。

1）预测直接经济效果，即预测方案实施后可能产生的直接经济效益。

2）预测间接经济效果，即预测方案实施后企业可能因此而提高的知名度、美誉度等。

3. 市场调查与预测

当营销策划计划书被公司认可后，一般就开始市场调查了。

市场营销调查渗透于网络营销策划之中，具体表现在以下几个方面。

1）对网络市场本身的研究（消费者、竞争者、市场细分、市场潜力、市场定位等）。

2）新产品研究。

3）定价研究。

4）广告研究。

5）分销渠道研究。

6）促销策略与方法的研究。

7）网络营销技术方案。

针对公司上述几个或某个亟待解决的问题，通过周密的调查、收集、整理和分析，做出有关报告和预测。

在市场调查与预测的基础上，根据策划目的，分析市场环境，寻找市场机会。营销策划是对市场机会的把握和利用，因此正确地分析市场机会，是营销策划的关键，找准了市场机会，营销策划就成功了一半。

4. 编写策划方案

编写策划方案的过程，实际上与策划的过程是重叠的。策划方案不可能凭空而来，也不可能一蹴而就。随着策划人在市场调查与研究的基础上对最初策划的不断修改、完善，策划方案才逐渐接近它的最终形式。因此，可以说策划的全过程就是针对公司营销中存在的问题和所发现的市场机会，提出具体解决问题的战略方案和战术性方案，并实施日程设计的过程。

5．方案实施

经过公司决策层的充分论证（一般为战略策划）或批准（多是战术策划），最终定稿的策划方案即成为网络营销活动的指导纲领，经过细化后成为公司不同阶段的努力目标与行动计划，指导公司的网络营销活动。

6．效果测评

方案实施后，应对其效果进行跟踪测评。测评的形式主要有以下两种。

（1）**进行性测评。**这是在方案实施过程中进行的阶段性测评。其目的是了解前一阶段方案实施的效果，并为下一阶段更好地实施方案提供一些建议和指导。

（2）**终结性测评。**这是在方案实施完结后进行的总结性测评。其目的是了解整个方案的实施效果，为以后制定营销方案提供依据。

此外，策划方案的效果测评还应与市场营销控制和审计有机地结合起来。

10.5 网络营销策划的策略

10.5.1 网络产品策略

1．新产品开发策略

网络环境下，新产品的开发策略具有新的特点。

（1）**充分利用互联网实现产品市场定位。**互联网提供了一个方便快捷的信息查询途径，通过 Google 等搜索引擎，可以在短短的几秒钟内搜索到大量相关的资讯，由此，企业可以迅速把握市场动态，了解竞争者情况，找准自身的最佳切入点。

（2）**按照以用户为中心的策略进行新产品开发。**由于互联网降低了信息的不对称性，企业可以通过网络直接了解客户的需求，客户也可直接向企业提出自己对产品的各种要求，这种以用户为中心的产品开发策略，使生产出来的新产品更易于为用户所接受。

（3）**采用敏捷制造系统，实现柔性生产。**为了满足消费者的个性化需求，企业的生产过程就必须从大批量生产转向定制化生产，因此必须有先进的生产制造系统作为支撑。在信息技术环境下，企业采用敏捷制造系统，就其本质而言是实现了生产智能化和快速化。通过信息技术的采用，使企业由刚性生产变为柔性制造，从而可以根据市场的变化灵活地调整经营战略。

（4）**借助网络实现新产品市场的开拓。**借助网络推广可大大降低某些产品的市场开拓成本。例如，可以通过公司的网站或访问量较大的门户网站发布产品的消息；对软件等可以通过网络进行直接传播的产品而言，企业可以免费发放试用版本，这对企业来说，既是检验新产品的一种方式，也是一种将产品快速推向市场的重要渠道。

2．品牌管理和开发策略

随着网上市场的不断拓展，域名（Domain）这一网络商标的作用日趋凸显，如何发挥域名的商业价值，如何在网络环境下进行品牌的管理与建设，是提高企业市场竞争力的重要手段。

（1）**企业域名商标的开发与管理。**域名对企业的作用相当于企业在网络上的"商标"，全球的用户都可以通过企业的网址访问企业网站。网络品牌是传统品牌在网络上的延伸，一个易于识别、朗朗上口的网络域名可以为企业带来更高的知名度。在明确企业的域名价值之后，就必须采取相应的措施保护企业的域名资源，加强其发展与规划，使域名这一营销资源和企业的发展战略保持一致。

（2）**网络品牌的建设。**随着网络商业环境的形成，网络品牌将不再遥远。国内的知名企业纷纷建设站点，以进一步创建和巩固自己的品牌资产，为用户提供更好的、更方便的服务。网络品牌的建设可以从以下几个方面进行。

1）借鉴传统品牌营销方式，向传统媒体投放广告是重要的手段。例如，搜狐当初就在全国主要的大城市做了大量的车身广告，公交车上随处可见鲜艳的红色狐狸尾巴，重复的刺激使大多数民众很快记住了 sohu.com 的品牌。

2）借助专业的品牌管理策划人员。创建网络品牌的基础是建设企业的网站，但它的开发与运作却不应完全由技术人员来实施，因为品牌的创建、维护与管理更需要专业的商业知识。

3）借助原有的品牌优势。由消费者行为分析可以知道，虽然网上市场可以让消费者更方便地购买到相同品质与数量的商品，但消费者仍愿意花更高的价格购买日常生活中熟悉的品牌商品，而这些商品品牌往往是传统业者通过经年累月的广告投入和店铺印象树立起来的。因此，为了在网络中取得竞争优势，企业除需制定一些特殊的品牌策略，让用户认识到网上市场的优越性外，还必须与既有品牌的传统业者合作，发挥原有品牌的优势，让用户通过网上市场获得与原有品牌相同的产品及服务。

案例 10-6 帮宝适网站——关爱孩子

宝洁公司的帮宝适纸尿裤（Pampers）在向互联网领域拓展的过程中，通过与年轻父母的互动，使品牌的承诺和附加值得到提升。在该网站中，年轻的父母们可以看到大量关于如何照料孩子的知识，还可以了解到专家的观点并得到他们的指导。帮宝适还开辟出一个板块，让年轻父母们来讲述孩子们的故事，满足他们喜欢向他人表达对孩子关爱的心理。我们知道，网络的另外一大特性是永恒发展。对孩子们来说，帮宝适网站将伴随着他们成长，帮宝适让他们儿时的故事在网络上长久传颂。

评述 只有迎合顾客的需求，发挥品牌的优势，在网络营销中才易于取胜。

4）以自己的经营特色创建品牌。亚马逊是网络营销的一面旗帜，其成功有多方面的因素，但其核心策略是以服务和广告迅速创出品牌，并产生品牌效应，进而占领市场。凭着这种品牌效应，亚马逊扩大售书之外的营业范围，销售礼品、CD和录像带，并在CD的销售方面超过对手，成为网上最大的CD销售商。亚马逊的经验提示人们：要注重培养品牌。在网络营销中，每个企业都应该建立自己的特色，做到"大而全"不是每个公司的目标，而是要在自身的核心业务上下工夫，使企业在某个专业领域发挥其专长，形成专业化的品牌效应。

10.5.2 网络营销的定价策略

由于企业面对的是全球网络市场，因此，在制定产品和服务的价格策略时，必须考虑各种国际化因素，针对国际市场的需求情况和同类产品的价格情况，确定本企业的价格策略。

1. 按满足用户需求定价

网络营销摆脱了传统营销的成本加成定价方法，转而从市场竞争环境考虑，以用户所能承受的心理价格进行定价。

现代营销定价理论是根据消费者和市场的需求来计算满足这种需求的产品成本，而由这种成本开发出来的产品和制定出来的产品价格风险相对是较小的。这种满足需求定价的过程可表示为：用户需求+产品功能+生产与商业成本+市场可接受的性价比。

这种新的价格策略正在网络营销中得以充分的运用。它创造了价格优势，主要体现在以下两个方面。

（1）**由于满足了用户的特定需求，可以在某种程度上降低用户对价格的敏感度。**网络营销的特点使用户逐渐认识到，合理的价格不仅仅表现为较低的价位，还包括为完善的服务体系和强大的技术支持所支付的价格。

（2）**采用完全按用户的需求定制生产。**这意味着减少了企业的库存压力，较低的库存可以使企业把由此降低成本所带来的利益以其他方式与用户共享，从而获得价格优势。

2. 新产品定价策略

针对新产品的开发和投放市场，可以采用撇脂定价、渗透定价及满意定价的策略。每种策略针对的是不同的产品，因此需要针对不同的情况使用。撇脂定价适用于市场上的领先者，没有同类产品可以参照，并且企业的研发实力较强，这主要适用于高科技企业；而采用渗透定价的企业主要是为了新产品能一上市就快速地抢占市场份额，适用于市场上存有替代品、竞争激烈、需求弹性大、销量大、市场寿命周期长的产品。

3. 折扣价格策略

在网络营销中，价格往往是最为有力的武器，物美价廉的产品更容易受到关注。企业可以利用顾客的这种心理来争取顾客，如卓越网、当当网等大型网络购物中心。

4．免费价格策略

在网络营销中，一些企业往往通过实施免费策略来达到营销的目的。在网上，人们普遍使用免费的电子邮件，获得各种免费软件、免费电子报刊等，这种行为在传统的营销中是不可想象的。而在网络营销中，由于顾客的注意力成了稀缺的资源，企业为了能够获得这一资源，就必须付出一定的成本，而这一成本就体现在了各种各样的“免费”产品和服务上。

10.5.3 网络营销的渠道策略

1．网络直销策略

网络直销是指生产企业通过网络分销渠道直接销售产品。网络直销的模式是提高企业竞争力的良方，但是真正实现预期的目标仍然需要外部环境的改善，主要的障碍体现在企业与个人的信用水平、金融支付体系及物流配送体系的完善方面。

戴尔是最典型的网络直销案例，但其成功不可简单复制，还需要一个强大的品牌后盾和一定的客户群体。对我国广大的中小型企业而言，由于信息化程度仍然较低，无法按照大企业的模式直接套用，所以，必须切合企业的实际，采用电子分销的渠道实现网络营销。

案例 10-7 小米的营销渠道模式

2012 年 12 月，5 万台小米手机 2 选择在新浪微博上发售，从预约、抢购、下单到支付均在新浪微博平台上进行，发售 5 分钟内，首批 5 万台新手机全部售罄，销售额近亿元。

小米手机除了运营商的定制机外，只通过电子商务平台销售，最大限度地省去中间环节。通过互联网直销，市场营销采取按效果付费模式，这样的运营成本相比传统品牌能大大降低，最终降低了终端的销售价格。

评述 小米的成功是网络营销模式创新的代表，是渠道的创新。

2．网络间接渠道策略

为了弥补网络直销的不足，网络商品交易中介机构应运而生。这类机构成为连接买卖双方的枢纽，使得网络间接销售成为可能，如当当、卓越、易趣和淘宝等都属于这类中介机构。虽然这一新事物在发展过程中仍然有很多问题需要解决，但其在未来虚拟网络市场中的作用却是其他机构所不能代替的。

专业中介机构的产生，有利于帮助企业实现网络营销，实现交易过程的简化，中介机构作为网络营销平台的提供商，聚集了大量的买方和卖方信息，成为连接生产者和消费者的纽带。网络中介机构是建立在互联网上的虚拟市场，可以以 7（天/周）×24（小时/天）的方式运行，不必受时间和空间的限制，买卖双方共同在这样一个虚拟平台上交易，采用统一的规范和标准，减少了交易过程中大量的不确定因素，从而降低了交易成本，提高了交易成功率。

案例 10-8 腾讯网：渠道为王

以人为核心的渠道盈利模式，沟通是首要需求，如此看来，QQ 可真算得上一个最佳入口。

QQ 是什么？一个即时通信（沟通）工具而已。但是，一旦通过这个基数大到 3 亿名用户的通信工具与人交流，你就很难摆脱它。为什么？转换成本巨大。这个转换成本是关系建立的成本。你的好友、同事、合作伙伴、客户都在使用它，你又如何能摆脱它？这个成本比手机的转换成本还高。手机的网络服务商你可以选择移动，也可以选择联通，至少它们之间是可以互通的。但 QQ 不行，你能用 MSN 和 QQ 聊天吗？把人抓牢以后，借助平台与人之间的渠道，很多新产品都可以销售出去。

评述 只有聚集了人气，渠道销售才能发挥其巨大的作用。

10.5.4 网络促销策略

1. 网络销售促进策略

网络销售促进就是在网上市场利用销售促进工具刺激顾客对产品的购买和消费使用。互联网作为交互的沟通渠道和媒体，具有传统渠道所不可比拟的优势。在刺激产品销售的同时，还可以与顾客建立互动关系，了解顾客的需求和对产品的评价。一般而言，网上销售促进主要有以下 3 种形式。

（1）**有奖促销。**消费者总是喜欢免费的东西，但是在网上开展有奖促销时，要注意促销的产品是否适合在网上销售和推广。对一些目前不适合网上销售的产品，虽然通过有奖促销可以吸引网民访问网站，但会有两种情况出现：一是只产生很少的购买量，没有达到最初的网络促销目标；二是购买量虽然达到预期的目标，但促销产品不适合在网上销售，导致营销费用大幅度增加。目前适合网络促销的多半是技术服务类产品和新上市的产品。另外，在互联网上进行有奖促销时，要充分掌握参与促销活动的消费者群体特征、消费习惯及对产品的评价，这样在网络促销的同时也可完成一次很好的购买行为调查。

（2）**拍卖促销。**网上拍卖是新兴的一种拍卖形式，由于快捷方便而吸引了大量用户参与到网上拍卖活动中。

（3）**免费促销。**互联网的开放性和自由性，使一些易于通过互联网传输的产品非常适合在网上促销，如许多软件厂商为吸引顾客购买软件产品而允许顾客通过互联网免费下载产品，在试用一段时间后再决定是否购买。还有一种形式是免费资源促销，主要目的是推广网站。所谓免费资源促销就是通过为访问者无偿提供各类资源（主要是信息资源）来吸引访问者访问网站并从中获取收益。例如，提供搜索引擎服务的 Yahoo 和中国的 Sohu 等，这类网站通过免费资源的吸引力，从而扩大网站的吸引力，增加网站的访问量，使网站具有传统媒体的作用，并通过发布网上广告来获得赢利。

2. 网络公共关系策略

近年来，网络的飞速发展及其在商业领域的广泛应用，为企业带来了前所未有的机遇和空前严峻的挑战，也为企业公共关系活动开拓了新的领域，提出了新的要求。如何把握网络公共关系的优势、特点及活动规律，利用网络有效地开展公共关系活动，是企业公共关系活动人员所面临的现实问题。

在网络上开展公共关系活动有多种形式，主要包括以下几个方面。

（1）**网上新闻发布。**网上新闻发布完全消除了传统新闻发布需要花费大量的人力、物力、财力进行筹划和安排的缺点，可以以较少的费用、最快的速度将新闻传播出去。

（2）**栏目赞助。**由企业对网站的某些栏目提供赞助，访问者可以通过赞助页面直接链接到企业的页面，从而扩大企业页面的知名度。

（3）**参加或主持网上会议。**各网络服务商的网络论坛经常举办一些专题讨论会。有的网络会议吸引了许多消费者参加。网络会议的参加者可以看到其他人提交给会议的发言，同时自己的发言也处于许多人的关注下。参加与企业有关的专题论坛并积极发表意见，可以提高本企业的形象和知名度。企业也可利用网络服务商提供的网络会议服务，自己组织网上会议，有可能的话，邀请一些著名的专家作为客串主持，利用专家的名气吸引公众，从而树立企业在公众心目中的良好形象。

案例 10-9 立白洗衣液《我是歌手》——品牌公共营销

2013 年立白洗衣液独家冠名由湖南卫视举办的《我是歌手》节目，通过品牌赞助大事件，展开品牌公关营销。通过娱乐话题，与粉丝互动，旨在与消费者建立良好的互动关系，提高消费者对产品的认知，扩大品牌影响力。

1. 传播策略

主要阵地为官方微博，助推平台为论坛、贴吧、问答平台。

2. 创意亮点

（1）独创网民自主投票榜单，充分体现网民声音。

（2）20 场简单有趣的微博活动，吸引粉丝自主传播，建立品牌黏性。

（3）执行过程：从网民行为及关注出发，分为预热期、热播期、后续期3个部分。

3. 成果亮点

（1）吸引黄绮珊、羽泉、胡海泉等参加《我是歌手》节目的明星主动参与微博互动转发，带动粉丝自主传播，形成明星效应，迅速席卷千万人，形成有效的长尾传播效应。

（2）意见领袖主动转发，并自主创造与立白品牌相关的内容，提升品牌形象。

（3）节目视频上传速度全网最快。

（4）节目播出后，第一时间挖掘网友UGC内容，并进行再创作和互动，抢占关注。

（5）获得社会各界的广泛好评，形成360度强影响力。

资料来源：http://www.cmmo.cn/portal.php?mod=topic&topicid=668

评述 无论在传统营销还是在网络营销中，品牌塑造都离不开公共关系。

网络危机公关是通过网络维护企业公共关系，塑造企业良好形象的方式之一。危机公关是指利用互联网对企业的相关品牌形象进行公关，尽可能避免在搜索企业的相关人物与产品服务时出现负面信息。其特点包括以下几个方面。

1）意外性。危机爆发的具体时间、实际规模、具体态势和影响深度，是始料未及的。

2）聚焦性。进入信息时代后，危机的信息传播比危机本身发展要快得多。媒体对危机来说，就像大火借了东风一样。

3）破坏性。由于危机常具有“出其不意，攻其不备”的特点，不论什么性质和规模的危机，都必然不同程度地给企业造成破坏，造成混乱和恐慌，而且由于决策的时间和信息有限，往往会导致决策失误，从而带来无可估量的损失。

4）紧迫性。对企业来说，危机一旦爆发，其破坏性的能量就会被迅速释放，并呈快速蔓延之势，如果不能及时控制，危机会急剧恶化，使企业遭受更大损失。

网络危机公关的对策如下。

- 发送新闻。通过在组织本身网站、有影响力的门户网站或与传统媒体相结合发送新闻来实施网络公关。通过传统媒体发布新闻时，应注意与新闻记者建立友好关系，原则是开诚布公，成为其可依赖的有效信息来源，因为记者利用网络更容易查清组织公布的信息是否真实。
- 利用论坛。论坛是网络上一种广泛应用的信息交流工具，不论公开浏览方式还是管理严格的远程登录方式，对公共关系而言，都具有特殊的传播沟通功能。首先是信息发布功能，组织和受众都可以通过BBS发布信息；其次是非实时讨论功能，组织可以将要发表的信息写成文章后，以比较条理和完整的方式发表在BBS相应的讨论区；最后是实时讨论功能，组织可与公众在“聊天区”进行实时交流，从而拉近组织与公众之间的距离。一则新闻在论坛的新闻库里保留很长时间，选择在与组织相关的论坛上贴新闻，可能会带来长达几年的效益。

企业还应建立危机评估系统，包括信息监测（每天的网站和论坛的信息监测）；信息和媒介影响评估体系；应对口径（提前资料准备）；与代理公司或网站多加联系，统一产品的划一宣传；对危机信息中涉及的管理问题必须及时处理，这样可以在日常运作中防患于未然。

案例 10-10 圣元的成功

提到企业危机，不能不提 2010 年最具有影响力的圣元奶粉。凤凰网、腾讯网都设立了专刊，新浪、搜狐、百度、网易论坛上的帖子满天飞，“受害人”喊着要赔偿，网民天天要说法，企业危机空前的程度绝不亚于当年三鹿的“三聚氰胺”事件。然而，如果你在网上搜索一下，会发现一个令人奇怪的现象：负面新闻几乎没有，有的只是圣元的百度推广和正面信息，就像事件没有发生一样。其中的奥秘就一句话：都是网络危机公关的功劳。

事件发生后，圣元的网络危机处理手段开始有计划地实施。

（1）百度贴吧“圣元吧”里出现了第一篇力挺圣元的帖子，顶帖者无数。

（2）各大论坛上的反面帖子渐渐沉底或减少。

（3）百度上开始出现了圣元的推广链接。

（4）搜索引擎上关于圣元的正面报道迅速暴涨。

百度贴吧上出现了许多力挺圣元的帖子。这些帖子是网络公关小组成员们写的，也是他们顶的。这样做的目的是：让网民不要仅仅看到圣元的负面信息。各大论坛上的反面帖子渐渐沉底或减少，这是网络公关小组成员们的沉贴和删帖手法。这样做的目的是：让网民尽可能地少见或不见到关于圣元的负面信息。百度上开始出现了圣元的推广链接。这也绝对是网络公关专家们出的点子，这样做的目的是让广大的关心圣元的网民使用搜索引擎时首先看到的是圣元的官方网站。官方站自然是有利于自己的信息。至于搜索引擎上关于圣元的正面报道迅速暴涨。搜索引擎的蜘蛛是到处爬的，发现相关的文字就收录集中，蜘蛛们把网站上的各类正面信息都集中起来，大家看到的自然都是圣元的正面信息。自然最后也避免了灭顶的灾害。

资料来源：http://wenku.baidu.com/view/32ae5a7e8e9951e79b8927e0.html

评述 圣元的成功离不开网络公关，在信息化的时代，所有的企业都不应该忽视网络危机公关，不仅是企业避免受到危机的影响方法，也是其塑造企业形象，维护公共关系的手段。

3. 网络广告策略

无论传统广告还是网络广告，最大化的出镜率都是创立品牌的保证。然而网站要做到人流量多实在不太容易。国外一家叫 Forrester Research 的公司专门就品牌和访问量做过调查，结论是品牌知名度与网站访问量并没有必然联系。显然，网络空间已有了自己全新的价值体系。你的品牌要在网上被人接受，至少在网上的表现应该像在现实中一样优秀。此外，你还需要像在现实中一样对网站品牌进行广告推广，才会达到理想的营销目标。

案例 10-11　欧莱雅选择女性网站做广告

欧莱雅想在法国的网站上做广告，广告公司推荐了法国排在前三名的网站，这时欧莱雅想知道什么样的人浏览这些网站，就通过 Net value 公司进行调查，包括全法国有多少网民，多少人到什么样的网站，男女性别比例怎么样，购买习惯怎么样，营业模式怎么样等。经过分析，欧莱雅找到了一个全法国排名第 385 位的女性网站，在这个网站上浏览者 70%是女性。欧莱雅认为自己的广告理所当然应该投放在这里，结果效果非常好。

评述　无论在传统营销还是在网络营销中，目标客户才是你最终的选择。

10.5.5　网站推广及网页策略

1. 网站推广策略

一个网站建设完成后，如果不做宣传，就没有人访问。即使设计得再好，也没有任何意义。因此，一个好的网站推广计划对企业网站来说是极为重要的。

（1）**客户寻找网站的途径。**美国佐治亚州技术学院曾经发表了一份关于客户寻找网站途径的调查表格（见表 10-1），在 3 291 名被调查者中，有 88.3%的人回答是通过一个网页（链接或在线广告）发现另一个网页的。表 10-1 中的数据说明，要使企业的网页有尽可能多的访问量，建立与他人网页的链接和在世界主要搜索引擎中注册登记是两个最主要的方法。前者的可操作性有一定难度，后者则需要很好的专业技巧。

表 10-1　客户寻找网站途径的调查

找到一个网页的方法	百分比（%）
互联网网页	88.3
搜索引擎	84.8
朋友介绍	64.7
报纸杂志等印刷媒体	62.6
目录	58.0
特别兴趣新闻组	35.9
电视	32.1

续表

找到一个网页的方法	百分比（%）
新闻组	30.4
书籍	27.6
其他	29.0

（2）**网站推广常用的方法。**

1）搜索引擎推广法。搜索引擎推广是通过搜索引擎优化、搜索引擎排名及研究关键词的流行程度和相关性在搜索引擎的结果页面取得较高排名的营销手段。好的搜索引擎排名不但可以获得 6 倍于条幅广告的客户，还可以在互联网上建立起良好的品牌效应。

2）交换链接推广法。网站之间的资源合作也是互相推广的一种重要方法，其中最简单的合作方式为交换链接。另外，网站还有其他合作，如内容共享、资源互换、互为推荐等，尽管形式和操作方法各不相同，但是基本思路是一样的，即在自己拥有一定营销资源的情况下，通过合作达到共同发展的目的。

- 传统推广法。传统的推广模式对企业的网站推广来说仍然有效，在某些方面甚至可以起到意想不到的效果。常见的传统推广媒介有：公众出没的地方、媒体、印刷品、公司对外联络、产品附件和礼品等。在合适的时间和场合，向合适的人宣传你的网址，从而让他人像背英语单词一样记住你的网址。
- 其他推广策略。包括邮件推广和网络广告等。

总之，网站推广就像广告的一种创意，可能是一场精心策划的活动，也可能是一种崭新的营销理念，或者只是一个简单的创意。它需要的不仅是技术、资本和实力，更多的是电子商务所追求的创意思维。

2．网页策略与技巧

网页是一个网站给消费者最直观的印象，因此，网页设计的好坏，直接影响网站的访问量。

（1）**主页宜体现企业形象。**在主页中应概括企业的主要信息，同时网站的主页应有一个清晰、简洁的站点内容导航系统，这能够给网站的访问者一个站点的全貌描述，以保证他们能迅速到达目的地而不至于在发现宝藏前失去兴趣而离开网站。

（2）**网站的网页设计要具有鲜明的个性，以充满人情味的内容来吸引网民。**

（3）**企业站点自身的软硬件配置应尽可能高，以避免造成下载时间过长。**

（4）**应将企业站点视为信息的“终点站”，而不是中间途径。**只要浏览者愿意，就可直接从站点以磁盘存储、网络打印等不同形式获取信息而不需要通过其他环节。

（5）**设计渐进显示的页面，每个图标都应配有文字说明。**显示时图标的文字说明先显示，图标随后显示，这样做可减少等待时不耐烦的心情。

（6）**如果你的站点很庞大，建议设计站点内的“交通图”。**此图应包括站点内的链接关系和各链接的内容，便于浏览者迅速地找到所需要信息的位置，尽量减少浏览者在站点搜寻信息的时间。

（7）**在站点首页的文字内容中及早提示站点中“互动特性”的内容。**如游戏、竞赛、搜索、数据库查询、浏览者可控制的三维虚拟画面、讨论等，这样能抓住浏览者的心理。

（8）**专门设计一个网页来进行企业背景资料的介绍，内容最好涉及企业成立的时间、在行业内的排名、目前的生产能力、良好的信誉度等。**这一点对那些知名度不是很高的企业来说尤为重要。

建立网站的技巧很多，对那些非信息技术领域的厂家，建站上网时应该善于汲取成功者的经验，如果经济条件允许，尽可能请一家专业的服务商参与其中，这对提高网站质量意义重大。

本章要点

- 网络营销是借助于互联网和其他通信媒体，采用数字化多媒体技术进行的一种营销方式，以达到开拓市场、增加收益，并充分满足顾客需求的经营过程。
- 网络营销策划的内容主要包括网络营销系统的开发和网络营销4P的制定。
- 网络营销策划的策略应重点关注基于网络营销特点的实际应用，如网站推广及网页设计技巧等方面。

练习题

（1）什么是网络营销？它与传统营销的联系和区别有哪些？

（2）收集有关网络营销策划的案例，分析这些网络营销策划的特点和内容，并比较与教材上的是否一致。

（3）你在网上买过东西吗？你所接触的网络营销渠道采用的是哪种方式？你还知道其他什么方式吗？对其进行分析。

（4）网络营销策划应当使用什么样的策略与方法？

实训项目：网络营销策划

【实训目标】

要求学生自由组合，3～4 人为一组，为一个现有的采用传统营销方式的企业（公司）或准备创业的新企业（公司）设计网络营销策划方案，并实施网络营销。

【实训内容与方法】

实训的内容主要包括网上调研、网络营销策划、网站推广和成果展示等。

（1）**网上调研。**学生首先进行网上调研，通过调研确定网络营销的项目。主要采取网上调研的方式，在互联网上搜索相关信息。要求设计一份网上调查问卷，3～5 个问题，收集第一手资料；通过搜索引擎等收集二手资料，也可以采用传统调研方式予以必要的补充。最终形成一份简要的调研报告。

（2）**网络营销策划。**通过调研，学生确定网络营销的项目，并进行网络营销策划。注意，这里所做的不是网站策划，而是一份完整的、涉及企业各项营销策略的网络营销策划。

提示：可从市场概述、企业简介、企业网络营销目标确定等方面展开。

经典案例赏析

淘宝网——中国 CSR 竞争力企业

淘宝网成立于 2003 年 05 月 10 日，由阿里巴巴集团投资创办。它结合社区、江湖、帮派来增加网购人群的黏性，并且采用最新团网购模式与零售模式，让网购人群乐而不返。截至 2008 年 12 月 31 日，淘宝网注册会员超 9 800 万人，覆盖了中国绝大部分网购人群；2008 年交易额为 999.6 亿元，占中国网购市场 80%的份额。2007 年，淘宝的交易额实现了 433 亿元，比 2006 年增长 156%。2008 年上半年，淘宝成交额就已达到 413 亿元。与此同时，淘宝网重点推出的 B2C 商城，在今后相当长的时间里将在整个中国经济体中发挥越来越重要的作用。2012 年，淘宝网络零售服务市场产生交易额约为 152 亿元，同比增长超过 200%，是中国电商服务生态中增长最快的部分。公布数据显示，2012 年，天猫、淘宝卖家服务平台的第三方服务商数量已从 2011 年的 600 个左右增加到 2800 多个，服务工具数量已从 2011 年的 1930 款增加到 2012 年的 8000 款，同比增长 400%以上，2012 年淘宝总交易额突破 1 万亿元。2013 年“双十一”淘宝总交易额达到 350.19 亿元。国内著名互联网分析机构艾瑞咨询调查显示，淘宝网占据国内电子商务 80%以上的市场份额。

1．淘宝网的业务模式及营销策划

（1）C2C 模式交易平台。淘宝网所提供的是用户对用户的交易模式，其特点类似于现实商务世界中的跳蚤市场。其构成要素，除了买卖双方外，还包括淘宝网所提供的交易平台，即类似于现实中的跳蚤市场场地提供者和管理者。

在这个C2C模式中，淘宝网扮演着举足轻重的作用。

首先，淘宝网担负着对交易过程和买卖双方信用的监督和管理职能，最大限度地防止网络欺骗的产生。

其次，淘宝网为买卖双方提供技术支持服务。正是由于有了这样的技术支持。C2C模式才能够在短时间内迅速为广大普通用户所接受。

淘宝网的开发、维护和运作需要大量的资金。它要想生存和发展，除了依靠广告带来的利润外，还必须为其会员提供更加完善和个性化的服务，最大限度地提高会员的忠诚度，并不断发展新的会员。这样在聚集了一定的人气基础以后，才能选一个适当的时机，向交易中的买卖双方实现其存在与发展的资金补充，并在最后产生利润，这实际上也是淘宝网对其赢利模式的规划。

（2）B2C型淘宝商城。多年来，淘宝网一直在专心地耕耘C2C，为网上购物聚拢了超高的人气，但C2C却很难满足增强型消费者的需求，因为淘宝本身对商品并没有筛选。因此，淘宝需要C2C这样的集市，也需要淘宝商城这样的百货公司。淘宝品牌商城应运而生。商城成立至今，品牌数已超过1万个，企业商家数已超万家，现已成为国内最具影响力的B2C交易平台之一。

（3）网站初期的营销策划。在建设初期，淘宝网并没有国内C2C市场的领先优势，只是一个市场跟随者，但能够在短短的2年时间内超过易趣，在消费者心目中拥有广泛的知名度和信任度，这与淘宝网实施的推广策略紧密相关。

1）"农村包围城市"。由于国家加强了对短信的规范力度，使得一大批中小型网站和个人网站失去了利润的来源而难以为继。而为了应对易趣的门户网站封杀，淘宝网以较低的成本，将广告放到一些小网站上面，通过广告宣传，让广大消费者知道了有这么一个C2C电子商务网站。

2）淘宝网与MSN等门户网站联盟。由于人们对淘宝网的看法已经发生了很大的转变，因此，淘宝网抓住机会，开始组建战略联盟。淘宝网相继跟21CN、搜狐和MSN建立了合作联盟伙伴关系，从而打破了一度被垄断的排他性惯例。特别是淘宝网一举击败易趣与MSN中国网站的合作备受关注，因为在MSN全球其他国家拍卖合作伙伴里，无一例外都是选择与eBay合作。

3）利用传媒做市场宣传。淘宝网从2004年的北京国际广播电视周开始，就利用热卖的贺岁片《天下无贼》充分提高了其知名度，而且把道具拿到网上拍卖。另外，淘宝网还独家拍卖《手机》、《韩城攻略》、《头文字D》等影片中的道具等。凭借这些手段，淘宝网巧妙地利用传媒的影响力制造了文化轰动效果，收到了较好的市场宣传效果。

（4）出类拔萃的网站质量。淘宝网的网站质量在同类网站中是出类拔萃的，这对用户快速熟悉淘宝具有极大的帮助。

1）网站界面设计。淘宝网一直坚持不断地改进和创新，使得网站的画面更加简洁，让访问网站的人一目了然。位于主页面右上角的导航系统简单明晰，即使新手也不会感到无所适从。网站上的每项功能都有丰富而完备的辅助知识和提示，犹如一个随身顾问。网站的布局和颜色搭配合理，给人舒适、轻松的感觉。网站上的商品分类井井有条，一览无余，图字清晰。所提供的搜索功能是目前国内 C2C 网站中最人性化的，其搜索引擎包括简单搜索和高级搜索两种，使消费者可以从各个角度对商品及买家等进行搜索。

2）客服中心。淘宝网的“客服中心”是其加强与用户互动的有力举措。一旦用户有什么不明白的问题，就可以到客服中心的页面下寻求解决，客服中心包括：帮助中心、淘友互助吧、淘宝大学和买/卖安全四大版块。淘宝网利用客服中心来对用户进行培植和引导，赢得了用户的积极响应。

3）虚拟社区。淘宝的虚拟社区建立的成功，促进了消费者的信任。它是淘宝与用户、用户与用户之间进行交流的好工具。虚拟社区下设“建议厅”、“询问处”、“支付宝学堂”、“淘宝里的故事”、“经验畅谈居”等版块。虚拟社区受到了广大用户的高度评价，营造了良好的诚信氛围。

（5）“撒手锏”——免费。免费是短时间聚集人气的关键。特别是在中国，有易趣在前，淘宝网要想迎头赶上，别无他法。而且，网上开店已经成为一种新的创业模式，用免费的方式可以让更多网民乐于尝试。

淘宝网从 2003 年 7 月成功推出之时，就以 3 年“免费”迅速打开中国 C2C 市场，并在短短 3 年时间内，打下半壁江山，替代易趣登上中国 C2C 老大的交椅。2005 年 10 月 19 日，阿里巴巴宣布“淘宝网将继续免费 3 年”，这是为了保证淘宝网龙头老大的地位而实行的战略。2008 年 10 月 8 日，淘宝网在新闻发布会上宣布继续免费。

（6）信用体系的建立。

1）淘宝网的实名认证。登录淘宝网，在“我的淘宝”点击“实名认证”，进入认证申请页面，会出现选择框“免费个人认证”和“免费商家认证”。填写所需资料，并提供有效证件和固定电话。淘宝网与全国公安部下属身份证查询中心合作，将认证资料移交由国家有关部门进行核对认证，并进行固定电话审核。验证结果以站内信件、电子邮件或电话告知。一旦淘宝网发现用户注册资料中主要内容是虚假的，淘宝可以随时终止与该用户的服务协议。

2）利用网络信息共享优势，建立公开透明的信用评价系统。淘宝网的信用评价系统的基本原则是：成功交易一笔买卖，双方对对方做一次信用评价。评价分为“好评”、“中评”、“差评” 3 类，“好评”加 1 分，“中评”不加分，“差评”扣 1 分。淘宝的声誉系统还分别统计了用户作为买家和卖家的好评率，使消费者一目了然，并将用户的信用度形象划分了15个等级，从最低级的1颗红心到最高级的5颗皇冠。

2．淘宝网的技术解决方案

（1）“支付宝”交易平台。为了解决C2C网站支付的难题，淘宝打造了“支付宝服务”技术平台。它是由浙江支付宝网络科技有限公司与公安部门联合推出的一项身份识别服务。

支付宝的推出，解决了买家对于先付钱而得不到所购买的产品或得到的是与卖家在网上的声明不一致的劣质产品的担忧；同时也解决了卖家对于先发货而得不到钱的担忧。支付宝运作的实质是以支付宝为信用中介，在买家确认收到商品前，由支付宝替买卖双方暂时保管货款的一种增值服务。2009年7月6日，支付宝宣布注册会员数量突破了2亿，覆盖了中国绝大部分网购人群。可以说，支付宝的诞生不仅仅是淘宝的一个里程碑，也是中国电子商务的里程碑。目前，淘宝网的支付宝已经与工商银行、建设银行、农业银行、招商银行和交通银行等联手，并且和VISA结成战略结盟，将这种安全支付手段推向全球。

（2）“旺旺”交流工具。易趣为了控制收费，要求买方必须在拍下商品之后才能与卖方联系，并且不支持私下沟通，这点并不符合中国人做买卖的习惯。淘宝网却别出心裁地开通了一个类似QQ的在线聊天工具——阿里旺旺。通过它，交易的双方可以及时、准确地传达各自的想法，大大促进了双方交流的效率，为达成交易提供了有利的支撑，而且它的应用非常简单，因此深受广大用户的喜爱。

准确的市场定位，与众不同的市场推广，高端的科学技术，优质的客户服务，环环相扣的营销策略，都是淘宝网迅速发展壮大的有利条件。现在，淘宝网已经成为广大网民网上创业和以商会友的首选。罗马非一日而成！奇迹归于几千万网商的点滴积累。2011年3月22日，由民政部社会福利和慈善事业促进司指导、《商业价值》杂志社主办的“2011中国企业CSR竞争力评选”在北京隆重召开。新浪财经全程直播，淘宝网成为中国企业CSR竞争力获奖企业。

资料来源：世界经理人网站

思考讨论题

（1）请说明网络营销策划的内容。

（2）结合本案例，编写一份完整的电子商务网络营销策划方案。

参考文献

[1] 小卡尔·麦克丹尼尔，罗杰·盖兹．当代市场调研（第 8 版）[M]．范秀成，译．北京：机械工业出版社，2000．

[2] 叶万春，叶敏．营销策划（第 3 版）[M]．北京：清华大学出版社，2013．

[3] 任锡源．营销策划[M]．北京：中国人民大学出版社，2012．

[4] 王方．营销策划[M]．北京：中国人民大学出版社，2013．

[5] 马鸿飞．营销策划[M]．北京：机械工业出版社，2011．

[6] 唐纳德·R·莱曼，拉塞尔·S·温纳．营销策划分析（第 6 版）[M]．王永贵，译．北京：北京大学出版社，2008．

[7] 孟韬，毕克贵．营销策划：方法、技巧与文案（第 2 版）[M]．北京：机械工业出版社，2012．

[8] 庄贵军．企业营销策划（第 2 版）[M]．北京：清华大学出版社，2012．

[9] 岑丽莹．中外危机公关案例启示录[M]．北京：企业管理出版社，2010．

[10] 黄聚河．营销策划——理论与实务[M]．北京：清华大学出版社，2013．

[11] 谢声．营销策划一本通[M]．广州：广东经济出版社，2002．

[12] 麦克唐纳，等．营销策划[M]．张雪，译．北京：中国铁道出版社，2010．

[13] 泽丝曼尔，等．服务营销（第 5 版）[M]．张金成，等，译．北京：机械工业出版社，2011．

[14] 洛夫洛克，等．服务营销（第 6 版）[M]．谢晓燕，赵伟韬，译．北京：中国人民大学出版社，2011．

[15] 许建民．营销策划[M]．北京：北京大学出版社，2012．

[16] 李文义，刘进，张存明．市场营销策划[M]．北京：中国财政经济出版社，2012．

[17] 阿尔·里斯，杰克·特劳特．定位[M]．谢伟山，范爱东，译．北京：机械工业出版社，2011．

[18] 成荣芬，等．网络营销策划实务[M]．北京：中国人民大学出版社，2013．

[19] 王奕俊．市场营销策划[M]．北京：中国人民大学出版社，2011．

[20] Kotler P. *Marketing Management*（*12th*）[M]. New York: Prentice Hall Press，2006.

[21] Gill Ringland. *Scenarios in Marketing- From Vision to Decision*[M]. Hoboken. John Wiley & Sons，2006.

反侵权盗版声明

电子工业出版社依法对本作品享有专有出版权。任何未经权利人书面许可，复制、销售或通过信息网络传播本作品的行为；歪曲、篡改、剽窃本作品的行为，均违反《中华人民共和国著作权法》，其行为人应承担相应的民事责任和行政责任，构成犯罪的，将被依法追究刑事责任。

为了维护市场秩序，保护权利人的合法权益，我社将依法查处和打击侵权盗版的单位和个人。欢迎社会各界人士积极举报侵权盗版行为，本社将奖励举报有功人员，并保证举报人的信息不被泄露。

举报电话：（010）88254396；（010）88258888
传　　真：（010）88254397
E-mail：　dbqq@phei.com.cn
通信地址：北京市万寿路 173 信箱
　　　　　电子工业出版社总编办公室
邮　　编：100036